古代歷史文化研究輯刊

十二編

王明蓀 主編

第6冊

北朝社會風尚研究（下）

陳志偉 著

國家圖書館出版品預行編目資料

北朝社會風尚研究（下）／陳志偉 著 -- 初版 -- 新北市：花木
蘭文化出版社，2014〔民 103〕
目 4+180 面；19×26 公分
（古代歷史文化研究輯刊 十二編：第 6 冊）
ISBN 978-986-322-886-8（精裝）
1.社會生活　2.社會風氣　3.南北朝
618　　　　　　　　　　　　　　　　　　103013892

ISBN-978-986-322-886-8

古代歷史文化研究輯刊
十二編　第六冊　　　　　　　　　ISBN：978-986-322-886-8

北朝社會風尚研究（下）

作　　者　陳志偉
主　　編　王明蓀
總 編 輯　杜潔祥
副總編輯　楊嘉樂
編　　輯　許郁翎
出　　版　花木蘭文化出版社
社　　長　高小娟
聯絡地址　235 新北市中和區中安街七二號十三樓
　　　　　電話：02-2923-1455／傳眞：02-2923-1452
網　　址　http://www.huamulan.tw 信箱 hml 810518@gmail.com
印　　刷　普羅文化出版廣告事業
初　　版　2014 年 9 月
定　　價　十二編 20 冊（精裝）新台幣 38,000 元

北朝社會風尚研究（下）

陳志偉　著

第五章　尙　武

　　「尙武是指崇尙氣力」，[註1] 即對武力的推崇與追求。《韓非子・五蠹》：「上古競於道德，中世逐於智謀，當今爭於氣力」。這裡的氣力就是武力的意思。尙武精神是北方少數民族文化的一個重要文化內涵，在北方少數民族的成長歷程中，在北方社會的發展過程中，發揮過重要的不可替代的作用。

第一節　尙武之風形成的原因

　　在人類社會的發展進程中，戰爭一直如影隨形地伴隨著人類文明的腳步。爲和自然鬥爭、爲和其他種族鬥爭，人們不得不依賴和仰仗武力。在遠古社會，尙武精神一直存在於人類文化的發展中，時強時弱，時隱時現，不絕如縷。

　　北朝各代政權多爲少數民族所建，尙武在北朝時期形成爲一種社會風尙，分析探究其形成原因，主要有以下兩方面因素。

一、北方的自然環境

　　地理環境對民族性格的形成有重要影響，而北方民族的性格進一步凝結形成其尙武精神。根據孟德斯鳩的地理環境論，氣候和土壤可以影響到一個國家的民族性，社會經濟情形，國家的整體及風俗、習慣、宗教、藝術等。[註2]

〔註1〕　彭文：《秦人　齊人　尙武精神》，《西北史地》1996年第4期。
〔註2〕　浦興祖：《西方政治學說史》，上海：復旦大學出版社，1999年，第262頁。

英國歷史學家湯恩比也提出用「社會和自然環境壓力論」來解釋某種文化的發展，他認為，一個民族要生存就要對外在的社會和自然環境作出反應，正是不斷的「壓力－反應」塑造了一個民族的文化。如果反應是成功的，這個社會就能生存下來，並繼續過渡到下一個挑戰，如果反應不成功就走向崩潰。而民族文化是這個民族在應付他生存於其中的社會和自然環境壓力的過程中形成的。〔註3〕歷史上各個民族的習俗、性格等的形成無不與其生存環境有著直接關係，《魏書》卷一○三《高車傳》載：

> 俗不清潔。喜致震霆，每震則叫呼射天而棄之移去。至來歲秋，馬肥，復相率候於震所，埋殺羊，燃火，拔刀，女巫祝說，似如中國祓除，而群隊馳馬旋繞，百币乃止。人持一束柳楷，回豎之，以乳酪灌焉。婦人以皮裹羊骸，戴之首上，縈屈髮鬢而綴之，有似軒冕。其死亡葬送，掘地作坎，坐屍於中，張臂引弓，佩刀挾矟，無異於生，而露坎不掩。時有震死及疫癘，則為之祈福。若安全無他，則為報賽。多殺雜畜，燒骨以燎，走馬遶旋，多者數百币。男女無小大皆集會，平吉之人則歌舞作樂，死喪之家則悲吟哭泣。其遷徙隨水草，衣皮食肉，牛羊畜產盡與蠕蠕同，唯車輪高大，輻數至多。

此段記載的高車族的生活習俗較具典型性和代表性。游牧射獵，生活簡單而原始。尤其是死後葬俗，將屍體坐置坑中，並讓其作伸臂引弓狀，身上佩刀挾矟，與生前無異，表現了濃重的尚武氣息。這是和其生存所處的地理環境有著密不可分的聯繫的。「北方沒有南方那樣繁密而多彩的植被、曲折而溫潤的水網，景觀缺乏細部的變化。然而大自然就在這單調之中充分顯示出它的雄偉、嚴峻、粗獷。生活在這裡的人們，不會去注意細微的東西，目光總是被引向高遠之處，看到的是巨大的世界。久而久之，人們的心胸也就隨之擴展開來，形成粗獷豪放的性格。」〔註4〕

「地接邊荒，多尚武節」。〔註5〕游牧民族因地理條件生存條件等原因而崇尚武力，可以說自古歷代皆然。居無定所的游牧生活，惡劣的生存環境，把北方民族培養鍛造成崇尚英雄、尚武尚力的民族。由於環境氣候的嚴酷，

〔註3〕 湯因比：《歷史研究》，上海：上海人民出版社，1966年6月第2版，第109頁～173頁。
〔註4〕 莊華峰：《北朝時代鮮卑婦女的生活風氣》，《民族研究》1994年第6期，引駱玉明等：《南北朝文學史》，安徽教育出版社1991年版。
〔註5〕 《隋書》卷二九《地理志》。

謀生不易，必須具有強健的體質，需要好勇鬥狠剽悍的精神，更需要善騎馬，精射獵的本領。游牧生活居無定點，生活迫使他們擴大地盤，尋找和開闢牧場。游牧民族的飲食結構以肉類為主，所以要經常捕殺。養成了殘忍好殺的特性，這與以穀類為主食農耕民族是截然不同的。

北朝從北魏拓跋鮮卑起，幾個朝代都屬少數民族建立之政權，統治者多是游牧民族成員。「北方五個王朝的統治者出自塞北的鮮卑族或與鮮卑族有著密切的關係。北魏統治者是鮮卑拓跋部的貴族。東、西魏本來就是從北魏皇室中分裂出來的，它們的實際掌權者高歡、宇文泰，同時又是北齊、北周政權的真正創建人。高歡是生長在北鎮的鮮卑化漢人，宇文泰也是徙居代北的鮮卑宇文部酋豪的後裔（一說為役屬於鮮卑的南匈奴後裔）。」〔註6〕北魏拓跋鮮卑是塞外的游牧民族，他們世代生息於「幽都之北，廣漠之野，畜牧遷徙，射獵為業」〔註7〕。以漁獵、游牧為主。「俗善騎射，弋獵禽獸為事。隨水草放牧，居無常處。以穹廬為舍，東開向日。食肉飲酪，以毛毳為衣。貴少而賤老，其性悍塞。」〔註8〕飄忽不定的游牧生活，惡劣的自然條件，養成了剽悍粗獷、精於騎射的習性，崇尚武力便成為拓跋鮮卑的民族的天性和傳統心理。雖然在進入中原以後，環境和形勢都已發生了變化，尤其是在經濟上要向以漢族為主體的農耕生產過渡，一改過去游牧為主的生活方式。而且也經過了從文明馮太后到孝文帝的漢化改革，但一些皇親國戚、代地舊人，仍頑固地堅持傳統的習俗和生活方式，保留自己傳統的崇武風尚。

爾後鮮卑族宇文氏建立北周，北齊政權由高氏執掌，渤海高氏是鮮卑化的漢人，和游牧民族成員長時期生活在一起。兩政權皆繼續保有鮮卑尚武遺風。

二、北方的社會環境

這裡所說的社會環境是指北方少數民族在其發展過程中與其他部族、種族的關係。當人類感到原居住地的生存條件已承擔不了人口的和生存的壓力時，很自然就會有一種向外擴張生存空間的強烈需要。他們就會開始向外擴

〔註6〕　中國大百科全書總編輯委員會《中國歷史》編輯委員會，中國大百科全書出版社編輯部：《中國大百科全書·中國歷史1》，北京：中國大百科全書出版社，1992年4月第1版，1998年6月第3次印刷，第25～26頁。

〔註7〕　《魏書》卷一《序紀》。

〔註8〕　《後漢書》卷九○《烏桓鮮卑列傳》。

張，以武力來爭取更大的生存空間。

　　游牧經濟又是一種掠奪經濟，游牧民族的生存和發展，主要依靠本部族游牧業生產的畜產品，而這些所產又經常是不能滿足所需的。據現代農業生態學者的估算：「如以每人每天消耗 3000 千卡的熱量計算，每人一年需 109.5 萬千卡，以平均畝產 400 公斤糧食，每克糧食含 4.15 千卡能量計算，畝產能量是 166 萬千卡，則每人只需 0.66 畝耕地。如再把種子和工業用糧的需要考慮在內，養活一個人的耕地面積還要大一些，需 1～1.5 畝。但如果把以糧食為食品改為以草食動物的肉為食品，按草食動物 10%的轉化效率計算，那麼，每人所需的耕地要擴大 10 倍。實際上因為人們不能把所有食草動物在一年內利用完，還需要保持草食動物的一定群體，因此，實際需要耕地面積還要大些」。〔註 9〕生活環境既決定了其生產生活必需品的不足自給，這就要依靠對其他部族、種族甚至是農業區進行掠奪。這種掠奪性經濟培養孕育了他們這樣的習性：「兒能騎羊，引弓射鳥鼠；少長則射狐兔；用為食。士力能彎弓，盡為甲騎。其俗，寬則隨畜，因射獵禽獸為生業，急則人習戰攻以侵伐，其天性也。其長兵則弓矢，短兵則刀鋋。利則進，不利則退，不羞遁走。苟利所在，不知禮義。自君王以下咸食畜肉，衣其皮革，披旃裘。壯者食肥美，老者食其餘。貴壯健，賤老弱」。〔註 10〕

　　掠奪經濟是建立在對其他族群的殘酷的殺戮基礎上的。按照生物進化理論，物競天擇，適者生存，能生存下來的都是最強悍的民族。這種掠奪開始時只是為了滿足生存的需要，但人的欲望與野心是難以限定難以饜足的。當這種掠奪已遠遠超越了生存的需要時，就由部族間的小的爭奪生活必需品的爭鬥，發展成大的侵疆奪土亡國滅種的大規模的戰爭。北朝時期在歷史上亦屬亂世，朝代更替，戰亂頻繁。據《中國軍事史》附卷《歷代戰爭年表》統計，北朝的二百餘年間，大小戰爭計 112 次左右。〔註 11〕而在中國漫長的封建社會中，絕大部分時期都是冷兵器時代，戰爭中以體力爭雄，以驍勇取勝。因此，尤其是在戰亂頻仍、政權割據的混亂年代，這種對武力的推崇甚至是不分種族與地域的。

〔註 9〕 楊懷霖：《農業生態學》，北京：農業出版社，1992 年版，第 73 頁。

〔註 10〕 《史記》卷一一〇《匈奴列傳》。

〔註 11〕 《中國軍事史》編寫組：《歷代戰爭年表（上）》//《中國軍事史》附卷，北京：解放軍出版社，1985 年版，第 76～84 頁。

　　北魏拓跋鮮卑的崛起，在相當程度上亦得力於這種武勇之風。「北朝鮮卑原來是以游牧爲生的，社會結構又有軍事化的性質。游牧生活不像農業生產那樣安定，那樣井然有序、有耕耘必有收穫，而是充滿了變化和風險。各個部落之間，也全不用文化禮儀的虛飾，誰有力量誰就去征服。在對自然對敵手的嚴酷鬥爭中，造就了強悍的性質。」〔註 12〕同時，軍事上的勝利又加深了他們對武力的崇信。北魏太祖道武帝拓跋珪「太祖龍飛九五，初定中原。及太宗承基，世祖纂曆，皆以四方未一，群雄競起，故銳意武功，未修文德。高宗、顯祖亦心存武烈，因循無改」。〔註 13〕在這種社會環境長期的薰陶浸染之下，社會成員也都以尚武立功爲榮，北周宇文貴「少從師受學，嘗輟書歎曰：『男兒當提劍汗馬以取公侯，何能如先生爲博士也！』」〔註 14〕

　　當時割據混戰的客觀形勢使統治者必須崇武，即使在建立較爲穩定的政權以後，還要隨時準備應付不時而來的侵略或反侵略戰爭。這樣的社會環境亦決定了統治者不可能遽然捨斷舊俗，偃武修文。

　　以上僅從自然環境和社會環境兩個方面粗略分析了一下北朝尚武風尚形成的原因。生活在艱苦環境和動亂地區的民族往往能鍛鍊出堅韌強悍的性格，北朝以鮮卑拓跋部爲代表的各少數民族所處的惡劣的地理條件，規定了其尚武的氣質。而北朝時期混亂割據戰亂頻繁的社會環境，又規定和影響了其尚武風氣的保存和發揚。艱苦的地理環境是造成北人尚武的物質基礎，動亂和戰爭則是促使北人尚武的外部條件。

　　當然，尚武在北朝時期之所以能形成爲一種社會風尚，其形成和發展是多因的、多層次的，除以上兩點外，經濟生活、政治背景、舊代遺俗，亦無一不對其產生了影響和規定，這裡僅是擇其要者述之。

第二節　北朝諸帝講武

　　由朝廷組織的對軍隊的講武訓練活動在先秦即已產生。北朝各代帝王重視武備，練兵講武，遠勝前代，對北朝尚武風氣的形成起到了重要的領導促進作用。

〔註 12〕莊華峰：《北朝時代鮮卑婦女的生活風氣》，《民族研究》1994 年第 6 期，引駱玉明等：《南北朝文學史》，安徽教育出版社 1991 年版。
〔註 13〕《魏書》卷一〇八《禮志》。
〔註 14〕《周書》卷一九《宇文貴傳》。

一、講武略說

（一）講武溯源

在古代，軍事是國家政權得以維護、鞏固的保障，向為統治者所重視。經常要舉行各種軍事活動來保持和提高軍隊的戰鬥力，最初的活動形式為狩獵，四季都有較為大型的狩獵活動，即所謂『春蒐、夏苗、秋獮、冬狩』，這些活動又總稱為「田」或「田獵」，藉此達到軍事訓練之目的。而講武則是規格更高、規模更大、由皇帝直接參與的軍事活動。

「講武」又稱「大閱」（唐以後又有「校閱」、「檢閱」、「閱試」等稱謂）。「講武」之「講」並非現代漢語意義上的「講」。據沈林先生考釋，在古漢語裏，「講武」即「習武」，「講」義為練習〔註15〕。故「講武」者，實乃「講」、「習」結合，以「習」為主，相當於今之軍事演習也，而非單純由一人宣講軍事理論也。講武產生之初，當是由軍事將領率所屬部隊進行軍事演習活動，隨著戰爭的需要及最高統治者對軍隊事的重視，講武逐漸上昇為由皇帝親自參與主持，「講武」也成為專有名詞，「專指規格最高、皇帝親臨的軍事檢閱及操練的禮儀活動」。〔註16〕

講武在先秦就已產生。《周禮·夏官·大司馬》載：「中冬，教大閱」。《禮記·月令》載「孟冬之月……天子乃命將帥講武、習射御、角力。」從這兩條記載中可知，講武之事乃由大司馬或將帥負責，還沒有上昇為皇帝親臨。

秦漢以降，史籍記載講武亦少，僅見《後漢書》卷六九《竇何列傳》載有一例：

> 五年，天下滋亂，望氣者以為京師當有大兵，兩宮流血。大將軍司馬許涼、假司馬伍宕説進曰：「《太公六韜》有天子將兵事，可以威厭四方。」進以為然，入言之於帝。於是乃詔進大發四方兵，講武於平樂觀下。起大壇，上建十二重五采華蓋，高十丈，壇東北為小壇，復建九重華蓋，高九丈，列步兵、騎士數萬人，結營為陳。天子親出臨軍，駐大華蓋下，進駐小華蓋下。禮畢，帝躬擐甲介馬，稱「無上將軍」，行陳三匝而還。詔使進悉領兵屯於觀下。〔註17〕

〔註15〕沈林：《「講武」與「習武」》，《渝西學院學報（社會科學版）》，2004 年第 2 期。
〔註16〕王瑜：《關於中國古代「講武禮」的幾個問題——以唐代為中心》，《求索》，2009 年第 4 期。
〔註17〕《後漢書》卷六九《竇何列傳》

這是在當時「天下滋亂」的形勢下，爲向天下炫耀武力而舉行的一次閱兵式，有皇帝親身參與。

北朝時期，講武驟然增多，且均有皇帝參與主持。

（二）關於「講武禮」

由於講武最早記錄於《周禮》、《禮記》，二者又是古代禮儀制度之專書，故「講武」又被稱之爲「講武禮」。然如前述，先秦典籍，雖有載錄，難以考定其爲國家常典，且未有最高統治者參與，足證其尚處發軔。參之以陳戍國《中國禮制史》各卷中「軍禮」條下，秦、西漢、魏晉，均無講武記載，直至南北朝，始見講武之儀，可見北朝仍屬「講武」發展時期，其「禮」的色彩及與封建禮儀制度的關係顯然是極爲薄弱與鬆散的，非後世之「講武禮」也。王瑜所云，「講武禮雖載於《周禮》，但是因時興廢，並非常典，《前漢書》、《後漢書》、《晉書》、《隋書》等史書中可以看到零星記載，從中可知秦漢魏晉南北朝都曾進行過講武禮，不過似乎並不是很正規，直到唐代此禮才明確進入國家的正式制度體系」，〔註18〕是乃客觀之論。

二、北朝講武及特點

講武的出現是古代戰事頻繁，統治者重視軍隊訓練的結果。講武之目的爲修治武備，訓練軍士，提高軍隊戰鬥力，以適應戰爭需要。北朝少數民族一直重視對部族人民武藝的培養和戰鬥能力的訓練，各部族、政權的統治者尤其注意對軍隊的訓練與教育。早在十六國時期，後趙政權就曾「教國子擊刺戰射之法」。〔註19〕石虎亦曾「內置女官十有八等，教宮人星占及馬步射」，〔註20〕並常在鄴城西閱馬臺訓練和演習軍隊士卒武藝。《水經注·濁漳水》：「漳水自西門豹祠北，經趙閱馬臺西，基高五丈，列觀其上，石虎每講武於其下。」〔註21〕據《鄴中記》載：

> 涼馬臺高三十尺，周回五百步，後趙石虎所築。建武六年，虎都鄴，洗馬於洹水，築此臺以涼馬，故以名云。趙王虎建武六年造

〔註18〕 王瑜：《關於中國古代「講武禮」的幾個問題——以唐代爲中心》，《求索》，2009 年第 4 期。

〔註19〕 《晉書》卷一〇五《石勒載記》。

〔註20〕 《晉書》卷一〇六《石季龍載記》。

〔註21〕 王國維：《水經注校》，上海：上海人民出版社，1984 年 5 月版，卷十《濁漳水》，第 352 頁。

涼馬臺，在城西漳水之南。虎常於此臺簡練騎卒。虎牙宿衛，蛇雲
騰黑，稍騎五千人每月朔望，閱馬於此臺。乃於漳水之南，張幟鳴
鼓，列騎星羅。虎乃登臺，射骲箭一發，五千騎一時奔走。從漳水
之南，齊走至於臺下，隊督以下皆班賚。虎又射一箭，騎五千又齊
走於漳水之北。其五千騎流散攢促，若數萬人，皆以漆稍從事，故
以黑稍爲號。季龍又嘗以女伎一千人爲鹵簿，皆著紫綸巾、熟錦袴、
金銀鏤帶、五文織成靴，遊臺上。〔註22〕

北朝各代皇帝秉持尚武傳統，將演武備戰作爲國家的一項重要工作，與
前代相比，北朝講武驟增。茲列一表以便分析（見表1）。

表5.1　北朝諸帝講武備戰統計表

序號	皇　帝	事　　　件	文　獻　來　源
1	平文帝拓跋鬱律	（平文帝）五年，僭晉司馬睿遣使韓暢加崇爵服，帝絕之。治兵講武，有平南夏之意。	《魏書》卷一《太祖平文帝紀》
2	昭成帝拓跋什翼犍	（昭成帝建國）五年夏五月，幸參合陂。秋七月七日，諸部畢集，設壇埒，講武馳射，因以爲常。	《魏書》卷一《烈帝紀》
3	道武帝拓跋珪	（登國六年）秋七月壬申，講武於牛川，行還紐垤川。	《魏書》卷二《太祖道武帝紀》
4	道武帝拓跋珪	（登國八年）秋七月，車駕臨幸新壇。庚寅，宴群臣，仍講武。	《魏書》卷二《太祖道武帝紀》
5	道武帝拓跋珪	（登國十年）八月，帝親治兵於河南。	《魏書》卷二《太祖道武帝紀》
6	道武帝拓跋珪	（皇始元年）八月庚寅，治兵於東郊。	《魏書》卷二《太祖道武帝紀》
7	道武帝拓跋珪	（天興二年秋七月）辛酉，大閱於鹿苑，饗賜各有差。	《魏書》卷二《太祖道武帝紀》
8	道武帝拓跋珪	（天興五年）六月，治兵於東郊，部分眾軍。	《魏書》卷二《太祖道武帝紀》
9	明元帝拓跋嗣	（永興二年）秋七月丁巳，立馬射臺於陂西，仍講武教戰。	《魏書》卷三《太宗明元帝紀》
10	明元帝拓跋嗣	（永興五年）春正月己巳，大閱畿內男子十二以上悉集。……庚寅，大閱於東郊，部署將帥。	《魏書》卷三《太宗明元帝紀》

〔註22〕〔晉〕陸翽：《鄴中記》//《叢書集成初編》，北京：中華書局，1985 年版，
　　　　第 3 頁。

11	太武帝拓跋燾	（始光元年）九月，大簡輿徒，治兵於東郊，部分諸軍五萬騎，將北討。	《魏書》卷四上《世祖太武帝紀》
12	太武帝拓跋燾	（始光二年）冬十月，治兵於西郊。	《魏書》卷四上《世祖太武帝紀》
13	太武帝拓跋燾	（始光四年）夏四月丁未，詔員外散騎常侍步堆、謁者僕射胡覲等使於劉義隆。是月，治兵講武，分諸軍。	《魏書》卷四上《世祖太武帝紀》
14	太武帝拓跋燾	（神䴥二年）夏四月，治兵於南郊。	《魏書》卷四上《世祖太武帝紀》
15	太武帝拓跋燾	（神䴥三年八月）乃治兵，將西討。	《魏書》卷四上《世祖太武帝紀》
16	太武帝拓跋燾	（太延五年）五月丁丑，治兵於西郊。	《魏書》卷四上《世祖太武帝紀》
17	太武帝拓跋燾	（太延五年）秋七月己巳，車駕至上郡屬國城，大饗群臣，講武馬射。	《魏書》卷四上《世祖太武帝紀》
18	太武帝拓跋燾	（太平眞君四年六月）癸巳，大閱於西郊。	《魏書》卷四下《世祖太武帝紀》
19	太武帝拓跋燾	（太平眞君九年）九月乙酉，治兵於西郊。	《魏書》卷四下《世祖太武帝紀》
20	太武帝拓跋燾	（太平眞君十一年八月）癸未，治兵於西郊。	《魏書》卷四下《世祖太武帝紀》
21	文成帝拓跋濬	（太安二年）三月丁未，觀馬射於中山。	《魏書》卷五《高宗文成帝紀》
22	文成帝拓跋濬	每歲以秋日閒月，命群官講武平壤。	《魏書》卷五《高宗文成帝紀》
23	孝文帝元宏	（延興四年八月）戊申，大閱於北郊。	《魏書》卷七上《高祖孝文帝紀》
24	孝文帝元宏	（太和五年春二月）己酉，講武於唐水之陽。	《魏書》卷七上《高祖孝文帝紀》
25	孝文帝元宏	（太和五年春）三月辛酉朔，車駕幸肆州。癸亥，講武於雲水之陽。	《魏書》卷七上《高祖孝文帝紀》
26	孝文帝元宏	（太和十有七年六月）丁未，講武。	《魏書》卷七下《高祖孝文帝紀》
27	孝文帝元宏	（太和十有八年八月）丁未，幸閱武臺，臨觀講武。	《魏書》卷七下《高祖孝文帝紀》
28	孝文帝元宏	（太和十有九年春正月）壬午，講武於汝水之西，大賚六軍。	《魏書》卷七下《高祖孝文帝紀》
29	孝文帝元宏	（太和二十有一年八月）甲戌，講武於華林園。	《魏書》卷七下《高祖孝文帝紀》

30	宣武帝元恪	世宗講武於鄴,詳與右僕射高肇、領軍于勁留守京師。	《魏書》卷二一上《獻文六王上‧北海王詳傳》
31	文宣帝高洋	七年,於羊汾堤講武,令邕總爲諸軍節度。事畢,仍監宴射之禮。	《北齊書》卷四〇《唐邕傳》
32	文帝宇文泰	(大統)五年冬,大閱於華陰。	《周書》卷二《文帝紀下》
33	文帝宇文泰	(大統九年)冬十月,大閱於櫟陽,還屯華州。	《周書》卷二《文帝紀下》
34	文帝宇文泰	(大統十年)冬十月,大閱於白水。	《周書》卷二《文帝紀下》
35	文帝宇文泰	(大統十一年)冬十月大閱於白水,遂西狩岐陽。	《周書》卷二《文帝紀下》
36	武帝宇文邕	(保定二年十月)戊午,講武於少陵原。	《周書》卷五《武帝紀上》
37	武帝宇文邕	(天和三年十月)丁亥,上親率六軍講武於城南,京邑觀者,輿馬彌漫數十里,諸蕃使咸在焉。	《周書》卷五《武帝紀上》
38	武帝宇文邕	(天和六年十月)壬寅,上親率六軍講武於城南。	《周書》卷五《武帝紀上》
39	武帝宇文邕	(建德元年)十一月丙午,上親率六軍講武城南。	《周書》卷五《武帝紀上》
40	武帝宇文邕	(建德二年)十一月辛巳,帝親率大軍講武於城東。癸未,集諸軍都督以上五十人於道會苑大射,帝親臨射宮,大備軍容。	《周書》卷五《武帝紀上》
41	武帝宇文邕	(建德三年十一月)己巳,大閱於城東。	《周書》卷五《武帝紀上》
42	武帝宇文邕	(建德三年十二月)癸卯,集諸軍講武於臨皋澤。	《周書》卷五《武帝紀上》
43	宣帝宇文贇	(宣政元年)十一月己亥,講武於道會苑,帝親擐甲冑。	《周書》卷七《宣帝紀》

注:史書中多有皇帝「治兵」之記載,《周禮》中亦有「治兵」,有釋云「軍隊出發時的陣容」。〔註23〕北朝治兵,恐非如此,然難考其詳,疑與講武相類,故亦列之。

(一)皇帝重視,講武頻繁

北朝少數民族一直重視對部族人民武藝的培養和戰鬥能力的訓練,各政權的統治者深知強存弱亡有備無患的道理,尤其注意對軍隊的訓練與教育。

〔註23〕錢玄等注譯:《周禮》,長沙:嶽麓書社,2001年,第266頁。

從北朝開始，作爲最高統治者皇帝親自參加並主持講武活動，親領軍隊，講武備戰，表現了對國家軍事力量的高度重視。此舉爲以後各代所繼承取法，成爲定式。

　　講武是首先爲戰爭做準備，與戰爭緊密聯繫在一起。北朝統治的二百餘年間，共發生大小戰爭計 129 次〔註24〕。政權割據、朝代更替、戰爭頻發，動蕩的社會環境使統治者不得不居安思危。從表 1 中可見，北朝時期講武居多者爲北魏道武帝拓跋珪、太武帝拓跋燾、孝文帝元宏，北周文帝宇文泰、武帝宇文邕，凡有爲之主，皆重武事，勵精圖治，將演武備戰作爲國家的一項重要工作。即便是在社會環境相對和平安定之時，仍不忘武事，下詔督責。《魏書》卷七下《帝紀第七下・高祖孝文帝》載：

　　　　（太和十有六年八月）癸丑，詔曰：「文武之道，自古並行，威福之施，必也相藉。故三、五至仁，尚有征伐之事；夏殷明睿，未捨兵甲之行。然則天下雖平，忘戰者殆，不教民戰，可謂棄之。是以周立司馬之官，漢置將軍之職，皆所以輔文強武，威肅四方者矣。國家雖崇文以懷九服，修武以寧八荒，然於習武之方，猶爲未盡。今則訓文有典，教武闕然。將於馬射之前，先行講武之式，可敕有司豫修場垎。其列陣之儀，五戎之數，別俟後敕。」

正是在孝文帝的重視與督促下，遂使演武備戰成爲國家的一項常務工作。《洛陽伽藍記》卷五《城北・禪虛寺》載：「禪虛寺在大夏門御道西。寺前有閱武場，歲終農隙，甲士習戰，千乘萬騎，常在於此」。

　　北朝講武從次數上說不僅是空前的，亦遠遠超越了以後各代。表中統計，未見完全，或有未入史冊者，已有 40 餘次。此後唐代，289 年的時間，講武僅 12 次〔註25〕；兩宋 319 年的時間，講武亦是屈指可數〔註26〕。

（二）講武時間較为靈活

　　講武的舉行是有時間性的。《周禮》、《禮記》所記，一曰「中冬」，一曰「孟冬」。中冬即仲冬，即冬季三個月中的第二個月份，爲農曆十一月。孟冬爲冬季

〔註24〕《中國軍事史》編寫組：《中國軍事史：附卷歷代戰爭年表（上）》，北京：解放軍出版社，1985 年，第 422～542 頁。

〔註25〕李訓亮：《唐代講武述論》，《西安文理學院學報（社會科學版）》2005 年第 5 期。

〔註26〕陳峰，劉縉：《北宋講武禮初探》，《清華大學學報（哲學社會科學版）》2007 年第 5 期；劉縉：《南宋講武禮的動態考察》，《殷都學刊》2009 年第 2 期。

的第一個月，爲農曆十月。後世儒者論講武時間多取《周禮》爲準，且以陰陽五行說釋之，如東漢馬融云仲冬舉行講武的原因爲：「順陰義也，方亥之時，其爲陰也極矣，講武以厲其威，習射御以考其藝，用力以視其才，皆陰事也」，〔註27〕此乃牽強附會之詞也。講武之取冬季，初因無非農閒，不傷民力也。

北朝講武未受先代法式束縛，時間比較靈活。從表中可見，講武在一年十二個月中，每月皆有分佈，以秋、冬兩季居多。一方面體現了講武之取農閒的趨向，另一方面也體現了統治者對講武的高度重視，講武視需要而定，不擇時間。同時也說明了「講武」之與「禮」的疏離，還沒有發展成爲國家常備、固定的典禮儀式。

（三）講武之程序

「古書記講武之儀者，《周官‧大司馬》較早。……而史書記朝廷教民習武之儀既早且詳者莫過於《隋‧志》，南北朝與楊隋講武之事見於此《志》。」〔註28〕《周禮》對「大閱」的舉行程序有明細的規範，然《周禮》中之「大閱」，尚與「田獵」混淆在一起，沒有從原始的「田獵」中分離出來。北魏時期講武程序史籍缺載，孝文帝詔書「將於馬射之前，先行講武之式，可敕有司豫修場埒。其列陣之儀，五戎之數，別俟後敕」〔註29〕，可知講武尚無定式。《隋書‧禮儀志》詳細記載了北齊與北周的講武儀式，雖有模仿《周禮》之處，但顯然已超越「田獵」範疇，而具有純粹的軍事演習訓練性質。

北齊講武於農曆九月舉行，「皇帝講武於都外。有司先萊野爲場，爲二軍進止之節。又別埒於北場，輿駕停觀。遂命將簡士教眾，爲戰陣之法。凡爲陣，少者在前，長者在後。其還，則長者在前，少者在後。長者持弓矢，短者持旌旗。勇者持鉦鼓刀楯，爲前行，戰士次之，騎者次之，弓箭爲後行。將帥先教士目，使習見旌旗指麾之蹤，發起之意，旗臥則跪。教士耳，使習金鼓動止之節，聲鼓則進，鳴金則止。教士心，使知刑罰之苦，賞賜之利。教士手，使習持五兵之便，戰鬥之備。教士足，使習跪及行列嶮泥之塗。前

〔註27〕（宋）衛湜：《禮記集說》，《景印文淵閣四庫全書》，臺北：臺灣商務印書館，1983：經部，禮類，第117冊，卷45，117～895。

〔註28〕陳戍國：《中國禮制史‧隋唐五代卷》，長沙：湖南教育出版社，2002年，第209頁。

〔註29〕《魏書》卷七下《帝紀第七下‧高祖孝文帝》。

五日，皆請兵嚴於場所，依方色建旗爲和門。都墠之中及四角，皆建五采牙旗。應講武者，各集於其軍。戒鼓一通，軍士皆嚴備。二通，將士貫甲。三通，步軍各爲直陣，以相俟。大將各處軍中，立旗鼓下。有司陳小駕鹵簿，皇帝武弁，乘革輅，大司馬介冑乘，奉引入行殿。百司陪列。位定，二軍迭爲客主。先舉爲客，後舉爲主。從五行相勝法，爲陣以應之。」〔註30〕

此外，北齊武成帝河清年間規定，「每歲十二月半後講武，至晦遂除。二軍兵馬，右入千秋門，左入萬歲門，並至永巷南下，至昭陽殿北，二軍交。一軍從西上閤，一軍從東上閤，並從端門南，出閶闔門橋南，戲射並訖，送至城南郭外罷。」〔註31〕「講武」已上昇爲一項國家制度，每年舉行，常備不懈。

北周於仲冬「教大閱，如振旅之陣」，「振旅之陣」爲：「大司馬建大麾於萊田之所。鄉稍之官，以旗物鼓鐸鉦鐃，各帥其人而致。誅其後至者。建麾於後表之中，以集眾庶。質明，偃麾，誅其不及者。乃陳徒騎，如戰之陣。大司馬北面誓之。軍中皆聽鼓角，以爲進止之節。田之日，於所萊之北，建旗爲和門。諸將帥徒騎序入其門。有司居門，以平其人。既入而分其地，險野則徒前而騎後，易野則騎前而徒後。既陣，皆坐，乃設驅逆騎，有司表骼於陣前。以太牢祭黃帝軒轅氏，於狩地爲墠，建二旗，列五兵於坐側，行三獻禮。遂蒐田致禽以祭社。」〔註32〕這裡可看出，北周之講武又混進田獵內容，或與宇文泰依《周禮》治國有關。

北朝諸帝講武乃國家常務工作，史籍並未盡載。除皇帝親自主持的大規模講武外，各部將領自行訓練講武自然更屬尋常之事，載錄雖少，但亦可推知。如河南王元曜「武藝絕人，與陽平王熙等並督諸軍講武，眾咸服其勇」〔註33〕。北周段永曾「爲右二軍總管，率兵北道講武」〔註34〕等。

三、講武之影響

講武對加強國家軍事力量、提高軍事實力無疑具有積極的重要的作用。通過講武，弘揚了民族傳統，振奮了民族精神，增強了民族自尊與自信。「講武作爲中國古代傳統禮制中的重要內容之一，蘊含了濃厚的政治意義，舉辦

〔註30〕《隋書》卷八《志第三‧禮儀三》。
〔註31〕《隋書》卷八《志第三‧禮儀三》。
〔註32〕《隋書》卷八《志第三‧禮儀三》。
〔註33〕《魏書》卷一六《道武七王‧河南王曜傳》。
〔註34〕《周書》卷三六《段永傳》。

大規模『講武』不但能顯示皇帝的威嚴，表達國家重視武備和捍衛國防的決心，而且也是向周邊勢力宣示國威和實力的重要方式。」〔註35〕傳統史家認為，著名的孝文帝改革，採取了有利於社會生產和民族融合的措施，促進了社會經濟的發展，經濟實力不斷加強，奠定了北強南弱的基本格局。經濟固然是國家的基礎，但在強存弱亡武力取國的封建社會，雄強的軍事力量才是國家的堅強後盾和政權的可靠保障。北方之最後平滅南朝，起決定因素的，還是北方的軍事實力強於南朝。著名詩人庾信由南入北，創作題材發生變化，靡靡之音一變而為清剛勁健之氣，正反映了南北這種精神風貌的不同。

然講武亦需以經濟為基礎的，皇帝親臨講武閱兵，實乃大規模軍事演習，必然動用大量人力物力。講武頻繁，或不分時令，更直接影響國家財政和社會生活。如北魏宣武帝景明三年，世宗將欲講武鄴地時，大臣李平曾有表諫：

> 伏見己丑詔書，雲軒鑾輅，行幸有期，鳳服龍驂，克駕近日。
> 將欲講武淇陽，大習鄴魏，馳驊騮於綠竹之區，騁騏驥於漳滏之壤。斯誠幽顯同忻，人靈共悅。臣之愚管，竊有惑焉。何者？嵩京創構，洛邑徙營，雖年跨十稔，根基未就。代民至洛，始欲向盡，資產罄於遷移，牛畜斃於輦運；陵太行之險，越長津之難；辛勤備經，得達京闕。富者猶損太半，貧者可以意知。兼歷歲從戎，不遑啓處，自景明已來，差得休息。事農者未積二年之儲，築室者裁有數間之屋，莫不肆力伊瀍，人急其務。實宜安靜新人，勸其稼穡，令國有九年之糧，家有水旱之備。若乘之以羈紲，則所廢多矣。一夫從役，舉家失業。今復秋稼盈田，禾菽遍野，鑾駕所幸，騰踐必殷。未若端拱中天，坐招四海，耀武崧原，禮射伊洛，士馬無跋涉之勞，兆民有康哉之詠。可不美歟？〔註36〕

李平對世宗在秋收時節行幸練兵提出批評，指出國都遷洛，根基未穩，尤應注意愛農保田。認為這種大規模練兵只會毀損農田，影響秋收，勞民傷財。指陳講武之利害，主張愛惜民力，與兵民以休息。從《魏書》卷二一上《獻文六王上‧北海王詳傳》所載，「世宗講武於鄴，詳與右僕射高肇、領軍于勁留守京師」，可知此次講武並未因李平之一紙奏章而取消。

北朝講武具有承前啓後之作用。北朝以前，「講武」雖見之《周禮》，僅

〔註35〕陳峰等：《北宋講武禮初探》，《清華大學學報（哲學社會科學版）》2007年第5期。

〔註36〕《魏書》卷六五《李平傳》。

粗具雛形，未成定式，亦少實例。北朝講武既多，爲後世積累了寶貴經驗。唐宋以後，講武逐漸成熟定型，上昇爲「禮」，成爲國家軍禮的一部分。

第三節　社會各層尚武表現

　　北朝游牧民族所處之自然生存環境養成了其崇力好勇的民族性格，掠奪多戰的社會環境更使其全民皆兵，習武成風。生存的需要培養了尚武氣質，民族傳統更加重與促進了尚武風習的弘揚，尚武已成爲北方游牧民族的集體表徵，其在社會生活中的表現與反映也是廣泛與多方面的。

一、武人輩出

　　鮮卑族尚武乃由其生存需要與原始部落組織而來。游牧射獵生活需要勇力；爲抵禦外敵而組成的部落組織，兵牧合一，平時從事生產，戰時全民皆兵，每個鮮卑人都是戰士。這種習俗即便在鮮卑族進入中原，由游牧文明向農耕文明過渡後，仍難以從生活中遽然抹除，而且對中原漢族亦產生一定影響。

　　有此龐大的尚武群體爲基礎，眾多武人精英應時應運脫穎而出。每一朝代的建立都要殺戮征伐，武力爭雄，弱肉強食。時勢造人，因之歷史上每個朝代建立時都要產生一批功臣宿將，北朝時期尤爲如此。在全民尚武的大環境下，對「武」已成爲一種集體追求，男子以不武爲恥，以能武爲榮。在科舉制度產生以前，以軍功入仕是最爲簡單便捷、也是最爲主要的途徑。北朝各代均以武立國，以武而仕從而寫入史籍者亦頗多。筆者從體貌、勇武、技藝、事蹟等幾方面粗加檢索梳理，擬一表格（表5.2），掛一漏萬，雖所不免，惟試圖以之反映北朝尚武風氣之一斑。

表 5.2　北朝武人尚武特徵事蹟統計表

序號	姓　名	氣　質　特　徵	文　獻　來　源
1	穆帝拓跋猗盧	穆皇帝天姿英特，勇略過人。	《魏書》卷一《穆帝紀》
2	高祖孝文帝元宏	又少而善射，有膂力。年十餘歲，能以指彈碎羊髀骨。及射禽獸，莫不隨所志斃之。	《魏書》卷七下《高祖孝文帝紀》
3	孝靜帝元善見	帝好文學，美容儀。力能挾石師子以逾牆，射無不中。	《魏書》卷一二《孝靜帝紀》

4	元六修	穆帝長子六修,少而凶悖。	《魏書》卷一四《神元平文諸帝子孫・穆帝長子元六修傳》
5	元鷙	容貌魁壯,腰帶十圍。為羽林隊仗副。高祖末,以征討有功,賜爵晉陽男,累遷領軍、畿部都督。	《魏書》卷一四《神元平文諸帝子孫・高涼王元孤傳附元鷙傳》
6	司徒石	忠勇有膽略,尤善騎射。	《魏書》卷一四《神元平文諸帝子孫・司徒石傳》
7	元大頭	善騎射,擢為內三郎。從世祖有戰功,賜爵。	《魏書》卷一四《神元平文諸帝子孫・淮陵侯大頭傳》
8	元齊	少雄傑魁岸,世祖愛其勇壯,引侍左右。從征赫連昌,世祖馬蹶,賊眾逼帝,齊以身蔽捍,決死擊賊,賊乃退,世祖得上馬。	《魏書》卷一四《神元平文諸帝子孫・河間公齊傳》
9	元翰	少有高氣,年十五便請率騎征討,帝壯之,使領二千騎。	《魏書》卷一五《昭成子孫・秦王翰傳》
10	元儀	少能舞劍,騎射絕人。……儀膂力過人,弓力將十石;陳留公虔,稍大稱異。時人云:「衛王弓,桓王矟。」	《魏書》卷一五《昭成子孫・秦王翰傳附元儀傳》
11	元幹	良弟幹,機悟沈勇,善弓馬,少有父風。太宗即位,拜內將軍、都將,入備禁中。太宗出遊於白登之東北,幹以騎從。有雙鶤飛鳴於上,太宗命左右射之,莫能中。鶤旋飛稍高,幹自請射之,以二箭下雙鶤。太宗嘉之,賜御馬、弓矢、金帶一,以旌其能。軍中於是號曰:「射鶤都將」。	《魏書》卷一五《昭成子孫・秦王翰傳附元幹傳》
12	元楨	便騎射。	《魏書》卷一五《昭成子孫・秦王翰傳附元楨傳》
13	元烈	剛武有智略。	《魏書》卷一五《昭成子孫・秦王翰傳附元烈傳》
14	元觚	勇略有膽氣。	《魏書》卷一五《昭成子孫・秦王翰傳附元觚傳》
15	元遵	少而壯勇,不拘小節。	《魏書》卷一五《昭成子孫・常山王遵傳》
16	元可悉陵	年十七,從世祖獵,遇一猛虎,陵遂空手搏之以獻。世祖曰:「汝才力絕人,當為國立事,勿如此也。」即拜內行阿幹。又從平涼州。沮渠茂虔令一驍將與陵相擊,兩矟皆折。陵抽箭射之,墜馬,陵恐其救至,未及拔劍,以刀子戾其頸,使身首異處。世祖壯之,即日拜都幢將,封暨陽子。	《魏書》卷一五《昭成子孫・常山王遵傳附元可悉陵傳》

17	元虔	少以壯勇知名。……虔姿貌魁傑，武力絕倫。每以常矟細短，大作之猶患其輕，復綴鈴於刃下。其弓力倍加常人。以其殊異於世，代京武庫常存而誌之。虔常臨陣，以矟刺人，遂貫而高舉。又嘗以一手頓矟於地，馳馬偽退，敵人爭取，引不能出，虔引弓射之，一箭殺二三人，搖矟之徒亡魂而散，徐乃令人取矟而去。每從征討，常先登陷陳，勇冠當時，敵無眾寡，莫敢抗其前者。及薨，舉國悲歡，為之流涕。太祖追惜，傷慟者數焉。追諡陳留桓王，配饗廟庭。	《魏書》卷一五《昭成子孫·陳留王虔傳》
18	元渾	少善弓馬，世祖嘉之。會有諸方使命，渾射獸三頭，發皆中之，舉坐咸以為善。	《魏書》卷一五《昭成子孫·遼西公意烈傳附元渾傳》
19	元他	身長八尺，美姿貌，性謹厚，武藝過人。從世祖討山胡白龍於西河，屠其城，別破餘黨，斬首數千級。	《魏書》卷一六《道武七王·陽平王熙傳附元他傳》
20	元忻之	性粗武，幼有氣力。	《魏書》卷一六《道武七王·陽平王熙傳附元忻之傳》
21	元曜	五歲，嘗射雀於太祖前，中之，太祖驚歡焉。及長，武藝絕人，與陽平王熙等並督諸軍講武，眾咸服其勇。	《魏書》卷一六《道武七王·河南王曜傳》
22	元提	驍烈有父風。……後改封武昌，拜使持節、鎮東大將軍、平原鎮都大將。在任十年，大著威名。	《魏書》卷一六《道武七王·河南王曜傳附元提傳》
23	元平原	忠果有智略。顯祖時，蠕蠕犯塞，從駕擊之，平原戰功居多，拜假節、都督齊兗二州諸軍事、鎮南將軍、齊州刺史。	《魏書》卷一六《道武七王·河南王曜傳附元平原傳》
24	元渾	渾好弓馬，射鳥，輒歷飛而殺之，時皆歡異焉。世祖嘗命左右分射，勝者中的，籌滿，詔渾解之，三發皆中，世祖大悅。器其藝能，常引侍左右，賜馬百匹，僮僕數十人。	《魏書》卷一六《道武七王·廣平王連附元渾傳》
25	元健	健姿貌魁壯，善弓馬，達兵法，所在征戰，常有大功。才藝比陳留桓王，而智略過之。從世祖破赫連昌，遂西略至木根山。討和龍，健別攻拔建德。後平叛胡白龍餘黨於西河。世祖襲蠕蠕，越涿邪山，車駕還，詔健殿後，蠕蠕萬騎追之，健與數十騎擊之，矢不虛發，所中皆應弦而斃，遂退。威震漠北。	《魏書》卷一七《明元六王·永昌王健傳》

26	元仁	仁亦驍勇，有父風，世祖奇之。	《魏書》卷一七《明元六王·永昌王健傳附元仁傳》
27	元俊	少善騎射，多才藝。	《魏書》卷一七《明元六王·新興王俊傳》
28	元英	性識聰敏，博聞強記，便弓馬。	《魏書》卷一九《景穆十二王·南安王楨傳附元英傳》
29	元曄	性輕躁，有膂力。	《魏書》卷一九《景穆十二王·南安王楨傳附元曄傳》
30	元鸞	身長八尺，腰帶十圍，以武藝著稱。	《魏書》卷一九《景穆十二王·城陽王長壽傳附元鸞傳》
31	元彬	勇健有武用。	《魏書》卷一九《景穆十二王·章武王太洛傳附元彬傳》
32	元欣	性粗率，好鷹犬。	《魏書》卷二一《獻文六王·廣陵王羽傳附元欣傳》
33	崔道固	道固美形容，善舉止，便弓馬，好武事。	《魏書》卷二四《崔玄伯傳附崔道固傳》
34	崔伯鳳	少便弓馬，壯勇有膂力。	《魏書》卷二四《崔玄伯傳附崔伯鳳傳》
35	崔祖螭	粗武有氣力。	《魏書》卷二四《崔玄伯傳附崔祖螭傳》
36	長孫頹	善騎射，彎弓三百斤。	《魏書》卷二五《長孫嵩傳附長孫頹傳》
37	長孫觀	少以壯勇知名，後襲祖爵上黨王。	《魏書》卷二五《長孫道生傳附長孫觀傳》
38	長孫稚	稚少輕俠，鬥雞走馬，力爭殺人，因亡抵龍門將陳興德家，會赦乃免。	《魏書》卷二五《長孫道生傳附長孫稚傳》
39	長孫彥	本名俊，有膂力。以累從父征討功，封槐里縣子。出帝與齊獻武王構隙，加子彥中軍大都督、行臺僕射，鎮弘農，以爲心膂。後從帝入關。子彥少嘗墜馬折臂，肘上骨起寸餘，乃命開肉鋸骨，流血數升，言戲自若。時以爲逾於關羽。	《魏書》卷二五《長孫道生傳附長孫彥傳》
40	長孫翰	少有父風。太祖時，以善騎射，爲獵郎。	《魏書》卷二六《長孫肥傳附長孫翰傳》
41	尉多侯	多侯少有武幹。……高祖初，蠕蠕部帥匹盧眞率三萬騎入塞圍鎮，多侯擊之走，以功進號征西大將軍。後多侯獵於南山，蠕蠕遣部帥度拔入圍敦煌，斷其還路。多侯且前且戰，遂衝圍而入。率眾出戰，大破之，追北數十里，斬首千餘級。	《魏書》卷二六《尉古眞傳附尉多侯傳》

42	尉慶賓	善騎射,有將略。	《魏書》卷二六《尉古眞傳附尉慶賓傳》
43	尉干	機悟有才藝,馳馬立射五的,時人莫能及。	《魏書》卷二六《尉古眞傳附尉干傳》
44	穆顗	從世祖征赫連昌,勇冠一時,世祖嘉之。…曾從世祖田於崞山,有虎突出,顗搏而獲之。世祖歎曰:「《詩》所謂『有力如虎』,顗乃過之。」	《魏書》卷二七《穆崇傳附顗傳》
45	古弼	少忠謹,好讀書,又善騎射。	《魏書》卷二八《古弼傳》
46	叔孫建	建少以智勇著稱。	《魏書》卷二九《叔孫建傳》
47	叔孫俊	以便弓馬,轉爲獵郎。	《魏書》卷二九《叔孫建傳附叔孫俊傳》
48	安原	雅性矜嚴,沈勇多智略。太宗時爲獵郎,出監雲中軍事。時赫連屈丐犯河西,原以數十騎擊之,殺十餘人。太宗以原輕敵,違節度,加其罪責。然知原驍勇,遂任以爲將,鎮守雲中,寬和愛下,甚得衆心。	《魏書》卷三〇《安同傳附安原傳》
49	娥清	娥清,代人也。少有將略,累著戰功。	《魏書》卷三〇《娥清傳》
50	劉尼	尼少壯健,有膂力,勇果善射,世祖見而善之,拜羽林中郎,賜爵昌國子,加振威將軍。	《魏書》卷三〇《劉尼傳》
51	奚眷	奚眷,代人也。少有將略。太祖時,有戰功。太宗時爲尚書、假安南將軍、虎牢鎮將,爲寇所憚。	《魏書》卷三〇《奚眷傳》
52	來大千	大千驍果,善騎射,爲騎都尉。	《魏書》卷三〇《來大千傳》
53	周幾	幾少以善騎射爲獵郎。	《魏書》卷三〇《周幾傳》
54	豆代田	豆代田,代人也。太宗時以善騎射爲內細射從。攻虎牢,詔代田登樓射賊,矢不虛發。	《魏書》卷三〇《豆代田傳》
55	周觀	周觀,代人也。驍勇有膂力,每在軍陳,必應募先登。	《魏書》卷三〇《周觀傳》
56	陸眞	陸眞,代人也。父洛侯,秦州長史,眞少善騎射。世祖初,以眞膂力過人,拜內三郎。數從征伐,所在摧鋒陷陳,前後以功屢受賞賜。	《魏書》卷三〇《陸眞傳》
57	呂洛拔	洛拔以壯勇知名,高宗末,爲平原鎮都將。	《魏書》卷三〇《呂洛拔傳》
58	于栗磾	于栗磾,代人也。能左右馳射,武藝過人。	《魏書》卷三一《于栗磾傳》

59	高豬兒	美容貌，膂力過人，尤善弓馬。	《魏書》卷三二《高湖傳附高豬兒傳》
60	屈道賜	善騎射，機辯有辭氣，世祖甚器之。	《魏書》卷三三《屈遵傳附屈道賜傳》
61	谷袞	膂力兼人，彎弓三百斤，勇冠一時。仕慕容垂，至廣武將軍。	《魏書》卷三三《谷渾傳》
62	王洛兒	少善騎射。	《魏書》卷三四《王洛兒傳》
63	陳建	代人也。祖渾，太祖末爲右衛將軍。父陽，尚書。建以善騎射，擢爲三郎。稍遷下大夫、內行長。世祖討山胡白龍，意甚輕之，單將數十騎登山臨嶮，每日如此。白龍乃伏壯士十餘處，出於不意，世祖墮馬，幾至不測。建以身捍賊，大呼奮擊，殺賊數人，身被十於創。世祖壯之，賜戶二十。	《魏書》卷三四《陳建傳》
64	房法壽	少好射獵，輕率勇果，結群小而爲劫盜。	《魏書》卷四三《房法壽傳》
65	羅彌	結宗人彌，善射有膂力。世祖時爲軍將，數從征伐有功，官至范陽太守。	《魏書》卷四四《羅結傳附羅彌傳》
66	伊馛	伊馛，代人也。少而勇健，走及奔馬，善射，多力，曳牛卻行。	《魏書》卷四四《伊馛傳》
67	伊盆生	子盆生，驍勇有膽氣。初爲統軍，累有戰功，遂爲名將。	《魏書》卷四四《伊馛傳附伊盆生傳》
68	乙瑰	瑰便弓馬，善射，手格猛獸，膂力過人。數從征伐，甚見信待。尚上谷公主，世祖之女也。除鎮南將軍、駙馬都尉，賜爵西平公。從駕南征，除使持節、都督前鋒諸軍事。每戰，身先士卒，勇冠三軍。	《魏書》卷四四《乙瑰傳》
69	宇文福	福少驍果，有膂力。	《魏書》卷四四《宇文福傳》
70	李華	華膂力過人，頗有將略，每從征伐，頻著軍功。	《魏書》卷四九《李靈傳附李華傳》
71	韓茂	茂年十七，膂力過人，尤善騎射。	《魏書》卷五一《韓茂傳》
72	韓均	少而善射，有將略。	《魏書》卷五一《韓茂傳附韓均傳》
73	呂羅漢	羅漢仁篤愼密，弱冠以武幹知名。父溫之佐秦州，羅漢隨侍。隴右氐楊難當率眾數萬寇上邽，秦民多應之。鎮將元意頭知羅漢善射，共登西城樓，令羅漢射難當隊將及兵二十三人，應弦而殪。	《魏書》卷五一《呂羅漢傳》

74	趙超宗	身長八尺，頗有將略。	《魏書》卷五二《趙逸傳附趙超宗傳》
75	趙令勝	長八尺，疏狂有膂力。	《魏書》卷五二《趙逸傳附趙令勝傳》
76	連思明	驍勇善騎射。	《魏書》卷五六《連山傳附連思明傳》
77	鄭尚	壯健有將略。屢爲統軍，東西征討，以軍功賜汝陽男。	《魏書》卷五六《鄭義附鄭尚傳》
78	薛安都	安都少驍勇，善騎射，頗結輕俠，諸兄患之。	《魏書》卷六一《薛安都傳》
79	薛眞度	頗有勇幹。	《魏書》卷六一《薛安都傳附薛眞度傳》
80	薛懷吉	好勇有膂力。	《魏書》卷六一《薛安都傳附薛懷吉傳》
81	畢眾敬	少好弓馬射獵，交結輕果，常於疆境盜掠爲業。	《魏書》卷六一《畢眾敬傳》
82	畢元賓	少而豪俠，有武幹，涉獵書史。	《魏書》卷六一《畢眾敬傳附畢元賓傳》
83	傅永	有氣幹，拳勇過人，能手執鞍橋，倒立馳騁。	《魏書》卷七○《傅永傳》
84	傅叔偉	及長，臂力過人，彎弓三百斤，左右馳射，又能立馬上與人角騁。	《魏書》卷七○《傅永傳附傅叔偉傳》
85	傅豎眼	沉毅壯烈，少有父風。	《魏書》卷七○《傅永傳附傅豎眼傳》
86	傅文驥	勇果有將領之才。隨豎眼征伐，累有軍功。	《魏書》卷七○《傅永傳附傅文驥傳》
87	裴颺	壯果有謀略。常隨叔業征伐，以軍功爲寶卷驍騎將軍。	《魏書》卷七一《裴叔業傳附裴颺傳》
88	楊令寶	有膂力，善射。	《魏書》卷七一《裴叔業傳附楊令寶傳》
89	梁祐	好學，便弓馬。隨叔業征伐，身被五十餘創。	《魏書》卷七一《裴叔業傳附梁祐傳》
90	席法友	法友仕蕭鸞，以膂力自效軍勳。	《魏書》卷七一《席法友傳》
91	江文遠	善騎射，勇於攻戰。	《魏書》卷七一《江悅之傳附江文遠傳》
92	張元亮	便弓馬，善戰鬥。	《魏書》卷七一《張元亮傳》
93	奚康生	康生性驍勇，有武藝，弓力十石，矢異常箭，爲當時所服。	《魏書》卷七三《奚康生傳》

94	楊大眼	楊大眼，武都氐難當之孫也。少有膽氣，跳走如飛。然側出，不為其宗親顧待，頗有飢寒之切。太和中，起家奉朝請。時高祖自代將南伐，令尚書李沖典選徵官，大眼往求焉。沖弗許，大眼曰：「尚書不見知，聽下官出一技。」便出長繩三丈許繫髻而走，繩直如矢，馬馳不及，見者莫不驚歎。沖曰：「自千載以來，未有逸材若此者也。」遂用為軍主。大眼顧謂同僚曰：「吾之今日，所謂蛟龍得水之秋，自此一舉，終不復與諸君齊列矣。」未幾，遷為統軍。從高祖征宛、葉、穰、鄧、九江、鍾離之間，所經戰陳，莫不勇冠六軍。	《魏書》卷七三《楊大眼傳》
95	崔延伯	延伯有氣力，少以勇壯聞。仕蕭賾，為緣淮遊軍，帶濠口戍主。太和中入國，高祖深嘉之，常為統帥。膽氣絕人，兼有謀略，所在征討，咸立戰功。	《魏書》卷七三《崔延伯傳》
96	李龍環	以勇壯為將統。	《魏書》卷七三《李叔仁傳附李龍環傳》
97	尒朱兆	少驍猛，善騎射，手格猛獸，蹻捷過人。數從榮遊獵，至於窮岩絕澗人所不能升降者，兆先之。榮以此特加賞愛，任為爪牙。榮曾送臺使，見二鹿，乃命兆前，止授二箭，曰：「可取此鹿供今食也。」遂停馬構火以待之。俄然兆獲其一。榮欲矜誇，使人責兆曰：「何不盡取？」杖之五十。	《魏書》卷七五《尒朱兆傳》
98	尒朱天光	尒朱天光，榮從祖兄子。少勇決，善弓馬。	《魏書》卷七五《尒朱天光傳》
99	叱列延慶	延慶少便弓馬，有膽力。	《魏書》卷八〇《叱列延慶傳》
100	侯莫陳悅	侯莫陳悅，代郡人也。父婆羅門，為駝牛都尉，故悅長於河西。好田獵，便騎射。	《魏書》卷八〇《侯莫陳悅傳》
101	侯淵	機警有膽略。……常從征伐，屢有戰功。	《魏書》卷八〇《侯淵傳》
102	山強	河南洛陽人也，其先代人。祖強，美容貌，身長八尺五寸，工騎射，彎弓五石。為奏事中散，從顯祖獵方山，有兩狐起於御前，詔強射之，百步內二狐俱獲。	《魏書》卷八一《山偉傳附山強傳》
103	馮熙	年十二，好弓馬，有勇幹，氐羌皆歸附之。	《魏書》卷八三《馮熙傳》
104	張敕提	性雄武，有規畫。初為虎賁中郎。時京畿盜魁自稱豹子、虎子，並善弓馬。	《魏書》卷八九《張敕提傳》
105	石勒	勒壯健，有膽略，好騎射，	《魏書》卷九五《羯胡石勒傳》

106	石虎	性殘忍，遊獵無度，能左右射，好以彈彈人，軍中甚患之。勒白母曰：「此兒兇暴無賴，使軍人殺之，聲名可惜，宜自除也。」王曰：「快牛為犢子時，多能破車。為復小忍，勿卻之，」至年十八，身長七尺五寸，弓馬迅捷，勇冠當時。	《魏書》卷九五《羯胡石勒傳附石虎傳》
107	苻健	健便弓馬，善於事人，石虎深愛之，歷位翼軍校尉、鎮軍將軍。	《魏書》卷九五《臨渭氐苻健傳》
108	苻生	及長，力舉千鈞，雄勇好殺，手格猛獸，走及奔馬，擊刺騎射，冠絕一時。	《魏書》卷九五《臨渭氐苻健傳附苻生傳》
109	呂光	光年十歲，遊戲好戰陳之法，為諸兒所推。身長八尺四寸，肘有肉印。從王猛征討，稍遷破虜將軍。	《魏書》卷九五《略陽氐呂光傳》
110	魏收	及隨父赴邊，值四方多難，好習騎射，欲以武藝自達。	《魏書》卷一○四《序傳》
111	高濬	豪爽有氣力，善騎射，為文襄所愛。	《北齊書》卷一○《高祖十一王・永安簡平王浚傳》
112	高渙	及長，力能扛鼎，材武絕倫。	《北齊書》卷一○《高祖十一王・上黨剛肅王渙傳》
113	高延宗	延宗容貌充壯，坐則仰，偃則伏，人笑之，乃赫然奮發。氣力絕異，馳騁行陣，勁捷若飛。	《北齊書》卷一一《文襄六王・安德王延宗傳》
114	高琛	少時便弓馬，有志氣。	《北齊書》卷一三《趙郡王琛傳》
115	高思好	少以騎射事文襄。……文宣悅其驍勇。	《北齊書》卷一四《上洛王思宗傳附思好傳》
116	竇泰	善騎射，有勇略。	《北齊書》卷一五《竇泰傳》
117	婁昭	代郡平城人也，武明皇后之母弟也。……父內干，有武力，未仕而卒。昭貴，魏朝贈司徒。齊受禪，追封太原王。昭方雅正直，有大度深謀，腰帶八尺，弓馬冠世。	《北齊書》卷一五《婁昭傳》
118	厙狄干	干梗直少言，有武藝。	《北齊書》卷一五《厙狄干傳》
119	段韶	少工騎射，有將領才略。高祖以武明皇后姊子，益器愛之，常置左右，以為心腹。	《北齊書》卷一六《段榮傳附段韶傳》
120	段懿	有姿儀，頗解音樂，又善騎射。	《北齊書》卷一六《段榮傳附段懿傳》
121	斛律平	便弓馬，有幹用。	《北齊書》卷一七《斛律金附斛律平傳》

122	斛律金	性敦直，善騎射，行兵用匈奴法，望塵識馬步多少，嗅地知軍度遠近。	《北齊書》卷一七《斛律金傳》
123	斛律光	少工騎射，以武藝知名。	《北齊書》卷一七《斛律金附斛律光傳》
124	斛律羨	及光並少工騎射，其父每日令其出畋，還即較所獲禽獸。光所獲或少，必麗龜達腋。羨雖獲多，非要害之所。光常蒙賞，羨或被捶撻。	《北齊書》卷一七《斛律金附斛律羨傳》
125	賀拔允	允便弓馬，頗有膽略，與弟岳殺賊帥衛可肱，仍奔魏。……允父子兄弟並以武藝知名，榮素聞之。	《北齊書》卷一九《賀拔允傳》
126	韓賢	壯健有武用。	《北齊書》卷一九《韓賢傳》
127	尉興敬	便弓馬，有武藝，高祖引爲帳內都督。	《北齊書》卷一九《尉長命傳附尉興敬傳》
128	王懷	少好弓馬，頗有氣尚，值北邊喪亂，早從戎旅。	《北齊書》卷一九《王懷傳》
129	莫多婁貸文	驍果有膽氣。從高祖舉義。	《北齊書》卷一九《莫多婁貸文傳》
130	莫多敬顯	強值勤幹，少以武力見知，恒從斛律光征討，數有戰功。	《北齊書》卷一九《莫多婁貸文傳附莫多敬顯傳》
131	高市貴	少有武用。	《北齊書》卷一九《高市貴傳》
132	厙狄迴洛	厙狄迴洛，代人也。少有武力，儀貌魁偉。	《北齊書》卷一九《厙狄迴洛傳》
133	厙狄盛	性和柔，少有武用。	《北齊書》卷一九《厙狄盛傳》
134	薛孤延	薛孤延，代人也。少驍果，有武力。	《北齊書》卷一九《薛孤延傳》
135	張保洛	張保洛，代人也，自云本出南陽西鄂。家世好賓客，尚氣俠，頻爲北土所知。保洛少率健，善弓馬。	《北齊書》卷一九《張保洛傳》
136	麴珍	壯勇善騎射。	《北齊書》卷一九《麴珍傳》
137	段琛	段琛字懷寶，代人也。少有武用。從高祖起義信都。	《北齊書》卷一九《段琛傳》
138	堯雄	雄少驍果，善騎射，輕財重氣，爲時輩所重。	《北齊書》卷二〇《堯雄傳》
139	堯傑	性輕率，嗜酒，頗有武用。	《北齊書》卷二〇《堯雄傳附堯傑傳》

140	王則	少驍果，有武藝。	《北齊書》卷二〇《王則傳》
141	叱列平	代郡西部人也。世爲酋帥。平有容貌，美鬚髯，善騎射。	《北齊書》卷二〇《叱列平傳》
142	慕容儼	不好讀書，頗學兵法，工騎射。	《北齊書》卷二〇《慕容儼傳》
143	范舍樂	有武藝，筋力絕人。	《北齊書》卷二〇《范舍樂傳》
144	高昂	昂，字敖曹，乾第三弟。幼稚時，便有壯氣。長而倜儻，膽力過人，龍眉豹頸，姿體雄異。其父爲求嚴師，令加捶撻。昂不遵師訓，專事馳騁，每言男兒當橫行天下，自取富貴，誰能端坐讀書，作老博士也。與兄乾數爲劫掠，州縣莫能窮治。招聚劍客，家資傾盡，鄉閭畏之，無敢違迕，父翼常謂人曰：「此兒不滅我族，當大吾門，不直爲州豪也。」	《北齊書》卷二一《高昂傳》
145	劉孟和	孟和少好弓馬，率性豪俠。	《北齊書》卷二一《劉孟和傳》
146	東方老	家世寒微，身長七尺，膂力過人。少粗獷無賴，結輕險之徒共爲賊盜，鄉里患之。	《北齊書》卷二一《東方老傳》
147	王紘	紘少好弓馬，善騎射，頗愛文學。	《北齊書》卷二五《王紘傳》
148	万俟普	太平人，其先匈奴之別種也。雄果有武力。	《北齊書》卷二七《万俟普傳》
149	万俟洛	豪壯有武藝，騎射過人，爲鄉閭所伏。	《北齊書》卷二七《万俟普傳附万俟洛傳》
150	劉豐	有雄姿壯氣，果毅絕人，有口辯，好說兵事。	《北齊書》卷二七《劉豐傳》
151	破六韓常	常沈敏有膽略，善騎射，累遷平西將軍。	《北齊書》卷二七《破六韓常傳》
152	金祚	性驍雄，尚氣任俠。	《北齊書》卷二七《金祚傳》
153	暴顯	顯少經軍旅，善於騎射，曾從魏孝莊帝出獵，一日之中手獲禽獸七十三。	《北齊書》卷四一《暴顯傳》
154	皮景和	景和少通敏，善騎射。初以親信事高祖，後補親信副都督。武定二年，征步落稽。世宗疑賊有伏兵，令景和將五六騎深入一谷中，值賊百餘人，便共格戰，景和射數十人，莫不應弦而倒。高祖嘗令景和射一野豕，一箭而獲之，深見嗟賞，除庫直正都督。	《北齊書》卷四一《皮景和傳》
155	綦連猛	猛少有志氣，便習弓馬。	《北齊書》卷四一《綦連猛傳》

156	元景安	景安沈敏有干局，少工騎射，善於事人。……邙山之役，力戰有功，賜爵西華縣都鄉男，代郡公如故。世宗入朝，景安隨從在鄴。於時江南款附，朝貢相尋，景安妙閑馳騁，雅有容則，每梁使至，恒令與斛律光、皮景和等對客騎射，見者稱善。	《北齊書》卷四一《元景安傳》
157	獨孤永業	止於軍士之中，有才幹，便弓馬。	《北齊書》卷四一《獨孤永業傳》
158	劉逖	少而聰敏，好弋獵騎射，	《北齊書》卷四五《劉逖傳》
159	畢義雲	少粗俠，家在兗州北境，常劫掠行旅，州里患之。	《北齊書》卷四七《酷吏傳·畢義雲傳》
160	婁叡	叡少好弓馬，有武幹，爲高祖帳內都督。	《北齊書》卷四八《婁叡傳》
161	鄭仲禮	少輕險，有膂力。	《北齊書》卷四八《鄭仲禮傳》
162	高阿那肱	肱妙於騎射，便僻善事人，每宴射之次，大爲世祖所愛重。	《北齊書》卷五〇《恩倖·高阿那肱傳》
163	韓鳳	鳳少而聰察，有膂力，善騎射。	《北齊書》卷五〇《韓鳳傳》
164	莒莊公洛生	少任俠，尚武藝，及壯，有大度，好施愛士。北州賢俊，皆與之遊，而才能多出其下。及葛榮破鮮于修禮，乃以洛生爲漁陽王，仍領德皇帝餘眾。時人皆呼爲洛生王。洛生善將士，帳下多驍勇。至於攻戰，莫有當其鋒者，是以克獲常冠諸軍。	《周書》卷一〇《莒莊公洛生傳》
165	宇文貴	少聰敏，涉獵經史，尤便騎射。	《周書》卷一二《齊煬王憲傳附宇文貴傳》
166	宇文達	性果決，善騎射。	《周書》卷一三《文閔明武宣諸子·代奰王達傳》
167	賀拔爾頭	驍勇絕倫，以良家子鎮武川，因家焉。獻文時，茹茹數爲寇，北邊患之。爾頭將遊騎深入覘候，前後以八十數，悉知虜之倚伏。後雖有寇至，不能爲害。以功賜爵龍城侯。	《周書》卷一四《賀拔勝傳》
168	賀拔勝	勝長於喪亂之中，尤工武藝，走馬射飛鳥，十中其五六。太祖每云：「諸將對敵，神色皆動，唯賀拔公臨陣如平常，眞大勇也。」	《周書》卷一四《賀拔勝傳》
169	賀拔岳	能左右馳射，驍果絕人。不讀兵書而暗與之合，識者咸異之。	《周書》卷一四《賀拔勝傳附賀拔岳傳》

170	獨孤信	信美容儀，善騎射。	《周書》卷一六《獨孤信傳》
171	獨孤善	幼聰慧，善騎射，以父勳，封魏寧縣公。	《周書》卷一六《獨孤信傳附獨孤善傳》
172	侯莫陳崇	崇少驍勇，善馳射，謹愨少言。	《周書》卷一六《侯莫陳崇傳》
173	梁禦	禦少好學，進趨詳雅。及長，更好弓馬。	《周書》卷一七《梁禦傳》
174	若干惠	惠性剛質，有勇力，容貌魁岸。	《周書》卷一七《若干惠傳》
175	怡峰	峰少從征役，以驍勇聞。	《周書》卷一七《怡峰傳》
176	劉亮	亮少倜儻，有從橫計略，姿貌魁傑，見者憚之。普泰初，以都督從賀拔岳西征，解岐州圍，擊侯伏侯元進、万俟道洛、万俟醜奴、宿勤明達及諸賊，亮常先鋒陷陣。以功拜大都督，封廣興縣子，邑五百戶。	《周書》卷一七《劉亮傳》
177	王德	代郡武川人也。少善騎射，雖不經師訓，而以孝悌見稱。	《周書》卷一七《王德傳》
178	達奚武	代人也。祖眷，魏懷荒鎮將。父長，沃城鎮將。武少倜儻，好馳射，為賀拔岳所知。	《周書》卷一九《達奚武傳》
179	達奚震	震字猛略。少驍勇，便騎射，走及奔馬，膂力過人。	《周書》卷一九《達奚武傳附達奚震傳》
180	豆盧寧	寧少驍果，有志氣，身長八尺，美容儀，善騎射。永安中，以別將隨尒朱天光入關，加授都督。又以破万俟醜奴功，賜爵靈壽縣男。嘗與梁仚定遇於平涼川，相與肆射。乃於百步懸莎草以射之，七發五中。仚服其能，贈遺甚厚。	《周書》卷一九《豆盧寧傳》
181	宇文貴	貴善騎射，有將率才。	《周書》卷一九《宇文貴傳》
182	宇文忻	少以父軍功賜爵化政郡公。驍勇絕倫，有將帥才略。	《周書》卷一九《宇文貴傳附宇文忻傳》
183	楊忠	忠美髭髯，身長七尺八寸，狀貌瑰偉，武藝絕倫，識量沉深，有將帥之略。……嘗從太祖狩於龍門，忠獨當一猛獸，左挾其腰，右拔其舌。太祖壯之。	《周書》卷一九《楊忠傳》
184	尉遲綱	綱驍果有膂力，善騎射。太祖甚寵之，委以心膂。河橋之戰，太祖馬中流矢，因而驚奔。綱與李穆等左右力戰，眾皆披靡，太祖方得乘馬。	《周書》卷二○《尉遲綱傳》
185	叱列伏龜	叱列伏龜字摩頭陀，代郡西部人也。世為部落大人。魏初入附，遂世為第一領民酋長。至龜，容貌瑰偉，腰帶十圍，進止詳雅，兼有武藝。	《周書》卷二○《叱列伏龜傳》

186	李遠	幼有器局，志度恢然。嘗與群兒爲戰鬪之戲，指麾部分，便有軍陣之法。郡守見而異之，召使更戲。群兒懼而散走，遠持杖叱之，復爲向勢，意氣雄壯，殆甚於前。郡守曰：「此小兒必爲將軍，非常人也。」……嘗校獵於莎柵，見石於叢蒲中，以爲伏兔，射之而中，鏃入寸餘。就而視之，乃石也。太祖聞而異之，賜書曰：「昔李將軍廣親有此事，公今復爾，可謂世載其德。雖熊渠之名，不能獨擅其美。」	《周書》卷二五《李賢傳附李遠傳》
187	李基	幼有聲譽，美容儀，善談論，涉獵群書，尤工騎射。	《周書》卷二五《李賢傳附李基傳》
188	赫連達	達性剛鯁，有膽力。少從賀拔岳征討有功，拜都將，賜爵長廣鄉男，遷都督。	《周書》卷二七《赫連達傳》
189	韓果	代武川人也。少驍雄，善騎射。賀拔岳西征，引爲帳內。擊万俟醜奴及其枝黨，轉戰數十合，並破之。臂力絕倫，被甲荷戈，升陟峰嶺，猶涉平路，雖數十百日，不以爲勞。以功授宣威將軍、子都督。	《周書》卷二七《韓果傳》
190	祭祐	有臂力，便騎射。	《周書》卷二七《祭祐傳》
191	厙狄昌	少便騎射，有臂力。及長，進止閑雅，膽氣壯烈，每以將帥自許。	《周書》卷二七《厙狄昌傳》
192	田弘	少慷慨，志立功名，臂力過人，敢勇有謀略。	《周書》卷二七《田弘傳》
193	史雄	少勇敢，臂力過人，便弓馬，有算略。年十四，從寧於牽屯山奉迎太祖。仍從校獵，弓無虛發。太祖歎異之。	《周書》卷二八《史寧傳附史雄傳》
194	賀若敦	敦少有氣幹，善騎射。	《周書》卷二八《賀若敦傳》
195	王杰	傑少有壯志，每以功名自許，善騎射，有臂力。	《周書》卷二九《王杰傳》
196	王勇	王勇，代武川人也，本名胡仁。少雄健，有膽決，便弓馬，臂力過人。魏永安中，万俟醜奴等寇亂關隴，勇占募隨軍討之，以功授寧朔將軍、奉車都尉。	《周書》卷二九《王勇傳》
197	宇文虬	宇文虬字樂仁，代武川人也。性驍悍，有膽略。少從軍征討，累有戰功。	《周書》卷二九《宇文虬傳》
198	耿豪	豪少粗獷，有武藝，好以氣凌人。	《周書》卷二九《耿豪傳》
199	王雅	少而沉毅，木訥寡言，有膽勇，善騎射。太祖聞其名，召入軍，累有戰功。	《周書》卷二九《王雅傳》

200	侯植	植少倜儻，有大節，容貌奇偉，武藝絕倫。	《周書》卷二九《侯植傳》
201	竇熾	善騎射，膂力過人。	《周書》卷三〇《竇熾傳》
202	厙狄峙	峙少以弘厚知名，善騎射，有謀略。	《周書》卷三三《厙狄峙傳》
203	趙文表	便弓馬，能左右馳射。	《周書》卷三三《趙文表傳》
204	韓盛	盛幼有操行，涉獵經史，兼善騎射，膂力過人。	《周書》卷三四《韓盛傳》
205	崔說	少鯁直，有節概，膂力過人，尤工騎射。	《周書》卷三五《崔謙傳附崔說傳》
206	薛敬珍	珍偉容儀，有氣俠，學業騎射，俱爲當時所稱。	《周書》卷三五《薛善傳附薛敬珍傳》
207	鄭偉	偉少倜儻有大志，每以功名自許，善騎射，膽力過人。	《周書》卷三六《鄭偉傳》
208	楊纂	纂少習軍旅，慷慨有志略，尤工騎射，勇力兼人。	《周書》卷三六《楊纂傳》
209	令狐整	學藝騎射，並爲河右所推。	《周書》卷三六《令狐整傳》
210	司馬侃	少敢勇，未弱冠，便從戎旅。	《周書》卷三六《司馬裔傳附子侃傳》
211	裴果	果從軍征討，乘黃驄馬，衣青袍，每先登陷陣，時人號爲「黃驄年少」。	《周書》卷三六《裴果傳》
212	韋瑱	篤志好學，兼善騎射。	《周書》卷三九《韋瑱傳》
213	宇文顯和	性矜嚴，頗涉經史，膂力絕人，彎弓數百斤，能左右馳射。	《周書》卷四〇《宇文神舉傳》
214	韓雄	雄少敢勇，膂力絕人，工騎射，有將率材略。	《周書》卷四三《韓雄傳》
215	陳忻	少驍勇，有氣俠，姿貌魁岸，同類咸敬憚之。	《周書》卷四三《陳忻傳》
216	泉元禮	元禮少有志氣，好弓馬，頗閑草隸，有士君之風。……信宿之間，遂率鄉人襲州城，斬竊，傳首長安。朝廷嘉之，拜衛將軍，車騎大將軍，世襲洛州刺史。	《周書》卷四四《泉企傳附泉元禮傳》
217	泉仲遵	及長，有武藝。遭世離亂，每從父兄征討，以勇決聞。	《周書》卷四四《泉企傳附泉仲遵傳》
218	楊乾運	乾運少雄武，爲鄉閭所信服。	《周書》卷四四《楊乾運傳》
219	柳檜	性剛簡任氣，少文，善騎射，果於斷決。	《周書》卷四六《柳檜傳》
220	蕭琮	性倜儻不羈，博學有文義，兼善弓馬。	《周書》卷四八《蕭詧傳附蕭琮傳》
221	長孫熾	性敏慧，美姿容，頗涉群書，兼長武藝	《北史》卷二二《長孫道生傳附長孫熾傳》

222	長孫晟	性通敏，略涉書記，善彈工射，趫捷過人。年十八，仕周爲司衛上士。初未知名，唯隋文帝一見深異焉，謂曰：「長孫武藝逸群，又多奇略。後之名將，非此子邪」？……（突厥攝圖）獨愛晟，每共遊獵，留之竟歲。嘗有二鵰，飛而爭肉，因以箭兩隻與晟，請射取之。晟馳往，遇鵰相攫，遂一發雙貫焉。攝圖喜，命諸子弟貴人皆相親友，冀昵近之，以學彈射。	《北史》卷二二《長孫道生傳附長孫晟傳》
223	長孫澄	十四從父承業征討，有智謀，勇冠諸將。	《北史》卷二二《長孫道生傳附長孫澄傳》
224	長孫翰	翰少有父風。道武時，以善騎射，爲獵郎。	《北史》卷二二《長孫肥傳附長孫翰傳》

　　上表僅是對見諸史籍有明顯武人勇力特徵或突出事蹟者進行搜集整理，尚未盡包含以軍功授職的各代各級將領。從表中可以看出，北朝時期社會成員習武成風，崇力尚武。且可歸納出如下幾個較爲顯著的特徵：

　　首先是以代人居多。在北朝史料中，「代人」一詞是常見詞彙。出身代北者在表中占相當比例，儼然一個群體。臺灣學者康樂曾對「代」之區域範圍及「代人」集團的形成過程作過較爲細緻的考察：

> 公元 398 年，拓跋珪定都平城，並將周圍約三萬平方公里的地區劃爲「王畿」，「王畿」的範圍東起代郡（河北蔚縣），西至善無（山西右玉），北包參合（山西陽高），南抵陰館（山西代縣北），差不多涵蓋了今天整個的桑乾盆地，亦即當年拓跋聯盟活動領域的南區，在中國歷史上習稱爲「代」。……這個集團形成於四世紀末的平城及鄰近地區，至五世紀初仍陸續有所擴充；其成員絕大多數爲北亞游牧民族，然而也包括少數的漢人及其他少數民族。[註37]

拓跋鮮卑發源並興盛於「代」，代地射獵之風頗盛，人多嫻熟弓馬。代人在北魏建國過程中起到重要作用，是北魏軍事力量的主體。北魏政權建立後，代人在各層政權中佔有絕對比例。即使北魏覆亡後，「代人」在北方軍事史上仍有其重要地位。

　　其次是一人能武，往往滿門幾代皆勇。開國諸王多擅武事，如北魏明元

〔註37〕康樂：《代人集團的形成與發展——拓跋魏的國家基礎》//中央研究院歷史語言研究所出版品編輯委員會編輯，《中央研究院歷史語言研究所集刊》，臺北：1990 年 9 月，第六十一本第三分，第 578 頁。

六王、景穆十二王、獻文六王等多長武藝，著軍功。而且家風薰陶浸染，王室子弟多喜武事，反映了游牧民族以武立國的特點。功臣驍將亦引人注目，如北魏長孫道生一門，北齊著名功臣斛律金一門，北周功臣賀拔勝一門等等，世代皆將滿門勇武，爲所在朝代立下汗馬功勞，成爲國家之柱石。即使是在立國之後，這些功臣宿將仍對國家政權的穩固與發展仍起重要作用，作爲最高統治者之各代帝王，亦對之格外器重，視爲股肱臂膀。如東魏大將高敖曹陣亡消息傳來時，「神武聞之，如喪肝膽。」〔註38〕反之，如是敵國之將，則視若大敵大患，對之既畏且敬。《北齊書》卷一七《斛律金傳附子光傳》載：

> 自結髮從戎，未嘗失律，爲鄰敵所憚憚。罪既不彰，一旦屠滅，朝野痛惜之。周武帝聞光死，大喜，赦其境內。後入鄴，追贈上柱國、崇國公。指詔書曰：「此人若在，朕豈能至鄴。」
>
> ……光小子鍾，年數歲，獲免。周朝襲封崇國公。隋開皇中卒於驃騎將軍。

北齊名將斛律金一家滿門皆勇，世代皆將，對國家的建立功勳莫大。斛律金之子斛律光秉承乃父遺風，在與北周的爭戰中，對北周構成巨大威脅。北周將軍韋孝寬忌憚斛律光英勇，乃作謠言使反間計，加之斛律光與朝內權臣祖珽、穆提婆有隙，因此遭冤被殺。其被殺之時已五十八歲。力士劉桃枝是有名的劊子手，但仍一個人不能應付，同三名力士一起才將其勒死，其勇驚人。北周得訊後，爲之大赦〔註39〕。後北周滅北齊，光之小兒子斛律鍾得到厚待。可見將門之子，人皆敬之。勇將功臣在開國時拼闖廝殺，立下汗馬功勞；建國後還要守土禦邊，侵略擴張。他們的存在有時甚至直接影響到國家的存亡安危。

佛門弟子，亦有愛好擅長武藝者。唐張鷟《朝野僉載》卷二載：

> 北齊稠禪師，鄴人也，幼落髮爲沙彌。時輩甚眾，每休暇，常角力騰趠爲戲。而禪師以劣弱見淩，給侮毆擊者相繼，禪師羞之。乃入殿中，閉戶抱金剛足而誓曰：「我以羸弱爲等類輕侮，爲辱已甚，

<hr />

〔註38〕《北史》卷三一《高昂傳》。

〔註39〕武將重臣遭冤殺南朝亦有一例，與此相類，頗爲知名。《宋書》卷四三《檀道濟傳》載：「道濟見收，脫幘投地曰：『乃復壞汝萬里之長城！』」可見武將在國家政權中的重要地位。

不如死也。汝以力聞，當祐我。我捧汝足七日，不與我力，必死於
此，無還志。」約既畢，因至心祈之。初一兩夕，恒爾，念益固。
至六日將曙，金剛形見，手執大缽，滿中盛筋，謂稠曰：「小子欲力
乎？」曰：「欲。」「念至乎？」曰：「至。」「能食筋乎？」曰：「不
能。」神曰：「何故？」稠曰：「出家人斷肉故。」神因操缽舉七，
以筋食之。禪師未敢食，乃怖以金剛杵，稠懼遂食。斯須食畢，神
曰：「汝已多力，然善持教，勉旃！」神去且曉，乃還所居。諸同列
問曰：「豎子頃何至？」稠不答。須臾於堂中會食，食畢，諸同列又
戲毆，禪師曰：「吾有力，恐不堪於汝。」同列試引其臂，筋骨強勁，
殆非人也。方驚疑，禪師曰：「吾爲汝試之。」因入殿中，橫塌壁行，
自西至東凡數百步，又躍首至於梁數四。乃引重千鈞，其拳捷驍武
勁。先輕侮者俯伏流汗，莫敢仰視。〔註40〕

此段記述雖有神異色彩，亦說明僧稠禪師必有過人武藝。唐道宣《續高僧傳》
卷一六《僧稠傳》記載有僧稠事蹟，稠禪師後主持少林寺，從此開創少林寺
僧人習武之風。現在安陽小南海北朝時期的靈山寺石窟、寶山靈泉寺和龍山
雲門寺等處都留有稠禪師活動的遺跡和歷史記載。

武力立國，強勝弱敗。拓跋鮮卑本爲塞北一原始游牧部族，惡劣的自然
環境與社會環境鍛就了其民族性格，尚力好勇，能征慣戰，終致以野蠻落後
的文明征服了先進而悠久的文明。開疆拓土，殺戮征伐，這其中武力起了至
關重要的決定作用，大批的驍將猛士扮演了重要角色。有幸能列入載籍的，
都是在亂世爭戰中經過艱苦的甚至是殘酷拼殺打鬥才脫穎而出的佼佼者，由
於各種原因沒能進入史籍的想必還有很多。在這些成功者的身後，必有著一
個數量龐大的尚武群體。也正因爲這樣一個群體的存在，才能含孕哺育出適
合時代需要的勇將猛士。

二、婦女習武

與中原漢族不同，北朝游牧民族保留著濃厚的原始遺風。一方面，生活
環境的惡劣，使婦女在社會生活中亦不得不發揮著重要作用。另一方面，受

〔註40〕〔唐〕劉餗撰，程毅中點校：《隋唐嘉話》；〔唐〕張鷟撰，趙守儼點校：《朝
野僉載》//《唐宋史料筆記叢刊》，北京：中華書局，1979 年 10 月第 1 版，《朝
野僉載》卷二，第 39 頁。

歷史的民族融合等因素影響，北朝婦女地位較高，可以廣泛地較多地涉入社會生活。《顏氏家訓·治家第五》載：「鄴下風俗，專以婦持門戶，爭訟曲直，造請逢迎，車乘塡街衢，綺羅盈府寺，代子求官，爲夫訟屈，此乃恒代之遺風乎。」婦女甚至成爲一家之主，出入公共社交場合，足見婦女社會地位頗高。〔註41〕

　　受社會大環境影響，男人習尚武功，婦女自然亦容易受到濡染，而且有時這種影響甚至是被迫的和不容迴避的。北齊文宣帝高洋曾「在城東馬射，敕京師婦女悉赴觀，不赴者罪以軍法，七日乃止」，〔註42〕強令京城婦女前往觀武。與南朝中原婦女相比，北方婦女顯然要有更多的浸染武事的機會。她們可以和父兄一樣躍馬彎弓，練功習武，參與戰事，在社會生活中顯露頭角。

（一）精通騎射

　　北朝婦女擅於騎射者，史不乏書。楊大眼之妻潘氏，「善騎射，自詣軍省大眼。至於攻陳遊獵之際，大眼令妻潘戎裝，或齊鑣戰場，或並驅林壑。及至還營，同坐幕下，對諸僚佐，言笑自得，時指之謂人曰：『此潘將軍也』」〔註43〕，楊大眼爲氐人，乃北魏著名猛將。其妻潘氏善騎射，於未嫁之時，顯已受過騎射方面的訓練。

　　北魏靈太后亦精通射技，曾「幸西林園法流堂，命侍臣射，不能者罰之。又自射針孔，中之。……尋幸關口溫水，登雞頭山，自射象牙簪，一發中之，敕示文武」。〔註44〕靈太后是安定臨涇人（今甘肅涇州），那裡在古代是多民族雜居地區，安定胡氏受游牧文化影響尤深。靈太后箭法高明，射藝已到了百發百中的程度，和北方少數民族善射女子幾乎沒有什麼區別。靈太后酷愛射藝，身居高位仍不離此道。《魏書》卷六七《崔光傳》載：

　　　　時靈太后臨朝，每於後園親執弓矢，光乃表上中古婦人文章，

〔註41〕莊華峰認爲：「魏晉時期，在人性自然的思想解放浪潮的衝擊下，婦女紛紛向名士學習，變得曠達不羈，超然脫俗，衝擊著儒家封建倫禮綱常。婦女的這種解放浪潮，在南朝時期有所收斂，但在北朝，卻與少數民族尊重母權的習俗相結合而更加熾烈。」此論或失之武斷，北朝婦女地位應是與其歷史沿革、習俗有關，是否受魏晉婦女解放影響，似缺乏佐證。見莊華峰：《北朝時代鮮卑婦女的生活風氣》，《民族研究》1994年第6期。

〔註42〕《北齊書》卷四《文宣帝紀》。

〔註43〕《魏書》卷七三《楊大眼傳》。潘氏後因「失行」爲大眼所殺，見本書第三章第三節「婚外情盛行」中所引。

〔註44〕《魏書》卷一三《皇后·宣武靈皇后胡氏傳》。

因以致諫曰：「孔子云：『士志於道，據於德，依於仁，遊於藝。』藝謂禮、樂、書、數、射、御。明前四業，丈夫婦人所同修者。若射、御，唯主男子事，不及女。古之賢妃烈媛，母儀國家，垂訓四海，宣教九宗，可秉道懷德，率遵仁禮。是以漢后馬、鄧，術邁祖考：羊嬪蔡氏，具體伯喈。伏惟皇太后含聖履仁，臨朝闡化，肅雍愷悌，靖徽齊穆，孝祀通於神明，和風溢於區宇。因時暇豫，清暑林園，遠藐姑射，眷言舋相，弦矢所發，必中正鵠，咸靈遐暢，義震上下。文武懾心，左右悅目，吾王不遊，吾何以休，不窺重仞，安見富美？天情沖謙，動容祗愧，以為舉非蠶織，事存無功，豈謂應乾順民，裁成輔相者哉。臣不勝慶幸，謹上婦人文章錄一帙，其集具在內。伏願以時披覽，仰裨未聞。息彎挾之勞，納閒拱之泰，頤精養壽，栖神翰林。」

身為太后，卻「每於後園親執弓矢」，這在深受儒家禮樂教育的崔光看來自然難成體統，遂引經據典，切切諫之。《南齊書》卷五七《魏虜傳》載：「太后出，則婦女著鎧騎馬，近輦左右」，在北魏宮廷內還有女子侍衛隊，將婦女用作宮廷侍衛隊、儀仗隊。《北史》卷一四《后妃傳》記載了一則精彩的比武故事：

彭城太妃尒朱氏，榮之女，魏孝莊后也。神武納為別室，敬重逾於妻妃，見必束帶，自稱下官。神武迎蠕蠕公主還，尒朱氏迎於木井北，與蠕蠕公主前後別行，不相見。公主引角弓仰射翔鷗，應弦而落。妃引長弓斜射飛鳥，亦一發而中。神武喜曰：「我此二婦並堪擊賊。」

北齊神武帝高歡是鮮卑化的漢人，為鞏固自己的統治，出於政治需要，欲與北方游牧民族聯姻，派使者出使柔然為兒子高澄求婚，娶柔然（蠕蠕）公主，以便得到柔然的支持。柔然可汗卻拒絕將女兒嫁與高澄，強迫高歡自娶。高歡本已先娶婁氏、尒朱氏為妃，為討好柔然被迫屈辱妥協，將其妻婁氏處於別居，納柔然公主為正室。以此換取北邊的和平，全力對付西魏。尒朱氏為尒朱榮之女，先為北魏孝莊帝之后，後為高歡奪為側室。高歡迎娶柔然公主，派尒朱氏往迎，將門虎女，果然不同尋常。二女相見，心下暗較，遂演出了一場精彩絕倫的射箭比賽。尒朱氏、柔然公主是北方游牧民族的上層貴族，她們都隨身攜帶弓箭，並且射藝精湛，與男子相比也毫不遜色。北朝少數民族婦女騎射當是普遍風氣。

（二）參與戰事

既精通騎射，自然亦可用於戰事。《魏書》卷九二《列女傳》載有幾例，「任城國太妃孟氏」條云：

> 任城國太妃孟氏，鉅鹿人，尚書令、任城王澄之母。澄爲揚州之日，率眾出討。於後賊帥姜慶眞陰結逆黨，襲陷羅城。長史韋纘倉卒失圖，計無所出。孟乃勒兵登陴，先守要便。激厲文武，安慰新舊，勸以賞罰，喻之逆順，於是咸有奮志。親自巡守，不避矢石。賊不能克，卒以全城。澄以狀表聞，屬世宗崩，事寢。靈太后後令曰：「鴻功盛美，實宜垂之永年。」乃敕有司樹碑旌美。

此記北魏景明五年（梁天監三年二月），梁將姜慶眞一度襲占壽陽外郭，其時魏任城王澄率軍在外，太妃孟氏親自登城指揮作戰，一度出現很緊張的局勢。「苟金龍妻劉氏」條：

> 苟金龍妻劉氏，平原人也。廷尉少卿劉叔宗之姊。世宗時，金龍爲梓潼太守，郡帶關城戍主。蕭衍遣眾攻圍，值金龍疾病，不堪部分，眾甚危懼。劉遂率屬城民，修理戰具，一夜悉成。拒戰百有餘日，兵士死傷過半。戍副高景陰圖叛逆，劉斬之，及其黨與數十人。自餘將士，分衣減食，勞逸必同，莫不畏而懷之。井在外城，尋爲賊陷，城中絕水，渴死者多。劉乃集諸長幼，喻以忠節，遂相率告訴於天，俱時號叫，俄而澍雨。劉命出公私布絹及至衣服，懸之城中，絞而取水，所有雜器悉儲之。於是人心益固。會益州刺史傅豎眼將至，賊乃退散。豎眼歎異，具狀奏聞，世宗嘉之。

此述南北朝戰爭中發生的一件故事，苟金龍妻劉氏，值敵圍城，丈夫主帥臥病。危難之時，巾幗不讓鬚眉，以一介裙釵，毅然挺出，力挽狂瀾，終獲戰鬥勝利，得到皇帝嘉獎。《北史》卷九一《列女傳》「西魏孫道溫妻趙氏」條：

> 西魏武功縣孫道溫妻趙氏者，安平人也。万俟醜奴之反，圍岐州，久之無援。趙乃謂城中婦女曰：「今州城方陷，義在同憂。」遂相率負土，晝夜培城，城竟免賊。大統六年，贈夫岐州刺史，贈趙安平縣君。

此女有否武功，不得而知，但其勇氣可嘉可佩，尚武之風想必對其不無影響。

生當亂世，不僅胡族女子有悍勇之風，漢族婦女亦有善戰之輩。《魏書》卷五三《李孝伯傳附子安世傳》：

> 初，廣平人李波，宗族強盛，殘掠生民。前刺史薛道㯹親往討
> 之，波率其宗族拒戰，大破㯹軍。遂爲逋逃之藪，公私成患。百姓
> 爲之語曰：「李波小妹字雍容，褰裙逐馬如卷蓬，左射右射必疊雙。
> 婦女尚如此，男子那可逢！」安世設方略誘波及諸子姪三十餘人，
> 斬于鄴市，境內肅然。

廣平（今河北省雞澤縣）人李波爲地方豪強，宗族強大，北魏太和年間，他率其宗族與相州刺史薛道㯹對陣，結果大敗薛軍。其妹亦英武善戰，時人作歌描寫其英姿，其勃勃丰姿直欲呼之而出。

婦女參戰現象在整個魏晉南北朝時期是非常頻繁和普遍的，周兆望認爲，這與魏晉南北朝盛行世兵制有著極大的關聯。兵士的家屬大都隨營居住，全家妻兒老小都在軍中服役。兵戶中的婦女，無論就其身份、地位、職責而言，都與男性兵士無甚差別，她們同是兵戶中的重要成員，具有兵籍，居於軍營之中，世代在軍中服役。所不同之處僅僅在於：男性兵士更多地擔負征戰任務，而軍中婦女則主要從事後勤工作，如屯田和供役，只有在戰事吃緊、處境危難的特殊情況下，才執戈上陣。〔註 45〕婦女尚武參戰現象不獨北朝爲然，在魏晉南朝史籍中亦多有記載〔註 46〕。這也和魏晉南北朝時期整個大的社會環境有關，思想解放，張揚個性，儒家的綱常禮教影響較弱，故對婦女的束縛也較輕，婦女可以廣泛地參與到社會生活之中。然縱觀整個魏晉南北朝時期，婦女尚武從戎現象以北朝表現最爲突出。丁慧芸亦認爲，北朝時期女兵組織廣泛，北朝特殊的戰亂環境使得世兵制依舊盛行，故導致了女兵在正規軍中的廣泛存在。同時女兵還廣泛存在於謫兵及流民軍中，謫兵以犯罪者及其家屬爲兵，流民軍中，隨營而居的婦女也是重要的戰鬥成員。〔註 47〕

〔註 45〕周兆望：《魏晉南北朝時期的女兵》，《江西社會科學》1997 年第 2 期。

〔註 46〕《晉書》卷九六《列女‧荀崧小女灌傳》：「荀崧小女灌，幼有奇節。崧爲襄城太守，爲杜曾所圍，力弱食盡，欲求救於故吏平南將軍石覽，計無從出。灌時年十三，乃率勇士數十人，逾城突圍夜出。賊追甚急，灌督屬將士，且戰且前，得入魯陽山獲免。自詣覽乞師，又爲崧書與南中郎將周訪請援，仍結爲兄弟，訪即遣子撫率三千人會石覽俱救崧。賊聞兵至，散走，灌之力也。」同卷《列女》還描寫了另兩位婦女上陣殺敵的事迹：「符登妻毛氏，不知何許人，壯勇善騎射。登爲姚萇所襲，營壘既陷，毛氏猶彎弓跨馬，率壯士數百人，與萇交戰，殺傷甚衆。」「張茂妻陸氏，吳郡人也。茂爲吳郡太守，被沈充所害，陸氏傾家產，率茂部曲爲先登以討充。」

〔註 47〕丁慧芸：《從性別視角看北朝時期的婦女與戰爭》，《濮陽職業技術學院學報》2010 年第 4 期。

　　北朝時期所出現的婦女參戰現象，是環境使然、時代所造就的。北方游牧民族的入居中原，帶來並保留了剽悍的傳統、濃重的胡風、強悍的民氣。游牧民族女子同男子一樣，綺衫束帶，乘馬馳射，充滿了陽剛之氣。而北方的漢族婦女在民族融合的過程中，也受這種游牧文化的薰陶，不同程度的少數民族化，養成尚武愛武的風氣。

三、射　獵

　　尚武的又一表現是射獵，如前所述北朝武人中尚武的一個突出特徵就是精通騎射。射獵又稱狩獵、田獵，帝王射獵則又有巡狩之謂。射獵活動起源於人類最初的蠻荒時代，狩獵是人類生活來源的重要部分，原始的狩獵生活最終導致了射獵的產生。「狩獵是中華民族古老的生產方式和生活習慣。我們的祖先爲獵取野獸謀生，在追逐捕獲中發明了弓箭，又用奔跑速度極快的馬代替了人的雙腿。」〔註 48〕當弓箭發明以後，射技箭術成爲社會成員一項生存的必備技能。古以「禮、樂、射、御、書、數」六藝教民，可見「射」之一術在人們生活中的重要。射獵既具實用性又具娛樂性，射獵的過程充滿驚險刺激，滿足人們的精神需求；獲得的獵物又給人們帶來快慰，滿足了生活需求。「馳騁田獵，令人心發狂」，〔註 49〕可見射獵對於人類之魅力。南朝時曹景宗的一段話亦十分形象地表達了嗜獵者的心理感受：「我昔在鄉里，騎快馬如龍，與年少輩數十騎，拓弓弦作霹靂聲，箭如餓鴟叫，平澤中逐獐，數肋射之，渴飲其血，饑食其肉，甜如甘露漿。覺耳後風生，鼻頭出火，此樂使人忘死，不知老之將至。」〔註 50〕

　　以此，射獵活動在朝廷與民間歷代盛行不衰。在中原漢民族中，隨著物質文明與精神文明的不斷提高，以生存和獲取食物爲目的的射獵與人們生活的關係漸遠漸疏。然射獵卻又被冠以「禮」〔註 51〕的名目長久地保存在以皇

〔註 48〕段立穎：《中國古代射獵活動簡論》，《廣西民族大學學報》（哲學社會科學版）2007 年 3 月第 29 卷第 2 期。
〔註 49〕《老子‧道經》。
〔註 50〕《梁書》卷九《曹景宗傳》。
〔註 51〕《禮記‧射義》：「孔子曰，君子無所爭，必也射乎。揖讓而升，下而飲，其爭也君子。」注：射禮有四種。一是大射，是天子、諸侯祭祀前選擇參加祭祀人而舉行的射祀；二是賓射，是諸侯朝見天子或諸侯相會時舉行的射禮；三是燕射，是平時燕息之日舉行的射禮；四是鄉射，是地方官爲薦賢舉士而舉行的射禮；射禮前後，常有燕飲，鄉射禮也常與鄉飲酒禮同時舉行。

帝爲首的上層社會的政治活動中。而在周邊的少數民族中，射獵一直得到了長久的保持和傳承。

北方少數民族是游牧民族，射獵是其謀生的一項重要內容和手段。即使當他們入主中原，國家初定，由游牧生活向農耕社會過渡之後，原有的生活習慣難以割斷，射獵仍是生活的重要內容。射獵不僅是爲獲得生活資料，更爲重要的是通過射獵，培養、保持、鞏固與張揚尚武精神，使部落成員保持昂揚的生機與戰力。

據劉美雲、魏海清考證，北魏前期，狩獵仍是國家財政收入的重要來源之一，國家設有專門機構和專職官吏以司其事。〔註52〕於中央設置「遊獵曹」（又稱「羽獵曹」），專典帝王狩獵事宜，由直屬於皇帝的內行官首長「內行長」負責統領，直接對皇帝負責。遊獵曹下屬之「獵郎」，即爲帝王狩獵侍從官，選拔嚴格，必須是善於騎射之人方可充任。此外，尚有「鷹師曹」，專門負責飼養、訓練鷹鷂，以供帝王狩獵之用。因當時射獵，必帶鷹鷂相助，如「劉貴嘗得一白鷹，與神武及尉景、蔡俊、子如、賈顯智等獵於沃野。見一赤兔，每搏輒逸，遂至回澤。澤中有苑屋，將奔入，有狗自屋中出，噬之，鷹兔俱死。神武怒，以鳴鏑射之，狗斃。」〔註53〕冀州刺史元坦「性好畋漁，無日不出，秋多獵雉兔，春夏捕魚蟹，鷹犬常數百頭。自言寧三日不食，不能一日不獵。」〔註54〕由此可見，鷹、犬皆爲狩獵常用之物。

射獵歷來是封建社會最高統治者娛樂的一項重要內容，甚至還成爲朝廷政治禮儀的一部分。爲方便以皇帝爲首的上層社會射獵的需要，政府往往要建立苑囿和圍場。北魏時期就建立了很多這樣的場所，如平城鹿苑，建於天興二年（399）「太祖自牛川南引，大校獵，以高車爲圍，驅徒遮列，周七百餘里，聚雜獸於其中。因驅至平城，即以高車眾起鹿苑，南因臺陰，北距長城，東包白登，屬之西山。」〔註55〕河西苑封，史稱其「麋鹿所聚」，〔註56〕是宮內獵物的重要產地之一。文成帝拓跋濬即曾於此射獵，《魏書》卷五《高宗紀》載：

〔註52〕劉美雲、魏海清：《狩獵習俗對北魏前期政權的影響》//殷憲：《北朝史研究》，中國魏晉南北朝史國際學術研討會論文集，北京：商務印書館，2004年，第423頁～427頁。
〔註53〕《北齊書》卷一《神武帝紀》。
〔註54〕《北齊書》卷二八《元坦傳》。
〔註55〕《魏書》卷一〇三《高車傳》。
〔註56〕《魏書》卷三七《司馬楚之傳附司馬躍傳》。

　　（和平四年）八月丙寅，遂畋於河西。詔曰：「朕順時畋獵，
　　而從官殺獲過度，既殫禽獸，乖不合圍之義。其敕從官及典圍將校，
　　自今已後，不聽濫殺。其畋獲皮肉，別自頒賚。」

過度捕殺已造成獵物銳減。高祖孝文帝時，因朔州刺史司馬躍之諫，遂解除了此片皇家園林的禁令，任民開墾。以此可以想見此苑面積必相當廣大。野馬苑亦是圍場之一。野馬因既可食用，又可馴用，因此是游牧民族經常注意獵獲的重要野獸之一。太延二年（436），拓跋燾「冬十有一月己酉，行幸稠陽，驅野馬於雲中，置野馬苑。」〔註57〕建立了一個大型的野馬苑。此外還有虎圈、南宮苑囿、北苑、西苑、東苑、關外苑囿、山北苑等等。圍獵場所的大規模圈建自然會影響農業的發展，因此亦常有人要求減苑解禁之事發生：「上谷人上書，言苑囿過度，人無田業，宜減太半，以賜貧者。」〔註58〕

　　史籍中關於北朝帝王巡狩射獵的記載亦俯拾即是。早在穆帝拓跋猗盧五年，「帝因大獵於壽陽山，陳閱皮肉，山爲變赤」。〔註59〕這是爲慶祝戰鬥勝利而在壽陽山大規模狩獵，陳列獸皮獸肉，山嶺都爲之變成紅色，可見狩獵規模之大，獵獲之豐。太宗明元帝拓跋嗣於永興五年六月，「西幸五原，校獵於骨羅山，獲獸十萬」；〔註60〕泰常元年「秋七月甲申，帝自白鹿陂西行，大獮於牛川」；泰常二年五月，「車駕西巡，至於雲中，遂濟河，田於大漠」；泰常四年「冬十有二月癸亥，西巡，至雲中，逾白道，北獵野馬於辱孤山。至於黃河，從君子津西渡，大狩於薛林山」。〔註61〕世祖太武帝拓跋燾於神䴥四年「十一月丙辰，北部敕勒莫弗庫若於，率其部數萬騎，驅鹿數百萬，詣行在所，帝因而大狩以賜從者，勒石漠南，以記功德」。〔註62〕前僅爲拈取北魏二帝巡行狩獵事，於中可以窺見北魏帝王行獵規模之大與獵事之頻。北齊帝王亦好行獵，武成帝高湛退位後獵事極頻，《北齊書》卷八《後主帝紀》載，天統元年「十二月庚戌，太上皇帝狩於北郊。壬子，狩於南郊。乙卯，狩於西郊」。後主高緯不亞乃父，「周師之取平陽，帝獵於三堆，晉州亟告急，帝將還，淑妃請更殺一圍，帝從其言」。〔註63〕因酷喜田獵，竟至

〔註57〕　《魏書》卷四《世祖太武帝燾帝紀》。
〔註58〕　《魏書》卷二八《古弼傳》。
〔註59〕　《魏書》卷一四《神元平文諸帝子孫·穆帝長子元六修傳》。
〔註60〕　《魏書》卷三《太宗帝紀》。
〔註61〕　《魏書》卷三《太宗帝紀》。
〔註62〕　《魏書》卷四《世祖帝紀》。
〔註63〕　《北史》卷一四《后妃傳》。

以田獵置國運於不顧，留下「晉陽已陷休回顧，更請君王獵一圍」的千古笑柄。〔註64〕

　　上層貴族各級官僚射獵之風亦盛。《太平御覽》卷九〇七載：「後魏廣平王懷嘗獵於河北馬場，間逐一獐入草。命人圍繞將自射之，田已先經燒不見其出，遂失獐所在。唯有磚塔存焉。懷乃悵然動仁恕之心，解鷹放犬，遂不復獵」。河北馬場爲王公田獵的專門場所，北魏廣平王元懷曾在此打獵，追捕一頭獐鹿入草，命人將其圍住，準備親自射之。但搜索許久，不見獐出，只見一座磚塔。此磚塔大概和佛教有關，元懷見塔，仁恕之心頓生，便解鷹放犬，不再田獵。宗室子弟元欣「性粗率，好鷹犬」〔註65〕。甄琛「專事產業，躬親農圃，時以鷹犬馳逐自娛」。〔註66〕契胡酋帥尒朱榮「性好獵，不捨寒暑，至於列圍而進，必須齊一，雖遇阻險，不得迴避，虎豹逸圍者坐死。其下甚苦之」。〔註67〕侯莫陳悅「長於河西。好田獵，便騎射」。〔註68〕李琰之「雖以儒素自業，而每語人言，『吾家世將種』，自云猶有關西風氣。及至州後，大好射獵，以示威武」。〔註69〕北齊高濬「出爲青州刺史，頗好畋獵」。〔註70〕《北史》卷六八《賀若敦傳》載：

　　　　明年，從河內公獨孤信於洛陽被圍，敦彎三石弓，箭不虛發。信乃言於周文，引至麾下，授都督，封安陵縣伯。嘗從校獵甘泉宮，時圍人不齊，獸多越逸。周文大怒，人皆股戰。圍內唯有一鹿，俄亦突圍而走。敦躍馬馳之，鹿上東山。敦棄馬步逐，至山半，便乃挈之而下。周文大悅，諸將因得免責。

西魏時，賀若敦以射技高超而被薦於北周文帝宇文泰，遂成大將，備受重用。這裡即記述其一次圍獵趣事。宇文泰在甘泉宮圍獵，人手不夠，野獸紛紛突圍而逃。賀若敦徒手捉鹿，宇文泰因轉怒爲喜。

〔註64〕此爲唐李商隱詩《北齊》二首之二，沈起煒認爲此說不確，說晉陽已陷，是把晉州誤爲晉陽了。應爲「平陽已陷休回顧，更請君王獵一圍」，方符合史實。見沈起煒：《細說兩晉南北朝》，上海：上海人民出版社，2002 年 10 月第 1 版，第 462～463 頁。

〔註65〕《魏書》卷二一《獻文六王・廣陵王羽傳附元欣傳》。

〔註66〕《魏書》卷六八《甄琛傳》。

〔註67〕《魏書》卷七四《尒朱榮傳》。

〔註68〕《魏書》卷八〇《侯莫陳悅傳》。

〔註69〕《魏書》卷八二《李琰之傳》。

〔註70〕《北齊書》卷一〇《高祖十一王・永安簡平王浚傳》。

　　北齊時尚存在這樣的慣例，軍民演習田獵，每年十二個月，每月就要圍獵三次，侍中唐邕「以爲人馬疲弊，奏請每月兩圍。世祖從之」。〔註71〕這種田獵當兼具演武與狩獵雙重目的，可見北朝各代政權均將狩獵作爲國家財政收入之一。

　　史籍所載之外，民間亦當存在大量狩獵現象。惟上層社會田獵和下層人民射獵不同之處在於，前者是含有娛樂因素，而後者則純粹是爲了獲取獵物以維持生存。

　　總之，尚武與射獵是緊密聯繫不可分割的。習武的原初目的是爲生活爲射獵，後才被延用於戰爭。北方少數民族的生活習俗決定了狩獵在其生活中佔有相當比重。因此對武力崇尚不僅是表現在疆場廝殺，更多的還表現在日常生活中的射獵上。尚武與射獵相輔相成，互爲因果，互相促進。

　　射獵不獨在北朝，在南朝朝野亦多有好此道者，但北朝獵事之頻，規模之大顯是要遠遠超過南朝的。

四、考古中所見尚武遺物

　　北朝時期的尚武風氣在考古中亦能找到大量實例和佐證，主要表現在北朝時期墓葬考古發掘中所見兵器、武士俑、壁畫等文物上。茲作一表（表 5.3），以便了然。

表 5.3　考古所見北朝尚武特徵統計表

墓葬名稱	發現時間	發現位置	有　關　出　土　器　物
早期拓跋鮮卑古墓	1960 年	內蒙古額爾古納河上游新巴爾虎旗的札賚諾爾	環首鐵刀、骨鏃、鐵鏃、弓和馬銜。〔註72〕
洛陽北魏元邵墓	1965 年 7 月	河南洛陽老城東北 4 公里處	扶盾武士俑 1 件，武士俑 2 件，持盾俑 16 件，鎧馬武士俑 8 件，馬 1 件。〔註73〕

〔註71〕《北齊書》卷四〇《唐邕傳》。
〔註72〕宿白：《東北、內蒙古地區的鮮卑遺迹——鮮卑遺迹輯錄之一》，《文物》1977
　　　　年第 5 期。
〔註73〕洛陽博物館：《洛陽北魏元邵墓》，《考古》1973 年第 4 期。

北魏司馬金龍墓	1965 年至 1966 年	山西大同石家寨	武士俑、騎馬武士俑合計達 210 件，占陶俑總數的 56%。〔註 74〕
內蒙古呼和浩特北魏墓	1975 年 7 月	呼和浩特市市區內	武士俑二件。馬一件，體肥壯，四肢短而有力，馬背披甲，備鞍，鞍上繫有馬鐙，脖上掛鈴。〔註 75〕
大同方山北魏永固陵	1976 年 4～5 月	山西大同市	石雕武士俑一件。銅馬腿一件，似爲奔馬。鐵箭鏃十件。鐵矛頭一件。〔註 76〕
北魏宋紹祖墓	2000 年 4 月	山西大同城東水泊寺鄉曹夫樓村	墓內出土 170 餘件陶俑，其中包括鎮墓武士俑兩件，甲騎具裝俑 26 件，雞冠帽武士俑 32 件，馬 12 件。墓葬中有許多方面顯示出游牧經濟和北方少數民族軍隊的特色，在俑群中有大量甲騎具裝和雞冠帽輕裝騎兵，正反映出拓跋鮮卑軍隊以及騎兵爲主力兵種的特色。〔註 77〕
河北磁縣東陳村東魏墓	1974 年 5 月	河北磁縣東陳村	出土器物 168 件中，有按盾武士俑 2 件，鎧馬騎俑 1 件，持盾俑 7 件，負箭囊俑 9 件。〔註 78〕
河北贊皇東魏李希宗墓	1975 年～1976 年	河北贊皇	出土器物 196 件中，武士俑 5 件，持盾俑 8 件，侍衛俑 10 件，鎧馬騎俑 3 件。〔註 79〕
北齊厙狄迴洛墓	1973 年 4 月～8 月	山西省壽陽縣西南賈家莊	出土三百多件器物中，按盾武士俑 2 件，佩刀武士俑 16 件，負盾武士俑 15 件。〔註 80〕
河北磁縣北齊高潤墓	1975 年 9 月至 10 月	河北磁縣	發掘的在出土的 400 餘件器物中，有按盾武士俑 2 件，甲騎具裝俑 7 件，持盾俑 8 件，甲冑箭囊俑 12 件，侍衛俑 71 件。〔註 81〕

〔註 74〕 山西大同市博物館、山西省文物工作委員會：《山西大同石家寨北魏司馬金龍墓》，《文物》1972 年 3 期。

〔註 75〕 郭素新：《內蒙古呼和浩特北魏墓》，《文物》1977 年第 5 期。

〔註 76〕 大同市博物館：《大同方山北魏永固陵》，《文物》1978 年第 7 期。

〔註 77〕 山西省考古研究所、大同市考古研究所：《大同市北魏宋紹祖墓發掘簡報》，《文物》2001 年第 7 期。

〔註 78〕 磁縣文化館：《河北磁縣東陳村東魏墓》，《考古》1977 年第 6 期。

〔註 79〕 石家莊地區革委會文化局文物發掘組：《河北贊皇東魏李希宗墓》，《考古》1977 年第 6 期。

〔註 80〕 王克林：《北齊厙狄迴洛墓》，《考古學報》1979 年第 3 期。

〔註 81〕 磁縣文化館：《河北磁縣北齊高潤墓》，《考古》1979 年第 3 期。

北齊婁叡墓	1979 年 4 月至 1981 年 1月	山西太原市南郊	出土隨葬器物八百七十餘件。其中鎮墓武士俑 2 件，武士俑 91 件，騎馬武士俑 40 件。在墓室壁畫中，有鞍馬遊騎圖，軍樂儀仗圖等。〔註82〕
太原北齊張海翼墓	1991 年 1 月	太原市晉源區羅城街道辦事處寺底村	出土器物 53 件。其中鎮墓武士俑 1 件，甲騎具裝俑 1 件，持盾俑 4 件，甲士俑 5 件。〔註83〕
太原北齊徐顯秀墓	2000 年 12 月 15 日～2002 年 10 月 26 日	太原市迎澤區郝莊鄉王家峰村東	出土器物 550 餘件。其中鎮墓武士俑 2 件，鎧甲俑 13 件，持盾俑 63 件，武士俑 3 件，持劍俑 4 件，騎俑 11 件。〔註84〕
寧夏固原北周李賢夫婦墓	1983 年 9 月～12 月	寧夏固原	出土陶俑 255 件，其中鎮墓武士俑 2 件，具裝甲騎俑 6 件，騎馬俑 11 件，武官俑 32 件，馬 5 件〔註85〕。
北周宇文儉墓	1993 年 12 月	陝西省咸陽國際機場新建停機坪西南部	在出土的 156 件陶器中有武士俑 2 件，武士騎馬俑 13 件，帷帽男騎馬儀仗俑 16 件，騎馬樂俑 4 件，陶鞍馬 1 件。〔註86〕
北周武帝孝陵	1994 年 9 月～1995 年 1月	陝西咸陽市底張鎮陳馬村東南 1000 米處	出土陶器中有兜鍪甲士俑 1 件，具裝甲士騎俑 12 件，鞍馬儀衛騎俑 22 件，騎馬樂俑 2 件，鎮墓武士俑 2 件。〔註87〕
北周安伽墓	2000 年 5 月～7 月	陝西西安北郊	於壁畫中見拄劍武士，「武士頭戴兜鍪，圓臉，濃眉，闊鼻，朱唇，蓄鬚，雙手於腹部拄帶鞘長劍，劍柄所飾的紅穗下垂，鞘爲黑色。身穿及膝鎧甲，下身著褲，腳蹬烏履，雙腳外撇。」〔註88〕

〔註82〕 山西省考古研究所、太原市文物管理委員會：《太原市北齊婁叡墓發掘簡報》，《文物》1983 年第 10 期。

〔註83〕 李愛國：《太原北齊張海翼墓》，《文物》2003 年第 10 期。

〔註84〕 山西省考古研究，太原市文物考古研究所：《太原市北齊徐顯秀墓發掘簡報》，載《文物》2003 年，第 10 期。

〔註85〕 寧夏回族自治區博物館、寧夏固原博物館：《寧夏固原北周李賢夫婦墓發掘簡報》，《文物》1985 年第 11 期。

〔註86〕 陝西省考古研究所：《北周宇文儉墓清理發掘簡報》，《考古與文物》2001 年第 3 期。

〔註87〕 陝西省考古研究所，咸陽市考古研究所：《北周武帝孝陵發掘簡報》，《考古與文物》1997 年第 2 期。

〔註88〕 陝西省考古研究所：《西安北郊北周安伽墓發掘簡報》，《考古與文物》2000 年第 6 期。

部分出土文物圖片

北魏司馬金龍墓出土器物圖片

圖 5.1　騎馬武士俑

圖 5.2　大陶馬

洛陽北魏元邵墓

圖 5.3 扶盾武士俑圖

圖 5.4 武士俑與持盾俑

大同方山北魏永固陵出土器物圖片

圖 5.5 三棱形鐵箭鏃、鐵錐形器、鐵矛頭

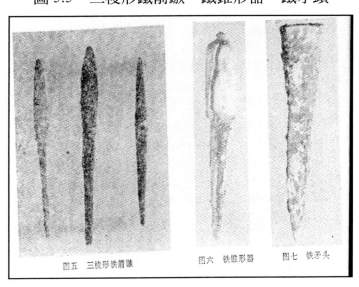

圖五 三棱形鐵箭鏃 　 圖六 鐵錐形器 　 圖七 鐵矛頭

北魏宋紹祖墓

圖 5.6　雞冠帽武士俑

圖 5.7　雞冠帽武士俑

圖 5.8　甲騎具裝俑

圖 5.9　鎮墓武士俑

圖 5.10　男武士俑

圖 5.11　騎兵俑群

北周宇文儉墓出土器物圖片

圖 5.12　武士俑

圖 5.13　騎馬武士俑、騎馬樂俑

　　北朝時期的考古發掘是豐富的。在這些考古實物中，以鎮墓獸、武士俑、騎馬武士俑等爲代表，在出土遺物中占相當比重，爲我們生動而形象地再現了北朝的尚武之風。爲研究北朝歷史、軍事史提供了珍貴而翔實的實物資料。自秦以後，在墓葬中伴有武裝類俑，北朝是一個突出而顯明的歷史時段。如負安志認爲，「北周陶俑雖承西晉之餘韻，卻增加了大量的武裝侍衛俑，出現一批甲騎具裝俑，俑群主體武裝氣氛濃厚。」〔註 89〕楊泓認爲，「北周的馬具裝鎧繼承了十六國至北朝早期以來的傳統，同時也是鮮卑軍隊重視重裝騎兵——甲騎具裝民族傳統的繼續；北周武帝孝陵出土的兩類彩繪甲騎具裝俑反映了當時北周重裝騎兵的馬具裝鎧分爲兩類，一類是鋼鐵製作，另一類是皮革製作，這種裝備爲隋朝軍隊所繼承，並沿襲到初唐。」〔註 90〕都說明了北朝社會重軍尚武的社會現實，這種現實進而反映到墓葬中，使這一時期的墓葬具有濃鬱的武裝氣息與氛圍。爲我們展現出一幅生動的歷史畫卷，使我們看到了中古時期中國北方人民的躍馬彎弓，勃勃英姿，赳赳武風，傾聽到沙場馬嘶，鏖戰刀聲，勇士長嘯……。各方文明在這裡碰撞、融合，生命個體在這裡互相屠戮、拼殺，從而孕育出新的文明，推動人類歷史的進程。面對

〔註 89〕負安志：《北周墓葬形制及殉葬品之管窺》//《中國北周珍貴文物——北周墓葬發掘報告》，西安：陝西人民美術出版社，1993 年，第 171～178 頁。
〔註 90〕楊泓：《北周的甲騎具裝》//《遠望集——陝西省考古研究所華誕四十週年紀念文集（下）》，西安：陝西人民美術出版社，1998 年，第 675～682 頁。

這一濃墨重彩的歷史畫卷，不能不使後人對人類文明進步中的事蹟、犧牲，油然而生出敬意、浩歎、沉思！

第三節　尚武對文學創作之影響

尚武之風不僅在典籍中明確記載，在考古中得到印證，在文學作品中亦留下鮮明一筆，增添亮麗一色。文學作品是以社會生活爲基礎，並在一定程度上反映社會現實的。「尚武精神是北方少數民族文化的一個重要文化內涵，這種文化內涵作爲一種歷史的積澱和傳承，在文學領域內表現得尤爲顯著。」〔註91〕

一、北朝民歌所見尚武

（一）北朝民歌之界定

北朝民歌，又稱北朝樂府〔註92〕。大多數收錄在宋郭茂倩《樂府詩集》第二十五卷《橫吹曲辭‧梁鼓角橫吹曲》中，有六十多首，另有幾篇收在《雜曲歌辭》和《雜歌謠辭》中，共七十餘首。這些歌曲流入南方後，爲梁朝樂府機構所採錄，所以在樂曲名稱上冠以「梁」字。「所謂橫吹曲，是當時北方民族一種在馬上演奏的軍樂，因爲樂器有鼓有角，所以叫『鼓角橫吹曲。』」〔註93〕郭茂倩在《樂府詩集》中強調《梁鼓角橫吹曲》的最重要的內容就是多敘「戰征之事」。清人沈德潛也說：「梁時橫吹曲，武人之詞居多。」〔註94〕此外，北朝民歌在史籍中亦有零星載錄。

歷史上對北朝的界定一般爲，自魏道武帝 386 年建魏，至 589 年隋文帝滅陳，包括北魏、東魏、西魏、北齊、北周五個朝代，歷時二百餘年。而北

〔註91〕曾小月：《從尚武精神看北方少數民族文化對中原文學的影響》，《中南民族大學學報》（人文社會科學版）2007 年 3 月第 27 卷第 2 期。

〔註92〕筆者注：樂府，本是西漢初年的音樂機構，漢武帝時擴充爲大規模的專署。其主要任務是採集民間歌辭予以配樂，以及將文人歌功頌德之詩製譜，以供統治者祭祀和朝會宴飲時演奏使用。後人將魏、晉至唐可以入樂的詩歌，以及仿樂府古題的作品，統稱爲樂府。宋以後的詞、散曲、劇曲因配樂，有時也稱樂府，樂府由機關的名稱變爲帶有音樂性的詩體名稱。

〔註93〕游國恩等：《中國文學史》（第一冊），北京：人民文學出版社，1991 年第 300 頁。

〔註94〕沈德潛著，霍松林校注：《説詩晬語》（卷六九），北京：人民文學出版社，1979 年第 204 頁。

朝民歌則應使用廣義的北朝概念，即自西晉滅亡（316 年）至隋統一全國（589 年）的 270 餘年，這期間包括十六國、北魏、東魏、西魏、北齊、北周等政權。北朝民歌主要產生於這一廣闊的歷史區間內。

北朝文人詩模仿南朝，數量既少又平庸，毫無特色，然而北朝民歌卻橫空出世，放出異彩，成為北朝詩歌中最光輝的部分。北朝民歌數量雖遠不及南朝的清商曲，內容卻豐富得多，相當全面而生動地反映了北朝二百多年間的社會狀況和時代特徵。

（二）北朝民歌中尚武之主題內容

尚武之風在北朝民歌的主題與思想內容上得到直接表現。現存北朝七十多首北朝民歌中，具有鮮明尚武特徵及反映戰爭的詩篇有十七首之多。此外在其他題材的詩篇中同樣亦充溢著英風豪氣、勃勃雄姿。

1、熱愛寶刀駿馬

北朝民歌的作者主要是鮮卑族和其他北方民族的人民，「它的語言是質樸無華的，表情是爽直坦率的，風格是豪放剛健的。在這裡沒有巧妙的雙關語，也沒有所謂一唱三歎的嬝嬝餘音，而是名副其實的悲壯激越的軍樂、戰歌。這些，都和南朝民歌形成鮮明的對比。」〔註95〕

北方民族世居酷寒之地，以畜牧遊獵為業，善於騎射，艱苦的生活使他們鍛鍊出了雄健強悍的體魄、粗獷豪邁的個性和豪俠尚武的精神，這種精神在北方的民歌中有充分的表露，貫穿於整個北朝民歌之中，構成北朝民歌的神韻、氣質。如這首《琅琊王歌》：

> 新買五尺刀，懸著中梁柱。一日三摩娑，劇於十五女。〔註96〕

熱愛兵器與駿馬是北方尚武民族的兩大典型而突出的情結。「這首詩表現了北方游牧民族熱愛寶刀的特殊情志。詩中主人公為成年男性，他所喜愛的事物一定很多，但對寶刀尤為鍾情。將新近買的一把寶刀鄭重其事地懸掛於房內梁柱之上，喜愛的程度由此可見。後二句將兩種喜愛的對象作了比較。『一日三摩娑』，寫愛不釋手。『劇於十五女』，是說愛寶刀勝於愛美女。鍾惺評云『讀此二語，知愛妾換馬不是惡毒不近情事。』（《古詩歸》）王士禎評云

〔註95〕游國恩等：《中國文學史》，北京：人民文學出版社，1991 年 5 月，第一冊，第 305 頁。

〔註96〕〔宋〕郭茂倩：《樂府詩集》，北京：中華書局，1979 年 11 月第 1 版，第二冊，第二十五卷，第 364 頁。

『是快語，語有令人骨騰肉飛者，此類是也。』(《香祖樓筆記》)」〔註97〕
唐代李冗《獨異志》記載了一則北朝故事：

> 後魏曹彰，性倜儻。偶逢駿馬，愛之，其主所惜也。彰曰：『余
> 有美妾可換，唯君所選。』馬主因指一妓，彰遂換之。馬號曰『白
> 鵠』。後因獵，獻於文帝。〔註98〕

此故事雖有歧視婦女之嫌，但亦從一個側面反映了北方民族對馬的熱
愛。在游牧民族看來，「馬是諸畜之王」，「馬是人的翅膀」，在冷兵器時代，
馬的作用與地位是不言而喻的。對良馬的讚頌自然亦是北朝民歌中不可或缺
的篇章，如這首《琅琊王歌》：

> 快馬高纏鬃，遙知身是龍。誰能騎此馬，唯有廣平公。〔註99〕

此詩讚歎快馬，同時兼而讚歎能駕御此馬的廣平公的驍勇無比。首二句勾勒
快馬的雄姿，身體高大，鬃毛披掛，奔騰起來像龍在飛舞。後二句讚頌馬主
人廣平公的神勇，廣平公是十六國時期後秦主姚興之子姚弼，有武才，赫連
勃勃難起，秦諸將皆敗亡，唯獨他率眾與戰，大破之，深得姚興寵愛。〔註100〕
此馬既非凡物，能騎者惟廣平公一人而已。既表達了對馬與人的高度歌頌讚
佩，又反映了游牧民族對寶馬、英雄的傾慕與崇拜。《折楊柳歌辭》：

> 健兒須快馬，快馬須健兒。䟤跋黃塵下，然後別雄雌。〔註101〕

詩中的健兒，快馬，揚鞭馳騁，滾滾黃塵。節奏明快，充滿了力量、速度、
激情。在這些詩篇中，寶馬，英雄緊密地契合在一起，這是崇拜英雄和產生
英雄的時代，是崇尚體力和勇氣的時代。

2、歌頌英雄豪氣

冷兵器時代，強存弱亡，崇尚勇武與力量。北朝民歌中多有此類篇章，
有對男兒慷慨豪邁氣概的描寫；有對為國效命捐軀沙場將士的謳歌；有對英
武女兒的熱烈讚歎。如《企喻歌辭》第一首、第四首：

〔註97〕沈文凡：《漢魏六朝詩三百首譯析》，長春：吉林文史出版社，1999 年第 352
～353 頁。

〔註98〕〔唐〕李冗：《獨異志》，北京：中華書局，1983 年第 31 頁。此事亦見於《叙小
志》。後來用這個成語形容人之風流倜儻。舊時也用「換馬」作為妓女的代稱

〔註99〕〔宋〕郭茂倩：《樂府詩集》，北京：中華書局，1979 年 11 月第 1 版，第二冊，
第二十五卷，第 364 頁。

〔註100〕《晉書》卷一一八《姚興載記》。

〔註101〕〔宋〕郭茂倩：《樂府詩集》，北京：中華書局，1979 年 11 月第 1 版，第二
冊，第二十五卷，第 370 頁。

男兒欲作健，結伴不須多。鷂子經天飛，群雀兩向波。

男兒可憐蟲，出門懷死憂。屍喪狹谷中，白骨無人收。〔註102〕

第一首是英雄的頌歌。男子要作那勇猛的健兒，所結友伴不須多。就像那鷂鷹振翅衝天而飛，以少敵眾，所向披靡，敵人就像群雀驚惶得左右逃散。充滿了作一番偉大事業的豪情壯志，體現出以勇武自喜的英雄形象。〔註103〕第四首描寫了北方健兒面對嚴酷戰爭的大無畏精神，戰爭腥風血雨，出門即要做好死的心理準備，然而健兒是勇敢的、堅定的，或許，在他們的內心深處，是以戰死沙場爲榮的。詩歌調似悲涼，實則慷慨豪邁。

《晉書》卷一○三《劉曜載記》載有《隴上歌》：

隴上壯士有陳安，軀幹雖小腹中寬，愛養將士同心肝。驃騧父馬鐵瑕鞍，七尺大刀奮如湍，丈八蛇矛左右盤，十盪十決無當前。

戰始三交失蛇矛，棄我驃騧竄巖幽，爲我外援而懸頭。西流之水東流河，一去不還奈子何！

西晉喪亂時，晉朝將領陳安與前趙皇帝劉曜在今甘肅天水一帶激烈爭戰，最後兵敗被殺。陳安武藝絕倫，愛惜將士，隴上人民作歌形象地描述了這場慘烈的戰鬥，表達對英雄的歌頌和懷念之情。而作爲對手的劉曜，聽到這首歌後，也爲之讚歎感傷，遂命樂府傳唱。這是一個崇尚英雄勇武的時代。

男人崇尚英雄，婦女亦同樣愛慕英雄。《魏書》卷一○三《高車傳》載：「倍侯利質直勇健過人，奮戈陷陣，有異於眾。北方之人畏嬰兒啼者，語曰『保侯利來』，便止。處女歌謠云：『求良夫，當如倍侯。』」〔註104〕倍侯利原是高車族英雄，後奔魏，因其勇健過人而成爲人們心目中的偶像。北方婦女心目中理想的配偶，就是這種勇敢頑強的戰士和少年，而並非南朝女子所欣賞的那種具有女性氣質的溫柔纖弱的郎君。這種婚姻觀念「是部落和部落聯盟階段的道德觀念和英雄崇拜在婚姻愛情上的表現。」〔註105〕如這首《橫吹曲辭》中的《慕容家自魯企由谷歌》：

〔註102〕〔宋〕郭茂倩：《樂府詩集》，北京：中華書局，1979年11月第1版，第二冊，第二十五卷，第363頁。

〔註103〕參見呂晴飛等：《漢魏六朝詩歌鑒賞辭典》，北京：中國和平出版社，1990年10月版，第920頁。

〔註104〕《魏書》卷一○三《高車傳》。

〔註105〕李德芳：《北朝民歌的社會風俗史研究》，《北京師範大學學報》（社科版）1984年第5期。

郎在十重樓，女在九重閣。郎非黃鷂子，那得雲中雀？〔註106〕

「這首鮮卑族慕容氏的歌，作於352年至410年間。此歌抒寫了青年男女之間真摯坦率的愛情。一位處在深閨中的青年女子，登閣望樓，勾起了她的思緒。於是她直抒心曲：由於刻骨的相思而仰望藍天，空中的飛禽使她浮想聯翩，她希望如意郎君似鷹那樣勇猛，反映了鮮卑族女性在選擇配偶上的獨特標準。以兇猛的黃鷂子才能得到雲中雀的比喻，明確地表白，只有像猛禽黃鷂子那樣剛健勇武的男兒，才能得到她的愛情。這是北方鮮卑族尚武豪放性格在愛情上的形象表達。」〔註107〕

不僅男性世界多英雄豪傑，女性世界亦不乏巾幗英雄。北朝婦女習武參戰在民歌中亦有反映。《木蘭詩》〔註108〕是北朝民歌的代表作，中國文學史上的名篇。木蘭女扮男裝，代父從軍十二年，以紅顏之身做出了令鬚眉男子也自愧不如的事業。關山迢迢，朔氣漠漠中凸現的完全是一個冒白刃而不辭，臨死亡而不懼的勇武者的形象。《木蘭詩》雖然只是一部文學作品，但從這裡也可以折射出當時確有女子參軍的社會現實。而且這一題材出現在北朝，本身就已說明當時的女子有習染武事的機會。〔註109〕

3、游牧生活風光

描寫游牧生活風光的作品同樣充滿勇武氣息。如《企喻歌辭》第二首、第三首：

放馬大澤中，草好馬著膘。牌子鐵裲襠，鉒鉾鸛尾條。

前行看後行，齊著鐵裲襠。前頭看後頭，齊著鐵鉒鉾。〔註110〕

〔註106〕〔宋〕郭茂倩：《樂府詩集》，北京：中華書局，1979年11月第1版，第二冊，第二十五卷，第371頁。

〔註107〕莊華峰：《北朝時代鮮卑婦女的生活風氣》，《民族研究》1994年第6期。

〔註108〕〔宋〕郭茂倩：《樂府詩集》，北京：中華書局，1979年11月第1版，第二冊，第二十五卷，第373~374頁。筆者注：關於《木蘭詩》產生之時代，胡卓學《〈木蘭詩〉是北朝民歌麼？》（《中國韻文學刊》2012年第4期，98~101頁）提出質疑，認爲《木蘭詩》並非產生於北朝，本書遵從舊說。

〔註109〕筆者注：北朝婦女尚武對後世文學影響較爲深遠。如李炳海曾分析北朝婦女尚武對唐代傳奇的影響（見李炳海：《從北朝騎射女傑到唐代婦俠傳奇》，載《中國文化研究》，1996年，冬之卷）。徐海晶指出，北朝婦女尚武之風對唐朝時期婦女自由、開放風氣的形成及對唐朝女俠作品的創作產生了一定的影響，唐代女性騎馬練武仍是一種風尚，《太平廣記》收錄唐傳奇中女俠作品就有7篇（見徐海晶：《北朝婦女尚武、從軍精神及對唐朝的影響》，《白城師範學院學報》，2011年第1期）。

〔註110〕〔宋〕郭茂倩：《樂府詩集》，北京：中華書局，1979年11月第1版，第二

描寫北方民族飛馬草原、游牧大澤、邊放牧邊練武的生活。「充分顯示了草原游牧民族的團隊精神。他們平時分散放牧，可一到戰時卻能馬上集合，齊心協力，共同對敵，勇往直前，所向披靡。他們頭戴銅盔，身著鐵甲，列隊拍馬向前，威風凜凜，氣勢逼人。」〔註111〕《地驅樂歌辭》其一，「青青黃黃，雀石頹唐，槌殺野牛，押殺野羊。」〔註112〕描寫游牧民族的狩獵生活，風格粗獷豪放，表現了游牧民族的勇猛威武。《折楊柳歌辭》其三、其四：

放馬兩泉澤，忘不著連羈。擔鞍逐馬走，何得見馬騎。

遙看孟津河，楊柳鬱婆娑。我是虜家兒，不解漢兒歌。〔註113〕

牧馬之時，一時粗心忘記「著連羈」，結果馬兒跑了，牧人只好扛著馬鞍追馬，而人的兩條腿怎能追得上馬呢，只得無奈地跟在後面了。好一幅清新活潑的生活畫面。《高陽樂人歌》：

可憐白鼻騧，相將入酒家。無錢但共飲，畫地作交賒。〔註114〕

此詩寫男人豪飲不羈之態。首句寫馬，贊馬贊人。三五男兒，結伴相攜，雖囊中羞澀，亦要畫地痛飲。形象地傳達出嗜酒者豪爽狂放之態。《雜歌謠辭》中的《敕勒歌》被後人推爲絕唱：

敕勒川，陰山下。天似穹廬，籠蓋四野。天蒼蒼，野茫茫，風

吹草低見牛羊。〔註115〕

這是一首描寫游牧民族游牧生活及草原風格的牧歌。關於這首歌的出現背景，郭茂倩《樂府詩集》、《資治通鑑》卷 159 均有記載，綜而論之爲，東魏丞相高歡於 546 年進攻西魏軍事重鎮玉璧（今山西稷山南），將士病死戰死

　　冊，第二十五卷，第 363 頁。

〔註111〕馬華祥：《論北朝民歌的民族風格》，《新鄉師範高等專科學校學報》，2002 年第 1 期。

〔註112〕〔宋〕郭茂倩：《樂府詩集》，北京：中華書局，1979 年 11 月第 1 版，第二冊，第二十五卷，第 366 頁。

〔註113〕〔宋〕郭茂倩：《樂府詩集》，北京：中華書局，1979 年 11 月第 1 版，第二冊，第二十五卷，第 370 頁。

〔註114〕〔宋〕郭茂倩：《樂府詩集》，北京：中華書局，1979 年 11 月第 1 版，第二冊，第二十五卷，第 371 頁。注解：可憐，可愛。白鼻騧（guā），白鼻黑嘴的黃馬。相將，結伴，相攜。畫地，未詳。疑爲畫作記號，故陳祚明謂之「猶有結繩之風，北俗故樸」（《採菽堂古詩選》）。交賒，疑即爲「賒欠」之意。見王運熙，王國安：《漢魏六朝樂府詩評注》，濟南：齊魯書社，2000 年 10 月版，第 35 頁。

〔註115〕〔宋〕郭茂倩：《樂府詩集》，北京：中華書局，1979 年 11 月第 1 版，第四冊，第八十六卷，第 1212～1213 頁。

七萬餘人，占全軍十之四五。高歡爲此氣憤發疾，加之軍中謠傳高歡已被西魏射殺，西魏關西大將軍宇文泰對高歡加以辱罵，高歡忍無可忍。爲安撫激勵士眾，強撐病痛，召集大小貴族首領，令大將斛律金領唱《敕勒歌》，高歡與大家一起和唱，哀感流涕。可以想見，「當時的情景一定是群情激憤、鬥志昂揚；唱出了敕勒族的民族自豪感，唱出了他們的戰鬥精神，起到了振奮軍心、激揚士氣的作用；使一首讚美游牧生涯、歌頌壯麗大草原的民歌，變成了一曲表現其豪情壯志的戰歌。」〔註116〕此歌在高歡前即已存在，表達了敕勒人民對故鄉的深情讚美，滲透著他們作爲那片土地主人的無比自豪和深深熱愛。在特定的場景下，由眾人合唱出來，直有撼動天地的藝術力量。金代元好問在《論詩絕句》中對此歌予以高度評價：「慷慨歌謠絕不傳，穹廬一曲本天然。中州萬古英雄氣，也到陰山敕勒川。」

（三）尚武之風對北朝民歌藝術風格之影響

北朝尚武之風對北朝民歌的影響和表現是多方面的，以上僅是對其表現較爲典型突出者進行歸納例舉。其表現人民疾苦、愛情生活等題材的作品也都浸染著這種豪壯勁健之氣。如《隴頭歌辭》三首：

> 隴頭流水，流離山下。念吾一身，飄然曠野。
>
> 朝發欣城，暮宿隴頭。寒不能語，舌捲入喉。
>
> 隴頭流水，鳴聲幽咽。遙望秦川，心肝斷絕。〔註117〕

惡劣的自然環境，落後的生存方式，養成了北方游牧民族粗獷、豪放、剽悍的民族性格，形成了全民尚武的社會風氣。《隴頭歌辭》三首形象地再現了北方民族在這種艱苦環境下的生活及精神風貌。第一首是主人公感歎自己漂泊不定的遭遇，孑然一身，漂泊於廣袤天地之間，或者是抒發游牧生活的孤淒之感；第二首狀寫氣候的苦寒，突出旅途的艱辛；第三首直接抒寫懷鄉之情，表達對遠方親人的思念。游牧生活，居無定所，爲了生存，他們不得不不斷地遷徙牧場，離故鄉和親人越來越遠，飽嘗孤獨寂寞相思之苦。《地驅樂歌》其二、三、四首：

> 驅羊入谷，白羊在前。老女不嫁，蹋地喚天。

〔註116〕李雨豐：《天然璞眞 氣魄雄偉——北朝民歌〈敕勒歌〉賞析》，《昭通師專學報（哲社版）》1986年第2期。

〔註117〕〔宋〕郭茂倩：《樂府詩集》，北京：中華書局，1979年11月第1版，第二冊，第二十五卷，第371頁。

側側力力，念君無極。枕郎左臂，隨郎轉側。

摩拯郎鬚，看郎顏色。郎不念女，不可與力。〔註118〕

此三首描寫青年男女的愛情生活。「其二」寫一未嫁牧羊女子渴望出嫁的心情，首二句「驅羊入谷，白羊在前」與漢族詩歌中常見的比興手法極為相似，三四句直入主題，誇張而形象地描畫出女主人公在無人之處肆意宣泄自己情感的情態。「其三」寫女主人公眷戀情郎，心境坦誠，敢想敢愛，愛得癡情，愛得熱烈。《折楊柳歌辭》其二，「腹中愁不樂，願作郎馬鞭。出入攬郎臂，蹀座郎膝邊。」為了能與情郎在一起，竟然別生奇想，幻想做情郎的馬鞭，纏繞在他的手臂上，這樣就可以坐在情郎的膝上長相廝守。北方婦女尤其是游牧民族婦女表達感情坦率真誠，語言直率潑辣，毫無忸怩之態。

北朝民歌出自勞動人民之口，是真正的人民的語言。北方民族不像中原漢族那樣有先進的文化與文明，有繁苛的禮法約束，有較多的理性。因而他們可以不假思索，直抒胸臆，沒有南朝民歌的委婉與含蓄，更沒有文人的堆砌與雕琢。語言自然天成，質樸無華，不粉飾，不雕琢，表達感情直接強烈。因而顯出格調渾樸，厚重蒼涼。

北朝民歌「語言質樸鏗鏘，格調粗獷豪邁，氣勢蒼涼慷慨，最能代表北朝文學特色。」〔註119〕這種整體藝術風格的形成，與地理環境、社會環境、民族性格等固然有著密不可分的、千絲萬縷的聯繫與影響，而尚武之風更起到直接的推動和促成作用。

（四）北朝民歌之影響

北朝民歌是北方各族勞動人民的歌，「它們發生的時間跨度很長，傳唱的地域範圍、所用語言也各不相同，加之當時北方各族政權割據之亂、戰爭之頻繁，因此在相當長的一段時間內，它們大概都是民族性、地域性很強地在民間流傳。只有到了北魏統一北中國之後，由中央政府對之進行統一的收集整理才成為可能。」〔註120〕北魏孝文帝改革之後，政權趨於穩定，中央政府方有餘力對民歌進行收集整理，使這些藝術瑰寶得以保存流傳。北朝民歌對南朝文學乃至唐詩都有重要影響。

〔註118〕〔宋〕郭茂倩：《樂府詩集》，北京：中華書局，1979 年 11 月第 1 版，第二冊，第二十五卷，第 366～367 頁。

〔註119〕范志鵬：《北朝民歌對南朝及唐代詩歌的影響》，《西南石油大學學報（社會科學版）》2011 年第 2 期。

〔註120〕范志鵬：《北朝民歌研究》，上海：上海師範大學碩士學位論文 2008 年，第 42 頁。

1、對南朝文學的影響

北朝民歌於齊梁之際傳入南朝，首先對南朝文學產生了廣泛而深刻的影響。北朝民歌的傳入，為浮靡貧弱的南朝文壇注入了清新氣息。北朝民歌的悲愴勁健、壯闊蒼涼為他們打開了一片嶄新的視野，使他們深深地為北朝民歌的魅力所吸引、折服、喜愛，進而模仿創作。南朝文人沈約、梁武帝、梁簡文帝、梁元帝、庾肩吾、吳均、陳後主、徐陵、江總等向北朝民歌學習，創作了大量的擬樂府橫吹曲。而這些詩人大多缺乏真切的軍旅生活體驗，更沒有到過北國的大漠邊關，其作品都是典型的藝術想像與虛構的產物。《隋書》卷七六《文學》云：

> 江左宮商發越，貴於清綺，河朔詞義貞剛，重乎氣質。氣質則
> 理勝其詞，清綺則文過其意，理深者便於時用，文華者宜於詠歌，
> 此其南北詞人得失之大較也。若能掇彼清音，簡茲累句，各去所短，
> 合其兩長，則文質斌斌，盡善盡美矣。

南朝文人向北朝民歌學習，使江左的「清綺」與河朔的「貞剛」結合起來，對南朝文學產生了積極的影響。有學者指出，「正是因為有了梁陳詩人向北朝樂府民歌這樣的學習，中國古代詩歌才逐步走向了唐詩特別是盛唐詩那樣『文質彬彬，盡美盡善』的高度。」〔註121〕

而與北朝同時的南朝民歌，雖是同一時代的產物，卻呈現出不同的色彩和情調。《樂府詩集》所謂「豔曲興於南朝，胡音生於北俗」，正扼要地說明了這種不同。〔註122〕南朝民歌體裁短小，語言清新自然，雙關語的運用更增加了表情的委婉含蓄細膩。因此，明代胡應麟評為「了無一語丈夫風骨，惡能衡抗北人。」〔註123〕

2、對唐詩的影響

《樂府詩集》卷二十五錄有唐李白、張祐、溫庭筠擬樂府作品，可以看出唐代詩人對北朝民歌的繼承與學習。此外，還有些唐人詩雖未用樂府舊題，內容卻與之非常契合。

〔註121〕范志鵬：《北朝民歌研究》，上海：上海師範大學碩士學位論文，2008年，第46頁。
〔註122〕游國恩等：《中國文學史》，北京：人民文學出版社，1991年5月，第一冊，第293頁。
〔註123〕胡應麟：《詩藪》，上海：上海古籍出版社，1958年10月第1版，1979年11月新1版，第280頁。

　　北朝民歌對唐詩的貢獻主要體現在對唐代邊塞詩的影響上。「北朝之前的中國文學一直是中原文學、是華夏族和漢族的文學，在這樣的文學的審美觀照中，西北邊疆一直是遙遠的苦寒蠻荒之地，去歌唱讚美它更是不可能的事。直到北朝時期塞外民族入主中原，帶著質樸豪放的性格，也帶來了他們對草原大漠的深情讚歌。」〔註124〕隋唐以後，由於邊境戰爭的頻繁，疆土的擴大，以及民族經濟、文化的交流，邊塞生活與知識對人們不再陌生。從隋代起邊塞詩就不斷增多，唐初四傑和陳子昂對邊塞詩又有新的發展。到盛唐時期，邊塞生活已經成為詩人們共同注意的主題。在那些詩篇裏，塑造了許多邊庭健兒的英雄形象。這些詩交織著英雄氣概及兒女情腸，極悲涼慷慨和纏綿婉轉之情。唐代邊塞詩所取得的高度藝術成就顯然是與北朝民歌的影響分不開的。張亞新曾選取北朝民歌與唐代邊塞詩進行比照，指出「北朝民歌能在剛健質樸的氣質風骨方面給予唐代邊塞詩一定影響，主要基於下列兩點：一是由於它們大多產生於北地蒼茫遼闊的自然環境中，多表現北地風光和北地生活，這種相似的自然環境和社會生活容易觸發詩人相似的情感並進而發生或接受影響；二是由於北朝樂府民歌本是軍樂，是『馬上之曲』，樂器中有軍鼓和號角，適於表現征戰題材，聲情都頗慷慨悲壯，易於激起唐代邊塞詩人的共鳴。」〔註125〕

　　當然，北朝民歌對唐詩的影響是全面的，絕不僅限於邊塞詩。「北朝民歌的貞剛氣質與南朝詩歌的清綺文采相結合，為唐詩的產生奠定了堅實的基礎，影響深遠。北朝民歌數量雖少，但是作為一種關鍵的營養成分，它滲透在唐詩乃至唐代文學的方方面面。北朝民歌對唐詩的貢獻，不僅是語言上的借鑒和意象母題上的提供，更重要的是氣質上的薰染。」〔註126〕

　　北朝尚武之風在北朝民歌思想內容上得到顯著體現，對北朝民歌藝術風格的形成起到了全面而深刻的影響。北朝民歌數量雖少，取得的藝術成就是極為突出的，不僅對南朝詩歌產生了積極的影響，更為唐詩的繁榮作出了貢獻，進而對其後的中國詩歌乃至中國文學都發生著潛移默化的、深遠恆久的影響，成為後人學習、創作所取之不盡用之不竭的寶貴財富。北朝民歌堪稱

〔註124〕范志鵬：《北朝民歌研究》，上海：上海師範大學碩士學位論文，2008年，第49頁。

〔註125〕張亞新：《淺議北朝民歌對唐代邊塞詩的影響》，《貴州文史叢刊》1984年第4期。

〔註126〕范志鵬：《北朝民歌對南朝及唐代詩歌的影響》，《西南石油大學學報（社會科學版）》2011年第2期。

我國古典藝術寶庫中的明珠瑰寶，其所放射出的奪目光華，照徹後世，輝耀千古，具有穿越時空的永恒的藝術魅力。千載之下，人們傳唱吟詠不絕，欣喜於它的古樸清朗，驚歎於它的渾厚蒼茫；如聞金戈鐵馬，如睹大漠風沙，英風豪氣撲面而來，天籟遺音耳畔回響；令人懷想先民們在這片廣袤的土地上棲息營生，躍馬馳騁，縱情謳歌，留下頑強的堅實的足迹，譜寫著人類歷史的篇章，證明了人民群眾才是歷史的創造者。

二、文人創作詩歌所見尚武

除民歌外，北方尚武風尚在文人墨客筆下亦有體現。北朝文人詩壇，本來作家稀少，冷寂荒涼。但南朝文人庾信、王褒的由南入北，爲北朝詩壇注入了生氣。尤其是庾信的出現，給北朝詩壇帶來轉機。

（一）庾　信

庾信（513～581），本是南朝文人，父親是梁代著名宮廷文人庾肩吾。他自幼聰敏，博覽群書，其在南朝期間爲著名宮體詩人，所作詩文有供君王消遣娛樂的性質，思想內容較單薄。然在其 42 歲時以使臣身份出使西魏長安，「當時西魏大軍正南侵江陵，他被留長安，屈仕敵國。以後又仕北周，官至驃騎大將軍開府儀同三司，官位雖高，心裏卻非常痛苦，常常想念故國。後來陳朝請求北周放他回國，北周因爲愛惜他的文才，不肯放還。終於老死北方」〔註 127〕。其作品亦以此爲分水嶺，詩文特色前後期有明顯不同之風格。庾信從風景秀麗的江南，來到廣漠蒼涼的北方，親身體驗了北方人民的生活，領略了北方人民崇尚武功的民族性格。使他在詩文創作上筆調遒勁蒼涼，藝術上也更爲成熟。「庾信後期的詩無論思想內容或藝術風格都具有和前期迥然不同的面貌。他後期的詩除了表現身世遭遇的痛苦外，還有北方邊塞的風沙氣息。」〔註 128〕杜甫在《戲爲六絕句》中說：「庾信文章老更成，凌雲健筆意縱橫」，〔註 129〕在《詠懷古迹》中評論其「暮年詩賦動江關」。後人論及庾信作品，主要是對他入北朝後的詩文評價較高。庾信能在中國文學史上占一席

〔註 127〕游國恩等：《中國文學史》，北京：人民文學出版社，1991 年 5 月，第一冊，第 327 頁。

〔註 128〕游國恩等：《中國文學史》，北京：人民文學出版社，1991 年 5 月，第一冊，第 329 頁。

〔註 129〕蕭滌非等：《唐詩鑑賞辭典》，上海：上海辭書出版社，1983 年 12 月第 1 版，1992 年 8 月第 12 次印刷，第 537 頁。

之地，也是因爲他後期的充滿清新剛健氣息的作品。

　　庾信來到北朝，不可避免地要受到北方文學文風的影響濡染，「北方文風的現實精神對庾信的影響也是顯然的。與南朝文學把視點轉向宮廷日常生活的溫情和山水林壑的徜徉不同，北方文學始終沒有離開過現實中迫切的社會和政治問題，這在文人創作和民間歌謠中均無例外。」〔註 130〕庾信曾參加北周宇文政權製作郊廟樂辭的工作，這使他有機會切實地向北方民歌學習，從中吸取到豐厚的養料。歷來論庾信作品多集中在他的鄉關之思上，其實對北方尚武精神的反映亦是庾信作品中的重要內容。〔註 131〕

　　庾信後期詩中多有反映北方民族的征戰軍旅生活、塞外風景的作品。其筆底的駿馬形象時常彰顯出北方少數民族特有的性格，展現出北方良駒的健美形象。詩中的彎弓、駿馬、舟師、鎧甲等意象，讀來豪壯飛動。如他的《從駕觀講武》：

> 校戰出長楊，兵欄入鬥場。置陣橫雲起，開營雁翼張。門嫌磁石礙，馬畏鐵菱傷。龍淵觸牛斗，繁弱駭天狼。落星奔驌騻，浮雲上驊騮。急風吹戰鼓，高塵擁貝裝。駭猿時落木，驚鴻屢斷行。樹寒條更直，山枯菊轉芳。豹略推全勝，龍圖揖所長。小臣欣寓目，還知奉會昌。〔註 132〕

《周書・武帝紀》云：「保定二年十月戊午，講武於少陵園。」保定二年（562）

〔註 130〕吳先寧：《北方文風和庾信後期創作》，《廈門大學學報》（哲社版）1989 年第 1 期。

〔註 131〕有研究者將庾信此部分內容的作品定名爲「邊塞詩」（見關永利：《庾信的入北經歷及其邊塞詩創作》，《井岡山學院學報》（哲學社會科學），2007 年第 3 期），筆者以爲不妥。邊塞詩，當產生於邊塞或描寫邊塞，如唐代之邊塞詩。庾信入北以後，首居長安，後雖曾到地方任職，亦非邊塞。庾信詩中所反映與表現的是北國風光、北方人民的生活與精神面貌，以邊塞名之，失之狹隘。

〔註 132〕注釋：校戰：閱兵校武。長楊：亦作「長揚」。長楊宮的省稱。本秦舊宮，至漢修飾之，以備行幸。宮中有垂楊數畝，因爲名。兵欄：放置兵器的欄架。鬥場：戰場。「置陣」二句，排兵布陣，隊伍像橫浮於天空的雲。打開營門，隊伍如雁翼張開。龍淵：古劍名。繁弱：古良弓名。此二句言兵器之精良。落星：即流星。驌騻：指良馬。浮雲：駿馬名。驊騮：良馬名。此二句言兵騎之迅疾。貝裝：貝冑戎裝。此二句言軍隊前進之狀。「駭猿」二句，言將士射術之精準。豹略：古代兵書《六韜》中有《豹韜》篇，此因以「豹略」指用兵的韜略。龍韜：即太公望兵法《六韜》之一。泛指兵法、戰略。此二句言將帥用兵之善。寓目：觀看。會昌：謂會當興盛隆昌。見杜曉勤：《謝朓庾信詩選》，北京，中華書局，2005 年版，第 164 頁～166 頁。

十月，北周武帝宇文邕於少陵原講武。此詩即記此次從駕觀講武之盛況。場面壯闊，氣勢磅礴，寶劍、良弓、駿馬、精兵、駭猿、驚鴻，意象流動，音韻鏗鏘，形象傳神地刻畫出北方軍旅的雄壯威武。《和趙王送峽中軍》：

> 樓船聊習戰，白羽試撝軍。山城對卻月，岸陣抵平雲。赤虵懸
> 弩影，流星抱劍文。胡笳遙警夜，塞馬暗嘶群。客行明月峽，猿聲
> 不可聞。〔註133〕

此詩當作於周武帝保定二年（562）七月至天和五年（570）七月，趙王宇文招為益州總管期間。詩描寫了趙王帶領軍隊於深山峽谷中月夜行進的情景。首二句用典起興，引漢武、周武戰事，既奠定全詩詠武之基調，兼言趙王之統領水軍。「山城」二句從遠處落墨，城池如半月，形勢險峻，岸上兵陣，蜿蜒曲折，像雲一樣橫亙。「赤蛇」以下，為詩人觸景生情，進一步抒發懷抱。「該詩呈現的尚武情懷尤為突出，詩人在送別趙王之際，目睹北方疆場的蒼涼，情感陡然悲憤。赤弩、流星劍、胡笳曲、嘯嘯牧馬，以及三峽之猿啼等意象一齊匯入胸懷，使得全詩之格調悲愴有力。」〔註134〕《奉報寄洛州》：

> 舟師會孟津，甲子陳東鄰。雷輣驚戰鼓，劍室動金神。幕府風
> 雲氣，軍門關塞人。長旌析鳥羽，合甲抱犀鱗。星芒一丈焰，月暈
> 七重輪。黎陽水稍淥，官渡柳應春。無庸奉天睠，驅傳牧南秦。繁
> 辭勞簡牘，雜俗弊風塵。上洛逢都尉，商山見逸民。留滯終南下，

〔註133〕庾信：《庾子山集注》，北京：中華書局，1980 年 10 月版，第一冊，第 206
～207 頁。注釋：「樓船」二句，《西京雜記》曰：「武帝作昆明池，欲伐昆吾，
教習水戰。」又曰：「昆明池中有戈船、樓船，各數百艘，樓船上建樓櫓，戈
船上建戈矛。」《呂氏春秋》曰：「武王伐殷，係墮，武王左釋白羽，右釋黃
鉞，勉而自為係。」《鬻子》曰：「武王率兵車以伐紂，紂虎旅百萬陣於商郊，
起自黃鳥，至於赤斧。三軍之士，莫不失色。武王乃命太公把白旄以麾之，
紂軍反走。」高誘《淮南子注》云：「撝，揮也。」「山城」二句，《水經注》
曰：「汭左有卻月城，亦曰偃月壘。」《湘中記》曰：「衡有玉牒，禹案其文治
水。遙望衡山如陣雲，沿湘千里，九向九背，乃不復見。」「赤蛇」二句，《風
俗通》曰：「汲令應彬請主簿杜宣飲酒，時其上懸赤弩，照杯中如蛇，宣惡之。
彬曰：『此弩影似耳。』」《古今注》曰：「吳大皇帝有寶劍六：白虹、紫電、
辟邪、流星、青冥、百里。」「胡笳」二句，李陵《答蘇武書》曰：「胡笳互
動，牧馬悲鳴。吟嘯成群，邊聲四起。」杜摯《笳賦序》曰：「笳者，李伯陽
入西戎所作也。」「客行」二句，《蜀本紀》曰：「蜀王秀所建三峽：明月峽、
巴峽、巫峽。」《荊州記》曰：「巴東三峽巫峽長，猿鳴三聲淚沾裳。」
〔註134〕曾小月：《從尚武精神看北方少數民族文化對中原文學的影響》，《中南民族大
學學報》（人文社會科學版）2007 年第 2 期。

惟當一史臣。〔註135〕

建德六年（577）正月，周武帝宇文邕平定北齊。二月，在齊太極殿召從征將領，論功行賞。庾信此時在洛州（今陝西商州）刺史任上，作此詩以相賀、述懷。其中前半對周齊兩軍交戰場面之描寫，甚爲壯闊，有勁健之氣。後半寫不堪任上煩庸之公務，希求隱逸，微露不滿。《奉報趙王出師在道賜詩》：

> 上將出東平，先定下江兵。彎弓伏石動，振鼓沸沙鳴。橫海將軍號，長風駿馬名。雨歇殘虹斷，雲歸一雁征。暗巖朝石濕，空山夜火明。低橋澗底渡，狹路花中行。錦車同建節，魚軒異泊營。軍中女子氣，塞外夫人城。小人乖攝養，歧路阻逢迎。幾月芝田熟，何年金竈成。哀笳關塞曲，嘶馬別離聲。王子身爲寶，深思不倚衡。

〔註136〕

〔註135〕杜曉勤：《謝朓庾信詩選》，北京：中華書局，2005年，第195頁～198頁。注釋：孟津：古黃河津渡名。在今河南省孟津縣東北、孟縣西南。甲子：周武王克紂之日。東鄰：此指北齊。此二句言建德五年（576）十月己酉，周武帝自將伐齊。雷轅：轔轔作響的戰車。劍室：相傳漢高祖劉邦斬蛇，劍在室中，光景猶照於外。金神：蓐收金神，傳說中上古的神，專門替天討伐無道。此二句言周軍向東挺進。幕府：將帥在外的營帳。風雲氣：猶言英雄氣。關塞人：戍守邊關的人。此二句言兩軍大戰前夕，將帥運籌帷幄，士兵鬥志昂揚。「長旌」、「合甲」句，言周軍兵力之強，陣勢之壯。星芒：星的光芒。此指彗星出現，古人認爲彗星出現將有戰爭。月暈：古人認爲，月暈有七重光圈，戰爭會持續七日。此二句言戰鬥之慘烈。黎陽：即黎陽津，黃河北岸重要渡口，在今河南濬縣東南。漾：清澈。此二句言周軍攻入鄴城、齊國覆亡之事，時在初春，故云水漾、柳春。無庸：平庸，無所作爲，自謙之辭。天睠：帝王對臣下的恩寵、眷顧。驅傳：乘車。傳：驛車。牧：牧守。南秦：指洛州。此二句言已受皇帝恩寵，被任命爲洛州刺史事。繁辭：繁瑣的文辭。勞：勞煩。簡牘：官府文書。雜俗：各種民風、習俗。弊：敗壞。風塵：塵事，平庸的世俗之事。此二句言刺史任上公務繁雜、瑣事紛擾，心有怨言。上洛逢都尉二句，言己在洛州有隱逸之心。

〔註136〕庾信：《庾子山集注》，北京：中華書局，1980年10月版，第一冊，第204頁。注釋：上將，文昌星名。東平，漢王國也。《後漢書》有東平王蒼。又曰：「王莽地皇三年，王常、成丹西入南郡，號下江兵。」《郡國志》云：「南郡編縣有藍口聚。」注云：「下江兵所據，今當陽縣城是也。」彎弓伏石動，《韓詩外傳》曰：「昔楚熊渠子夜行，見寢石，以爲伏虎，彎弓而射之，沒金飲羽。」《異苑》曰：「涼州西沙山，昔有覆師於此，積屍數萬，大風吹沙，覆成山阜，時聞有鼓角聲。」振鼓沸沙鳴，《漢書》曰：「東越反，上遣橫海將軍韓說等，入軍於越。」《吳都賦》曰：「習御長風，狃玩靈胥。」李善注云：「《越絕書》曰：『子胥死，王使捐於大江口。乃發憤馳騰，氣若奔馬，乃歸神大海。』」低橋澗底渡，狹路花中行，言從峽中行也。錦車四句，言與趙國夫人紇豆陵氏同行也。

趙王宇文招出爲益州總管，庾信吟詩一首以作餞別。開頭幾句對趙王的軍容進行了誇張描寫，展示了軍隊的浩大聲勢。「雨歇殘紅斷」以下，筆鋒一轉，進入寫景。有學者以此認爲「子山尙未擺脫宮體詩佻小詩風」，〔註137〕庾信詩風尙處於轉變之中。然此詩展現於人們眼前的具有尙武精神的意象已是更爲集中，「彎弓」、「駿馬」以及與塞外相關的風景逐一湧現在讀者面前。《侍從徐國公殿下軍行詩》：

> 八風占陣氣，六甲候兵韜。置府仍開幕，麾軍即秉旄。長旗臨廣武，烽火照成臯。巡寒重挾纊，酌水勝單醪。陣後雲逾直，兵深星轉高。電燄驅龍馬，山精鏤寶刀。塞迥翻榆葉，關寒落雁毛。既得從神武，何須念久勞。〔註138〕

《漢書・西域傳》曰：「初，楚主侍者馮嫽，能史書，習事，常持漢節爲公主使，行賞賜於城郭諸國，敬信之，號曰馮夫人。爲烏孫右大將妻，右大將與烏就屠相愛，都護鄭吉使馮夫人說烏就屠降。烏就屠曰：『願得小號。』宣帝徵馮夫人，自問狀。遣謁者竺次、期門甘延壽爲副，送馮夫人。馮夫人錦車持節詔焉。」服虔曰：「錦車，以錦衣車也。」《左氏傳》曰：「歸夫人魚軒。」《漢書》曰：「李陵與單于戰，陵曰：『士氣少衰而鼓不起者，何也？軍中豈有女子乎？』始軍出時，關中群盜妻徙邊者隨軍爲卒妻婦，大匿軍中。陵搜得，皆斬之。」又《商子・兵守》篇云：「壯女爲一軍。」《史記》云：「孫武以兵法見於吳王，試以婦人。」梁湘東王嘗出軍，有人將婦從者，王曰：「才愧李陵，未能先誅女子，將非孫武，遂欲驅戰婦人。」皆引軍中女子之事也。《漢書》曰：「漢軍乘勝追北，至范夫人城。」應劭曰：「本漢將築此城，將亡，其妻率餘衆完保之，因以爲名也。」張晏曰：「范氏能詛胡者。」時趙王將婦出軍，故引軍中女子、塞外夫人之事。子山《紇豆陵墓誌》云「柱國殿下，揚旌玉壘，驅傳銅陵。夫人從政月峽，贊德雲門」，是也。夫人後薨於成都之錦城矣。小人，子山自稱也。楊子悲歧路。《爾雅》曰：「二達謂之歧旁。」郭注曰：「歧道旁出也。」幾月二句，《十洲記》曰：「鍾山在北海之子地，仙家數千萬，耕田種芝草，課計頃畝也。」鮑照《舞鶴賦》：曰：「朝戲乎芝田。」《史記》曰：「少君言上曰：『祠竈則致物，而丹砂可爲黃金。黃金成，以爲飲食器，則益壽。』」哀笳二句，傅玄《笳賦序》曰：「吹葉爲聲。」《說文》作葭。子山身爲羈旅，又與趙王離別，即李陵書所謂『胡笳互動，牧馬悲鳴』者也。王子，謂趙王也。《史記》：「袁盎曰：『百金之子不騎衡。』」服虔曰：「自惜身，不騎衡。」如淳曰：「騎，倚也。衡，樓殿邊欄楯也。」韋昭曰：「衡，車衡也。」
〔註137〕 王鍾陵：《中國中古詩歌史》，南京：江蘇教育出版社，1988年版，第796頁。
〔註138〕 庾信：《庾子山集注》，北京：中華書局，1980年10月版，第一冊，第210～211頁。注釋：八風，《易緯通卦驗》云：「東北曰條風，東方曰明庶風，東南曰清明風，南方曰景風，西南曰涼風，西方曰閶闔風，西北曰不周風，北方曰廣莫風。條風一名融風。景風又名凱風。」《左傳》襄十八年曰：「晉人聞有楚師，師曠曰：『吾驟歌北風，又歌南風。』」杜預注曰：「歌者吹律以詠八風。

此詩爲從徐國公觀其軍容所作。軍陣的雄壯威武、駿馬寶刀、塞外風物等盡收筆底。尤其詩中所表現的將士們慷慨報國的英雄氣概和不畏艱難險阻的樂觀精神，更從一個側面反映了北方民族尚武善戰的傳統。《同盧記室從軍詩》：

> 河圖論陣氣，金匱辨星文。地中鳴鼓角，天上下將軍。函犀恒七屬，絡鐵本千群。飛梯聊度絳，合弩暫凌汾。寇陣先中斷，妖營即兩發。連烽對嶺度，嘶馬隔河聞。箭飛如疾雨，城崩似壞雲。英王於此戰，何用武安君。〔註139〕

歌南、北風者，聽晉、楚之強弱。」《黃帝玄女兵法》曰：「禹問於風后曰：『吾聞黃帝有屈勝之圖、六甲陰陽之道。』」置府二句，《漢書》注：「晉灼曰：『衛青征匈奴，絕大漠，大克獲。帝就拜大將軍於幕中府，故曰幕府。』」《淮南子》曰：「武王伐紂，渡孟津，陽侯之波，逆流而擊，疾風晦冥，人馬不相見。武王左操黃，右秉白旄，瞋目而撝之。風濟而波罷。」張平子《思玄賦》舊注：「《尚書》曰：『右秉白旄以麾。』按：執旄以指撝也。秦、漢以來，即以所執之旄名曰麾，謂麾幡曲蓋者也。」長旗二句，《漢書・高帝紀》曰：「漢王引兵渡河，復取成皋，軍廣武。」孟康曰：「於滎陽築兩城而相對，因爲廣武城，在敖倉西三室山上。」《地理志》曰：「河南郡成皋，故虎牢。或曰制。」《匈奴傳》：「烽火通於長安。」師古曰：「晝則舉燧，夜則舉烽。」巡寒二句，《左傳》宣十二年曰：「楚子圍蕭。申公巫臣曰：『師人多寒。』王巡三軍，拊而勉之。三軍之士皆如挾纊。」《正義》曰：「《玉藻》云：『纊爲繭，縕爲袍。』鄭云：『纊，新綿也。』」《黃石公記》曰：「昔良將之用兵也，人饋一簞醪，投河，令眾迎流而飲之。夫一簞之醪，不味一河，而三軍思爲致成，非滋味及之也。」塞迥二句，如淳《漢書注》曰：「長楡，塞名。王恢所謂樹楡以爲塞者也。」郭璞《山海經注》曰：「雁門山，即北陵、西隃。雁之所出，因以名云。在高柳北。」既得二句，《易・繫辭》曰：「古之聰明睿知、神武而不殺者夫。」王仲宣《從軍》詩曰：「所從神且武，安得久勞師。」

〔註139〕〔北周〕庾信：《庾子山集注》，北京：中華書局，1980 年 10 月版，第一冊，第 208～209 頁。注釋：「河圖」二句，孔安國《尚書傳》曰：「《河圖》即八卦之形。」《河圖》論陣氣者，諸葛孔明所謂《八陣圖》也，若八卦矣。太公有《金匱書》。金匱辨星文者，步星宿以紀吉凶之象也。「地中」二句，《後漢書》：「公孫瓚與子續書曰：『鼓角鳴於地中。』」《漢書》曰：「周亞夫爲太尉，東擊吳、楚。既至霸上，趙涉遮說亞夫曰：『兵事上神，將軍何不從此右去，直入武庫？諸侯聞之，以爲將軍從天而下也。』」「函犀」二句，《周禮》曰：「函人爲甲，犀角七屬。」陸倕《新刻漏銘》曰：「鐵馬千群，朱旗萬里。」「飛梯」二句，陳琳《武庫賦》曰：「其攻也，則飛梯行雲，臨閣靈構。」《隋書・地理志》云：「絳郡，後魏置東雍州，後周改曰絳州。」又：「正平縣，有後魏南絳郡。翼城縣，後魏置，曰北絳縣，並置北絳郡。後齊廢新安縣，並南絳入焉。絳縣，舊置絳郡。後周置晉州。」又：「曲沃縣，有絳山。」按：絳本春秋時晉地。《左傳》莊二十六年：「晉士蒍城絳以深其宮。」杜預曰：「絳，晉所都也。今平陽絳邑縣。」時周、齊接界，並置郡縣，故伐齊之師飛梯度絳矣。《釋名》曰：「弩者，怒也。其柄曰臂，鉤弦者爲牙。」《隋志》：「文成

據《庾子山集注‧同盧記室從軍》題注：「憲伐齊在天和六年，此云同盧記室從軍，知伐齊之役，子山同盧愷並從齊王軍行也。」〔註140〕隨軍出征的經歷，使庾信親身接觸體驗到戰事的氣氛，更深切瞭解到北方民族尚武的精神。這首詩將一次戰爭完整地描繪出來。起首寫在作戰之前，要用《河圖》、《金匱》等進行占卜，以確定吉凶及是否開戰。第二句到第七句，是對整個戰爭過程的描寫。「地中鳴鼓角，天上下將軍」，雙方的戰鬥開始了，我方鳴鼓角以催動軍隊，將領如同天降一般殺出來。在將軍背後是我方大軍，直奔敵人，將之截爲兩段。戰爭的烽火在山嶺上蔓延，敵軍的戰馬隔河嘶鳴。我方攻勢愈猛，氣勢如虹，最終取得勝利。結尾將齊王與秦時名將白起作比，從而頌揚了齊王的英勇。整首詩表現了我方參戰將士的勇猛、戰爭場面的激烈，字裏行間充滿了一股樂觀豪邁的氣勢。《伏聞遊獵》：

> 虞旗喜旦晴，獵馬向山橫。石關魚貫上，山梁雁翅行。雪平尋
>
> 兔迹，林叢聽雉聲。馬嘶山谷響，弓寒桑柘鳴。聞弦鳥自落，望火獸
>
> 空驚。無風樹即正，不凍水還平。誰知茂陵下，願入睢陽城。〔註141〕

題名「伏聞」，則此詩爲想像之辭也。作者有北地生活經歷，馳騁其藝術創造力，生動地刻畫了走馬遊獵深山的精彩場面，使人如臨其境。結句透歸隱之

郡，東魏置南汾州，後周改爲汾州，後齊爲西汾州。後周平齊，置總管府。」按：汾亦春秋晉地。《左傳》稱「臺駘汾神」。時齊未平，西汾尚屬於齊，故云「合驚淩汾」也。「寇陣」二句，寇陣、妖營，謂齊國營陣也。「連烽」二句，《方言》曰：「烽，虞望也。」嶺謂絳山，河謂汾也。「箭飛」二句，袁宏《後漢紀》昆陽之戰云：「弩射城中如雨。有流星墮營中，正晝有云氣若壞山，直於營，而墮不及地尺而滅，吏士皆壓僕。」「英王」二句，英王，謂齊王憲也。《史記》曰：「白起爲武安君。」

〔註140〕〔北周〕庾信：《庾子山集注》，北京：中華書局，1980年版，第一冊，第208頁。

〔註141〕〔北周〕庾信：《庾子山集注》，北京：中華書局，1980年10月版，第一冊，第211～212頁。注釋：「虞旗」二句，《周禮》曰：「若大田獵，則萊山田之野，植虞旗於其中，致禽而珥焉。」「石關」二句，相如《上林賦》曰：「麗石關。」張揖曰：「觀名。」《周易》曰：「貫魚，以宮人寵，無不利。」王弼曰：「駢頭相次，似貫魚也。」范蔚宗《樂遊應詔》詩曰：「山梁協孔性。」《白虎通》曰：「雁飛則成行。」鮑照《出自薊北門行》曰：「雁行緣石徑，魚貫度飛梁。」「弓寒桑柘鳴」句，許慎曰：「南方谿子巨黍，蠻夷柘弩，皆善材也。」「誰知」二句，《漢書》曰：「相如上疏諫獵。既病免，家居茂陵。」又曰：「梁孝王廣治睢陽城，爲複道，自宮連屬於平臺三十餘里，招延四方豪傑。」言己欲擬相如病免仍歸梁也。

思，或是爲表達其於北朝爲官的無奈。

庾信《擬詠懷》二十七首，後人評價甚高，推爲庾信作品中雙峰之一。二十七首大抵作於北周保定三年（563）至四年之間，時任陝州弘農郡（今河南靈寶縣北）守，羈旅北朝已達十年之久。庾信在這組詠懷詩中集中表達自己的故國之思，其中亦有戈馬之音。如《擬詠懷》其十五：

六國始咆哮，縱橫未定交。欲競連城玉，翻征縮酒茅。析骸猶換子，登巢已懸巢。壯冰初開地，盲風正折膠。輕雲飄馬足，明月動弓弰。楚師正圍鞏，秦兵未下崤。始知千載內。無復有申包。〔註142〕

〔註142〕〔北周〕庾信：《庾子山集注》，北京：中華書局，1980年10月版，第一冊，第240～241頁。注釋：「六國」二句，《史記索引》注曰：「六國，韓、魏、趙、燕、齊、楚是也。與秦爲七國，亦謂之七雄。又六國與宋、衛、中山爲九國，其三國蓋微，又前亡。」又曰：「東西爲橫，南北爲縱。山東地形縱長，蘇秦相六國，令縱親而擯秦。關西地形衡長，張儀相秦，令破其縱而連秦之衡。」「欲競」二句，《史記》曰：「秦欲以十五城易趙王和氏璧。」《左傳》云：「管仲謂楚王曰：『爾貢包茅不入，無以縮酒。』」六國始咆哮，縱橫未定交者，以喻梁元帝與岳陽王詧不能和緝也。欲競連城玉，翻征縮酒茅者，時西魏方盛，比之強秦，詧與江陵方宜合縱攻秦，而反會兵來伐，責楚包茅，大寶是以西去矣。襄陽形勝，其爲連城也與？「析骸」二句，《左傳》宣十五年：「華元曰：『敝邑易子而食，析骸以爨。』」杜預曰：「爨，炊也。」何休《公羊傳注》曰：「骸，骨也。」《左傳》成十六年曰：「晉楚戰於鄢陵，楚子登巢車以望晉軍。」杜預曰：「巢車，車上爲櫓巢。」《說文》作轈，云：「兵車高如巢，以望敵也。櫓，澤中守草樓也。」是「巢」與「櫓」俱是樓之別名。言江陵之危急也。「壯冰」二句，《禮記・月令》曰：「仲冬之月，冰益壯，地始坼。仲秋之月，盲風至。」鄭注云：「盲風，疾風也。」《正義》曰：「皇氏云：『秦人謂疾風爲盲風。』」《漢書》：「晁錯曰：『欲立威者，始於折膠。』」蘇林曰：「秋氣至，膠可折，弓弩可用。」「輕雲」二句，《西京雜記》稱漢文帝馬有「浮雲」之名，故馬曰「輕雲」，言馬壯也。劉熙《釋名》云：「弦月半之，名若張弓馳弦。」故弓曰「明月」，言兵強也。「楚師」二句，《左傳》昭二十三年曰：「二師圍郊。郊、鄩潰。」杜預注云：「河南鞏縣西南有地名鄩中。郊、鄩二邑，皆子朝所得。」昭二十六年傳曰：「晉師克鞏。王子朝奉周之典籍以奔楚。」至定四年，楚柏舉之敗。明年，王人殺子朝於楚。正圍鞏者，言楚方盛也。僖三十二年傳曰：「秦穆召孟明、西乞、白乙，使出師於東門之外。蹇叔曰：『晉人御師，必於殽。』」杜預曰：「殽在弘農澠池縣西。殽字或作崤，戶交反。」「始知」二句，《左傳》定四年曰：「昭王在隨，申包胥如秦乞師。立依於秦牆而哭，日夜不絕聲，勺飲不入口，七日。秦哀公爲之賦《無衣》，九頓首而坐，秦師乃出。」明年，包胥以秦師至，大敗吳師，遂復楚國。按：江陵之師在承聖三年甲戌冬十一月。「壯冰」以下，言自春至秋，馬壯兵強。此時楚師方盛，秦兵未來，何不急征諸援以備不虞。若王僧辯、王琳、陸法和諸軍，一戰可勝，而保守羅郭，遂爲于謹所破，竟無申包胥之一人報仇復國也。

此詩之特色在於全篇用典而詠時事，指出南梁敗亡之由，表現了作者的政治見解及痛惜之情。《擬詠懷》其十七：

> 日晚荒城上，蒼茫餘落暉。都護樓蘭返，將軍疏勒歸。馬有風塵氣，人多關塞衣。陣雲平不動，秋蓬卷欲飛。聞道樓船戰，今年不解圍。〔註143〕

起筆描繪了邊城黃昏的景象。落日的餘暉映照在荒涼的城池上，給人一種蒼茫的感覺。將士征戰歸來，雖僕僕風塵，但仍陣容嚴整。末句「聞道樓船戰。今年不解圍」，借用漢人楊僕鎮越南返封侯的典故，表達自己遠在異域思返故國的熱切心情。詩主旨雖是抒發故國之思，但卻透露出軍旅中剛健勇武之氣息。《俠客行》：

> 俠客重連鑣。金鞍被桂條。細塵郭路起。驚花亂眼飄。酒釅人半醉。汗濕馬全驕。歸鞍畏日晚。爭路上河橋。〔註144〕

著重刻畫了游俠兒騎馬揚塵、酒酣逍遙的畫面。

　　以上是對庾信詩歌中有突出尚武特徵者進行例舉分析。其他此類詩歌尚有《三月三日華林園馬射賦》、《奉和趙王途中五韻》、《見征客始還遇獵》、《北園射堂新成》、《冬狩行四韻連句應詔》、《和王內史從駕狩》等。這些詩歌的

〔註143〕〔北周〕庾信：《庾子山集注》，北京：中華書局，1980年10月版，第一冊，第242頁。注釋：「都護」二句，《漢書》曰：「傅介子，北地人。昭帝時，為平樂監。時樓蘭國數反覆。霍光白遣介子，與士幸齎金幣，以賜外國為名。至樓蘭，樓蘭王與介子飲，乃令壯士二人刺殺之，持首詣闕。」又《西域傳》曰：「鄯善國，本名樓蘭。王治扞泥城，去陽關千六百里。」又《鄭吉傳》曰：「使護鄯善以西南道，並護車師以西北道，故號都護。都護之置，自吉始焉。」《後漢書》曰：「耿恭為戊己校尉，引兵據疏勒城。匈奴攻恭，食盡困窮，稍稍死亡，餘數十人。會漢遣軍迎校尉，遂相隨俱歸。」《漢書·西域傳》曰：「疏勒國治疏勒城，去長安九千三百五十里。」「馬有」二句，曹子建《出行》詩曰：「蒙霧犯風塵。」關塞衣，謂征衣也。言見征客初歸也。「陣雲」二句，《天官書》曰：「陣雲如立垣。」曹子建《朔風詩》曰：「風飄蓬飛。」「聞道」二句，《漢書》曰：「楊僕，宜陽人也。南越反，拜為樓船將軍。有功，封梁侯。」此章述其南北絕遠之情也。

〔註144〕譚正璧：《庾信詩賦選》，上海：古典文學出版社，1958年版，第198～199頁。注釋：鑣：馬銜。此處以部分代全體，稱所乘之馬。這句說俠客們所乘之馬相連而行。桂條：桂樹的枝條。被：即披，覆蓋之意。郭：同廓。郭路起，猶言起障路，謂細塵飛起來把路掩沒。驚：紛亂貌。驚花：紛飛之花。亂眼飛：猶言飛亂眼，謂因花亂飛，眼也隨而迷亂。釅：喝酒微醉和悅貌。驕：馬壯健貌。歸鞍：騎馬回家。河橋：橋名，在河南孟縣南。二句言怕天晚趕快回家。

形成、出現不僅為庾信作品注入了新內容新風格，對庾信的整個創作風格亦有影響。在庾信的後期創作的其他題材作品中，亦一洗南朝雕砌綺靡文風，而寫得質樸剛勁，雄壯有力。

（二）王 褒

王褒是繼庾信之後又一由南入北的詩人。「王褒出身於江東望族，所謂世冑名家、累代宰輔，他仕梁歷侍中，尚書左僕射，梁武帝蕭衍喜其才藝，遂以弟鄱陽王恢之女妻之，寵遇優隆；梁亡之際聘魏被留，後仕北周，亦深得宇文氏任重，授平騎大將軍，開府儀同三司，一時寵右朝班。」〔註145〕與庾信經歷相仿，庾信是554年春以使者身份由江陵出使西魏而被留，這一年宇文泰攻克江陵，王褒被俘北上。與庾信小有不同的是，南朝宮體詩風彌漫，王褒亦是梁宮體詩名家，然其作品已有邊塞之音，表現出與時不同之處。寄身北朝後，詩風更趨質樸蒼涼。其作品雖不如庾信數量多、影響大，但其描寫軍旅生活的作品亦真切感人。表現北地嚴寒的氣候、惡劣的環境及戰士們壯志豪情、昂揚向上的精神風貌。如《關山篇》：

> 從軍出隴阪，驅馬度關山。關山恒掩藹，高峰白雲外。遙望秦
> 川水，千里長如帶。好勇自秦中，意氣多豪雄。少年便習戰，十四
> 已從戎。遼水深難渡，榆關斷未通。〔註146〕

開篇以平實之筆法敘出征行軍所見，關山出白雲，秦川長如帶，勾勒出西北地域的典型特徵。「好勇」以下四句，轉寫人情，反映了秦中健兒尚武好勇、自幼習戰的民風。結尾兩句，表達了對戰鬥結果的憂慮。關河本險阻，跋涉增艱難，更何況敵方據斷要塞，嚴陣以待。全詩氣勢悲涼慷慨，且蘊含了豐厚的社會人事內容。《從軍行》二首：

> 兵書久閒習，征戰數曾經。講戎平樂觀，學戲羽林亭。西征度
> 疏勒，東驅出井陘。牧馬濱長渭，營軍毒上涇。平雲如陣色，半月
> 類城形。羽書封信璽，詔使動流星。對岸流沙白，緣河柳色青。將
> 幕恒臨門，旌門常背刑。勳封瀚海石，功勒燕然銘。兵勢因麾下，
> 軍圖送掖庭。誰憐下玉箸，向暮掩金屏。

〔註145〕呂晴飛等：《漢魏六朝詩歌鑒賞辭典》，北京：中國和平出版社，1990年10月版，第794頁。

〔註146〕丁福保：《全漢三國晉南北朝詩》，北京：中華書局1959年5月版，下冊，第1553頁。

黃河流水急，驄馬遠征人。谷望河陽縣，橋渡小平津。年少多
游俠，結客好輕身。代風愁櫪馬，胡霜宜角筋。羽書勞警急，邊鞍
倦苦辛。康居因漢使，盧龍稱魏臣。荒戍唯看柳，邊城不識春。男
兒重意氣，無爲羞賤貧。〔註147〕

前首塑造一飽讀兵書、身懷武藝、數經戰陣、立志報國的熱血男兒形象，背
景蒼涼廣闊，色調陰冷沉鬱。結句點閨中離人，對從軍將士予以進一步歌頌。
第二首主題相同，「黃河」、「驄馬」、「代風」、「胡霜」、「羽書」、「邊鞍」等
意象飛動，謳歌了從軍將士樂觀向上、立功報國的豪邁情懷。《飲馬長城窟》：

北走長安道，征騎每經過。戰垣臨八陣，旌門對兩和。屯兵戍
隴北，飲馬傍城阿。雪深無復道，冰合不生波。塵飛連陣聚，沙平
騎迹多。昏昏壟坻月，耿耿霧中河。羽林猶角抵，將軍尚雅歌。臨
戎常拔劍，蒙險屢提戈。秋風鳴馬首，薄暮欲如何。〔註148〕

王褒軍旅詩篇的一個突出特色就是篇中迴蕩著樂觀豪邁的激情。北地苦寒，
征途險阻，這些都難掩軍中健兒的壯志豪情。此外，王褒的《入塞》同樣寫
立功報國的熱血男兒。《渡河北》描繪北地風光，抒發家國感慨，亦寫得蒼涼
沉鬱，極富感染力。

文學來源於生活並反映生活。庾信、王褒生長於江南錦繡富貴之鄉，衣
冠禮樂隆盛正朔之地。環境的薰染，傳統的教育，使他們具備了較高的藝術
創作才能。然生活的局限，宮廷的狹窄視野規定了決定了其前期的創作成就
與風格。只有當他們來到北朝後，眼界豁然開闊，眞切地體驗了生活，塞外
風景、異域習俗、金戈鐵馬、沙場健兒，匯入筆端，壯闊蒼涼，清新剛健，
使其創作煥發出光彩。

〔註147〕丁福保：《全漢三國晉南北朝詩》，北京：中華書局1959年5月版，下冊，第
1554頁。
〔註148〕丁福保：《全漢三國晉南北朝詩》，北京：中華書局1959年5月版，下冊，第
1554頁。

第六章　飲　酒

　　飲酒亦是北朝社會較爲典型、普遍的社會風尚之一。

　　酒作爲一種文化早已在學界得到廣泛的關注和認同，在中國社會漫長的發展過程中，「酒文化已經滲透到了古代社會生活的各個方面和層次，舉凡政治、經濟、文化、藝術、軍事、宗教等等，無不與酒相關聯。」〔註1〕北朝社會飲酒蔚成風尚，在中國酒文化的發展歷程中，可謂波峰凸顯，印迹鮮明。

第一節　飲酒風尚的成因

　　酒作爲一種特殊的食品、飲料與人類生活有著密不可分的關係。自酒產生之日起，中國人就與酒結下了不解之緣。酒具有一種特殊的魔力、魅力。據《戰國策》卷二十三《魏二·梁王魏嬰觴諸侯於范臺》載：「昔者，帝女令儀狄作酒而美，進之禹，禹飲而甘之，遂疏儀狄，絕旨酒，曰：『後世必有以酒亡其國者』」。禹領略了酒的魅力，預見了酒的容易爲禍之處。酒最終走進了人類的生活，上自帝王將相，下至平民百姓販夫走卒，貪戀鍾愛此物者不可勝計，爲此而生發譜寫出的故事亦如恒河沙數。

　　「酒是糧食，但它是特殊的糧食，酒是飲料，但它是特殊的飲料，因爲酒有一般糧食所不能產生的生理效應和一般飲料所不能產生的心理效應。」〔註2〕酒不是生活必需品，但其所具有的作用與價值已遠遠超出了一般的生活必需品，酒是人們最好的感情宣泄和精神寄託的憑藉物。

〔註1〕　杜金鵬等：《醉鄉酒海──古代文物與酒文化》，成都：四川教育出版社，1998年7月第1版，第2頁。
〔註2〕　龍福元：《中國酒文化》，《零陵師專學報》1997年第2期。

　　飲酒在北朝時期成為一種社會風尚，除緣於以上共通的因素外，還具備自己獨特的形成原因。

一、地理環境與民族性格

　　北朝的統治區域，為中國北方廣大地區〔註3〕。而北方向以氣候寒冷、四季分明、溫差大為主要氣候特徵的。尤其是北方少數民族所居的北方塞外，更是以氣候苦寒所著稱。史籍中對北方的這種酷寒氣候常有記載體現，《史記》卷一一○《匈奴列傳》：「是時，漢初定中國，徙韓王信於代，都馬邑。匈奴大攻圍馬邑，韓王信降匈奴。匈奴得信，因引兵南逾句注，攻太原，至晉陽下。高帝自將兵往擊之。會冬大寒雨雪，卒之墮指者十二三，於是冒頓佯敗走，誘漢兵」。《魏書》卷一○三《蠕蠕傳》：「大檀率眾南徙犯塞，太宗親討之，大檀懼而遁走。遣山陽侯奚斤等追之，遇寒雪，士眾凍死墮指者十二三」。《北史》卷三六《薛辯傳附薛濬傳》：「歸葬夏陽。時隆冬極寒，濬衰絰徒跣，冒犯霜雪，自京及鄉，五百餘里，足凍墮指，創血流離，朝野為之傷痛」。《北史》卷七三《虞慶則傳》：「（開皇）二年，突厥入寇，慶則為元帥討之。部分失所，士卒多寒凍，墮指者千餘人」。惡劣的氣候給軍隊出征作戰帶來了極大不便，因寒凍而競致墮指乃常見現象，這種寒冷程度在今天是難以想像的。

　　而在酒的諸多功用中，禦寒是不可忽視的一項功能。《本草綱目》云酒可以「行藥勢、殺百邪、惡毒氣、通血脈、厚腸胃、潤皮膚、散濕氣、消憂發怒、宣言暢意、養脾氣、扶肝除風下氣，解馬肉、桐油、毒丹石，發動諸病，熱飲之甚良」〔註4〕。《本草備要》云：「少飲則和血運氣，壯神禦寒，遣興消

〔註3〕　中國大百科全書總編輯委員會《中國歷史》編輯委員會，中國大百科全書出版社編輯部：《中國大百科全書・中國歷史1》，北京：中國大百科全書出版社，1992年4月第1版，1998年6月第3次印刷，第26頁：北朝時期，統治時間最長、疆域最廣的是北魏，其全盛時（太和二十一年，497），西至焉耆，東到海，北界六鎮與柔然接壤，南臨淮、沔與南齊為鄰。東、西魏時期，其南、北疆界稍有內縮，除西魏之建、泰、義、南汾四州在河東外，大抵以黃河為界劃分東、西魏。齊、周時期，北朝的疆界有擴展：北齊南並淮水流域，瀕長江與陳對峙；北周佔有梁、益，控制江陵，長江上游、漢水流域全歸周有。周武帝建德六年（577）滅北齊，疆域之大，超過北魏。武帝去世，宣、靜相繼，大權旁落，楊堅專政，五年即建隋代周，再八年渡江滅陳，統一了全國。

〔註4〕　〔明〕李時珍：《本草綱目》//《景印文淵閣四庫全書》，臺北：臺灣商務印書館，1983年，子部七九，醫家類，卷二十五《穀四・造釀類》，第773～500頁。

愁，辟邪逐穢，暖水髒，行藥勢」。〔註5〕「酒性溫而味辛，溫者能祛寒、疏
導，所以酒能疏通經脈、行氣和血、蠲痺散結、溫陽祛寒，能疏肝解鬱、宣
情暢意；又酒爲穀物釀造之精華，故還能補益腸胃。此外，酒能殺蟲驅邪、
辟惡逐穢。」〔註6〕現代科學亦認爲，在寒冷情況下，飲酒是能使人感到身上
熱乎乎的。因爲酒精進入人體後，可使心跳加快，血壓升高，皮膚毛細血管
擴張，從而加速血液循環。這樣就把體內的熱量帶到皮膚表面，使人感到熱
乎乎的，這就是所謂的酒能禦寒。雖然這只是使人暫時消除了冷的感覺，並
不是眞正的禦寒。而且由於皮膚毛細血管擴張和血流量增加，通過皮膚散失
的熱量也大大增加，非但不能保溫，反而會使體溫下降。但酒畢竟能使人達
到快速的短期禦寒的目的。因此在酒的諸多功能中，其禦寒功能決定了酒更
易爲北方人民所接受喜愛。無論是軍旅征戍，還是寒地游牧，酒無疑都是人
們較好的禦寒物品之一。

　　飲酒風尙之形成還和民族性格有一定關係。而民族性格的形成在一定程
度上又是和地理環境聯繫在一起的。「自古燕趙多慷慨悲歌之士」，古人即已
有此公論。西方「史學之父」希羅多德曾有「溫和的土地產生溫和的人物」
〔註7〕的名言。欲「究天人之際，通古今之變」的司馬遷，也曾對這個問題
進行過可貴的探索。〔註8〕近代西方地理學派的代表人物孟德斯鳩，更進一
步把地理環境因素對人們氣質性格的影響從理論上加以總結和系統化，認爲
地理環境決定人們的氣質性格，而人們的氣質性格又決定他們採用何種政治
法律制度。寒冷的氣候使人坦率誠實，精力充沛，勇敢而有信心。生活在炎
熱氣候中的人們則頹唐懶惰，膽怯無力，完全被動。他還認爲土地的肥瘠情
況也影響到民族性格和政治制度，土地肥沃使人養成一種依賴性，貪生怕
死，易屈服於強者而不那麼渴望自由；土地磽薄則使人勤勉持重，堅忍耐勞，
勇敢善戰。〔註9〕

　　地理環境與民族性格的形成確有著密不可分的聯繫。中國北方與南方由

〔註5〕　〔清〕汪昂：《本草備要》，北京：中國中醫藥出版社，1998年6月版，穀菜
　　　　部，第213頁。
〔註6〕　周路紅：《淺談中國的酒文化》，《山西高等學校社會科學學報》2005年9月第
　　　　17卷第9期。
〔註7〕　〔希臘〕希羅多德：《歷史》，北京：商務印書館1959年版，第844頁。
〔註8〕　《史記》卷一二九《貨殖列傳》。
〔註9〕　〔法〕孟德斯鳩：《論法的精神》，北京：商務印書館1961年版，第227～311
　　　　頁。

於地域所形成的性格差異已是不爭的事實，這種性格無論在歷史、民歌、現實中都有鮮明的印迹。雖然民族性格的成因是多元的，還受傳統文化、舊日習俗等諸多因素的影響，但地理環境無疑在其中起著重要的顯著的作用和影響。惡劣的自然環境，落後的生存方式，養成了北方游牧民族粗獷、豪放、剽悍的民族性格。樂府民歌中的《隴頭歌辭》形象地再現了北方民族在這種艱苦環境下的生活及精神風貌：

> 隴頭流水，流離山下。念吾一身，飄然曠野。
> 朝發欣城，暮宿隴頭。寒不能語，舌捲入喉。
> 隴頭流水，鳴聲幽咽。遙望秦川，心肝斷絕。〔註10〕

游牧生活，居無定所，爲了生存，他們不得不不斷地遷徙牧場，離故鄉和親人越來越遠，飽嘗孤獨寂寞相思之苦。當此之時，酒，無疑是最好的物質與精神的雙重良伴。

環境的艱苦造就了堅忍的性格，這種性格與生存環境又極易使北方人民和酒產生極大的親和力。他們不像中原漢族那樣有先進的文化與文明，有繁苛的禮法約束，有較多的理性。

他們粗獷、豪放、眞誠、坦率，敢愛敢恨，快意恩仇；他們可以率意任性而爲，較少顧忌與理性。封建禮法在他們身上較少束縛，人性能得到更大程度的釋放和發揮。而酒這種飲料恰恰是最好的激揚豪氣抒發意緒的工具，因此他們更容易和酒結爲密友，沉溺於醉鄉酒海中而無所顧忌。《晉書》卷一○三《劉曜載記》：

> 曜少而淫酒，末年尤甚。勒至，曜將戰，飲酒數斗，常乘赤馬無故踶頓，乃乘小馬。比出，復飲酒斗餘。至於西陽門，摭陣就平，勒將石堪因而乘之，師遂大潰。曜昏醉奔退，馬陷石渠，墜於冰上，被瘡十餘，通中者三，爲堪所執，送於勒所。

此例即頗爲典型地說明了民族性格與飲酒之關係。十六國時期，匈奴所建前趙政權，皇帝劉曜酗酒無度，竟視沙場如兒戲，醉飲出戰，被擒害命。因酒而害己誤國，確令人驚詫無語。前秦苻生與劉曜相類：

> 生雖在諒闇，遊飲自若，荒耽淫虐，殺戮無道，常彎弓露刃以見朝臣，錘鉗鋸鑿備置左右。又納董榮之言，誅其司空王墮以應日

〔註10〕〔宋〕郭茂倩：《樂府詩集》，北京：中華書局，1979 年 11 月第 1 版，第二冊，第二十五卷，第 371 頁。

蝕之災。饗群臣于太極前殿，飲酣樂奏，生親歌以和之。命其尚書
令辛牢典勸，既而怒曰：「何不強酒？猶有坐者！」引弓射牢而殺之。
於是百僚大懼，無不引滿昏醉，汙服失冠，蓬頭僵仆，生以爲樂。
　　……

　　生少兇暴嗜酒，健臨死，恐其不能保全家業，誡之曰：「酋帥、
大臣若不從汝命，可漸除之。」及即僞位，殘虐滋甚，耽湎於酒，
無復晝夜。群臣朔望朝謁，罕有見者，或至暮方出，臨朝輒怒，惟
行殺戮。動連月昏醉，文奏因之遂寢。……生臨死猶飲酒數斗，昏
醉無所知矣。〔註11〕

前秦厲王苻生力大無窮，兇悍好殺，繼位後更荒淫酒色，殘殺無辜。自醉不
足以快意，竟然殺大臣脅迫群臣狂飲爛醉。諸如此類事例，不能說與民族性
格毫無關聯。

二、奢華之風與統治者的揄揚提倡

　　飲酒之風的盛行還與上層社會的奢華之風有關。上流社會煽揚起奢華之
風，飲食是其中一個重要內容。上層社會盛行遊宴之風，宣武帝、靈太后等
都帶頭參加此類活動。「世宗每潛幸其所，肆飲終日，其寵如此」〔註12〕，「後
肅宗朝太后於西林園，宴文武侍臣，飲至日夕。」〔註13〕無酒不成席，無酒
不成宴乃中國之傳統。有宴必有酒，有酒方成宴。王公貴族，豪強富室，朝
朝宴飲，日日歌吹。遊宴既多，飲酒亦多。遊宴的盛行自然刺激和促進了飲
酒之風的蔓延。

　　飲酒風尚的形成還與統治者的揄揚垂範有關。酒作爲一種特殊的食品
和飲料，統治者和社會的上層人士是有著優先的享用權的，也就是說上層
社會和酒更容易發生密切的關係。整個魏晉南北朝在歷史上也是酒風盛行
的時期，尤其魏晉士人的狂放縱酒世所知名。降及南北朝，飲酒之風雖不
如魏晉之盛，但前代遺風之影響當不可小視。南北朝時期的帝王不僅多有
好酒者，更有對飲酒之風進行推波獎掖者，《北齊書》卷二一《高乾附高季
式傳》：

〔註11〕　《晉書》卷一一二《苻生載記》。
〔註12〕　《魏書》卷二一《獻文六王上・北海王詳傳》。
〔註13〕　《魏書》卷一三《皇后・宣武靈皇后胡氏傳》。

（高）季式豪率好酒，又恃舉家勳功，不拘檢節。與光州刺
史李元忠生平遊款，在濟州夜飲，憶元忠，開城門，令左右乘驛持
一壺酒往光州勸元忠。朝廷知而容之。兄慎叛後，少時解職。黃門
郎司馬消難，左僕射子如之子，又是高祖之壻，勢盛當時。因退食
暇，尋季式與之酣飲。留宿旦日，重門並閉，關籥不通。消難固請
云：「我是黃門郎，天子侍臣，豈不有參朝之理？且已一宿不歸，
家君必當大怪。今若又留我狂飲，我得罪無辭，恐君亦不免譴責。」
季式曰：「君自稱黃門郎，又言畏家君怪，欲以地勢脅我邪？高季
式死自有處，初不畏此。」消難拜謝請出，終不見許。酒至，不肯
飲。季式云：「我留君盡興，君是何人，不爲我痛飲。」命左右索
車輪括消難頸，又索一輪自括頸，仍命酒引滿相勸。消難不得已，
欣笑而從之，方乃俱脫車輪，更留一宿。是時失消難兩宿，莫知所
在，內外驚異。及消難出，方具言之。世宗在京輔政，白魏帝賜消
難美酒數石，珍羞十輿，並令朝士與季式親狎者，就季式宅讌集。
其被優遇如此。

黃門郎司馬消難被高季式強留飲酒連日，家人朝廷皆不知所蹤。及其出，魏
帝不但不罪，反賜美酒，並令朝臣往高季式宅集宴。《北史》卷三八《裴佗傳
附皇甫亮傳》：

亮三日不上省，文宣親詰其故。亮曰：「一日雨，一日醉，一
日病酒。」文宣以其恕實，優容之，杖脛三十而已。

皇甫亮考勤連續三天缺席，高洋查問，卻原來有兩天是因爲酗酒，高洋竟因
此而寬容了他。南朝亦有相類事例，《梁書》卷四一《蕭介傳》：

初，高祖招延後進二十餘人，置酒賦詩，臧盾以詩不成，罰酒
一斗，盾飲盡，顏色不變，言笑自若；介染翰便成，文無加點。高
祖兩美之曰：「臧盾之飲，蕭介之文，即席之美也。」〔註14〕

宮廷筵席，詩助酒興。臧盾不擅此道，本將當席受窘，卻峰回路轉，罰酒顯
能。由此竟受到梁武帝的嘉獎和美譽，取得和才高飽學之士同等的地位和待
遇。作爲最高統治者這種對飲酒的獎掖優容態度，無疑會對社會上的飲酒之
風起更進一步的促進和煽揚作用。

「總之，這時期酗酒的能手大都是上流社會的成員，唯其如此，酗酒才

〔註14〕《梁書》卷四一《蕭介傳》。

被人們當成富貴的標誌，一種體面的行爲；酗酒被當成一種壯舉，一種風神氣質，於是一些人紛紛使酒任性，以此作爲自己的包裝；酗酒被認爲是一種能力和本事，善於狂飲濫醉的人，可以驟然名聲大噪，令人羨慕，受人尊敬，在酗酒上創一次紀錄，或表現出特殊的乖張放蕩，就如同給社會作出了傑出貢獻，可以受到褒揚、優待，犯了錯誤也可以得到寬容。有了這種輿論作道義的支持，酒徒們便可心安理得的醉下去。」〔註15〕此段話雖有偏激之詞，但也從一個側面反映了那個時代飲酒盛行的原因。

三、製酒行業技術發達

　　飲酒風氣的盛行還與製酒行業、技術的發展有關。

　　中國釀酒的歷史源遠流長。從歷史之悠久、技術之獨特、生產之發達三方面說，都居於世界前列。「中國早在商代時，已經普遍用穀物來釀酒了。甲骨文、金文中保存很多商人用酒祭祀祖先的記載，商代人飲酒之風已很盛行。在近代的考古發掘中，也曾發現過商代釀酒遺址。秦漢以後，中國釀酒技術的發展非常迅速。」〔註16〕

　　釀酒經兩漢魏晉，到南北朝時期，技術上更有了長足的進步。北魏賈思勰《齊民要術》是保存至今的最早最完整的一部農業科學專著，該書成書約於公元533～544年間。它詳盡記載了當時農業種植的方法和農產品加工的技術。共十卷九十二篇，其中卷七「造神麴並酒第六十四」、「白醪麴第六十五」、「笨麴並酒第六十六」、「法酒第六十七」〔註17〕諸篇爲專門記述製曲釀酒之方法，保存了古代大量釀酒技術資料。「是世界上最早的釀酒工藝學。書中記錄的我國古代勞動人民所應用的極其先進的製曲發酵技術，又使這部著作在微生物發展史上，具有承前啓後的作用，對後代產生巨大影響」，〔註18〕「像這樣詳細記述釀酒法的古文字，是全世界所沒有的，因此受到研究化學工藝史的人的重視，曾被黃子卿和趙雲從譯成英文發表。它成了世界工藝史裏的

〔註15〕劉愛文：《論魏晉南北朝大地主集團的休閒娛樂消費》，《邵陽學院學報》（社會科學版）2005年2月第4卷第1期。
〔註16〕周路紅：《淺談中國的酒文化》，《山西高等學校社會科學學報》2005年9月第17卷第9期。
〔註17〕繆啓愉，繆桂龍：《齊民要術譯注》，上海：上海古籍出版社，2006年12月版，第474～529頁。
〔註18〕張鵬志：《中華酒文化》，北京：首都師範大學出版社，1994年版，第27頁。

重要參考資料。」〔註 19〕《齊民要術》中所記載的釀酒技術，成為我國釀酒
史上極可寶貴的資料。

　　釀酒技術的進步，是市場需求與發展的結果，同時又自然會促進和帶來
了酒類生產與貿易的發展。酈道元《水經注》卷四《河水四》章「又南過蒲
阪縣西」下記載：

> 民有姓劉名墮者，宿擅工釀，採挹河流，醞成芳酎，懸食同枯
> 枝之年，排於桑落之辰，故酒得其名矣。然香醑之色，清白若滫漿
> 焉，別調氛氳，不與他同，蘭薰麝越，自成馨逸，方土之貢選，最
> 佳酌矣。自王公庶友牽拂相招者，每云索郎有顧，思同旅語，索郎，
> 反語為桑落也。〔註20〕

這裡說「索郎」相切為「桑」，「郎索」相切為「落」，這二字就是「桑落酒」
的隱語，而「桑落酒」即由劉墮釀於桑落時而得名。《齊民要術》卷七中所載
有「白墮麴方餅法」，即是「白墮酒」的仿製酒，源於劉白墮始釀而得名。對
於劉白墮以釀酒知名事，《洛陽伽藍記》卷四《城西・法雲寺》條亦有記載：

> 市西有延酤、治觴二里，里內之人多醞酒為業。河東人劉白墮
> 善能釀酒。季夏六月，時暑赫晞，以罌貯酒，暴於日中，經一旬，
> 其酒味不動。飲之香美，醉而經月不醒。京師朝貴多出郡登藩，遠
> 相餉饋，喻於千里。以其遠至，號曰鶴觴，亦名騎驢酒。永熙年中
> 南青州刺史毛鴻賓齎酒之藩，路逢賊盜，飲之即醉，皆被擒獲，因
> 此復名擒奸酒。游俠語曰：「不畏張弓拔刀，唯畏白墮春醪。」

在北魏時期的洛陽，酒類的生產與營銷被集中到市場西側，在市西有延酤、
治觴二里，里內之人多以釀酒為業。此段記載反映了當時釀酒業的興盛及製
酒水平的高超，已形成和產生了為消費者所喜愛的名牌酒品。

第二節　社會各階層飲酒表現

　　酒從遠古時代就進入了人們的生活。我國酒文化的發展有著源遠流長的
歷史。我國第一部詩歌總集《詩經》，其中就多有篇目寫到酒。如在《國風》

〔註 19〕袁翰青：《釀酒在我國的起源和發展》，載中國食品出版社編：《中國酒文化和
　　　　中國名酒》，北京：中國食品出版社，1989 年 8 月版，第 52 頁。
〔註 20〕王國維：《水經注校》，上海：上海人民出版社，1984 年 5 月版，卷四《河水
　　　　四》，第 113～114 頁。

中，就有 11 篇寫到酒，在《雅》和《頌》中有 49 篇〔註21〕。這些都說明了至少早在西周時期始，酒就已經與人類發生了密切的關係，普遍地進入了人們的生活，成為人們社會生活的重要部分。甚至成為統治階級上層社會郊廟祭祀、日常禮儀的一部分。

學界對酒文化的研究已積累和取得了豐碩喜人的成果。然歷來研究中國酒文化者，多從酒與文人的關係論酒。這一方面固然是因為酒與文人的創作、思想等確實有密切關係並產生顯著影響，另一方面也與研究者本身的文人身份有關，本身屬知識階層，故論酒易從知識階層下筆。事實上，酒不僅僅和文人，和社會各層次都有過密切的關係，且深深影響著人們的生活。北朝飲酒風尚的形成，其所涉及的社會階層是廣泛的，表現也是多方面的。

一、飲酒群體分析

在典籍記載和人們的印象中，魏晉時期以酒知名。文人名士，狂怪異行，佯狂避世，飲酒無度。北朝既乏文人，飲酒之風似乎弱於魏晉。但如從飲酒群體的廣度和數量上說，北朝飲酒之風當超過魏晉。而且見諸史籍，亦屢有記載，茲列一表，附之於下。

表 6.1 北朝社會群體飲酒統計表

姓 名	事 述	文 獻 來 源
元纂	纂好酒愛佞，政以賄成。	《魏書》卷一五《昭成子孫・秦王翰傳附子元纂傳》
元遵	遵好酒。天賜四年，坐醉亂失禮於太原公主，賜死，葬以庶人禮。	《魏書》卷一五《昭成子孫・常山王遵傳》
元俊	俊好酒色，多越法度。	《魏書》卷一七《明元六王・新興王俊傳》
元嘉	嘉好飲酒，或沉醉。在世宗前言笑自得，無所顧忌。	《魏書》卷一八《廣陽王建傳附元嘉傳》
元修義	性好酒，每飲連日，遂遇風疾，神明昏喪，雖至長安，竟無部分之益。	《魏書》卷一九《景穆十二王・汝陰王天賜傳附元修義傳》
元澄	於時高肇當朝，猜忌賢戚。澄為肇間構，常恐不全，乃終日昏飲，以示荒敗。	《魏書》卷一九中《景穆十二王中・任城王雲傳附元澄傳》

〔註21〕 王永紅：《解讀飲酒避世的魏晉風度》，《重慶社會工作職業學院學報》2006 年 3 月第六卷第 1 期（總第 20 期）。

元順	好飲酒，解鼓琴，能長吟永歎，吒詠盧室。	《魏書》卷一九《景穆十二王中・任城王雲傳附元順傳》
元簡	簡性好酒，不能理公私之事。	《魏書》卷二〇《文成五王・齊郡王簡傳》
元詳	詳常別住華林園之西隅，與都亭、宮館密邇相接，亦通後門。世宗每潛幸其所，肆飲終日，其寵如此。	《魏書》卷二一上《獻文六王上・北海王詳傳》
李子預	又加之好酒損志，及疾篤，謂妻子曰：「服玉屏居山林，排棄嗜欲，或當大有神力，而吾酒色不絕，自致於死，非藥過也。然吾屍體必當有異，勿便速殯，令後人知餐服之妙。」	《魏書》卷三三《李先傳附李子預傳》
李肅	肅爲性酒狂，熙平初，從靈太后幸江陽王繼第，肅時侍飲，頗醉，言辭不遜，抗辱太傅、清河王懌，爲有司彈劾。	《魏書》卷三六《李順附李肅傳》
陸昶	昶無他才能，唯飲酒爲事。	《魏書》卷四〇《陸俟傳附陸昶傳》
房法壽	性好酒，愛施，親舊賓客率同饑飽，坎廩常不豐足。	《魏書》卷四三《房法壽傳》
盧元緝	凶率好酒，曾於婦氏飲宴，小有不平，手刃其客。	《魏書》卷四七《盧玄傳附元緝傳》
皮喜	詔讓其在州寬怠，以飲酒廢事，威不禁下，遣使者就州決以杖罰。	《魏書》卷五一《皮豹子傳附皮喜傳》
胡叟	叟不治產業，常苦饑貧，然不以爲恥。……作布囊，容三四斗，飲啖醉飽。便盛餘肉餅以付螟蛉。見車馬榮華者，視之蔑如也。……春秋當祭之前，則先求旨酒美膳，將其所知廣寧常順陽、馮翊田文宗、上谷侯法俊，攜壺執榼，至郭外空靜處，設坐奠拜，盡孝思之敬。時敦煌氾潛，家善釀酒，每節，送一壺與叟。	《魏書》卷五二《胡叟傳》
李倘	瑒叔倘有大志，好飲酒，篤於親知。	《魏書》卷五三《李孝伯傳附李倘傳》
鄭平城	胤伯弟平城，……性清狂使酒，爲政貪殘。	《魏書》卷五六《鄭羲傳附平城傳》
甄楷	世宗崩，未葬，楷與河南尹丞張普惠等飲戲，免官。	《魏書》卷六八《甄琛附甄楷傳》
崔長謙	晚頗以酒爲損。	《魏書》卷六九《崔休傳附長謙傳》
劉藻	藻涉獵群籍，美談笑，善與人交，飲酒至一石不亂。	《魏書》卷七〇《劉藻傳》

劉紹珍	子紹珍，無他才用，善附會，好飲酒。	《魏書》卷七〇《劉藻傳附子紹珍傳》
傅敬和	長子敬和，敬和弟敬仲，並好酒薄行，傾側勢家。	《魏書》卷七〇《傅豎眼傳附子敬和傳》
夏侯夬	夬性好酒，居喪不戚，醇醪肥鮮，不離于口。沽買飲啖，多所費用。父時田園，貨賣略盡，人間債猶數千餘匹，穀食至常不足，弟妹不免飢寒。	《魏書》卷七一《夏侯道遷傳附夏侯夬傳》
李會	會頑呆好酒，其妻，南陽太守清河房伯玉女也，甚有姿色，會不答之。房乃通於其弟機，因會飲醉，殺之。	《魏書》卷七一《李元護傳附子會傳》
張普惠	坐與甄楷等飲酒遊從，免官。	《魏書》卷七八《張普惠傳》
常景	好飲酒，澹於榮利，自得懷抱，不事權門。	《魏書》卷八二《常景傳》
平恒子	恒三子，並不率父業，好酒自棄。	《魏書》卷八四《平恒傳》
裴伯茂	伯茂好飲酒，頗涉疏傲，久不徙官。……伯茂末年劇飲不已	《魏書》卷八五《裴伯茂傳》
長孫慮母	長孫慮，代人也。母因飲酒，其父真河叱之，誤以杖擊，便即致死。	《魏書》卷八六《長孫慮傳》
睦誇	誇少有大度，不拘小節，耽志書傳，未曾以世務經心。好飲酒，浩然物表。	《魏書》卷九〇《睦誇傳》
趙修	修能劇飲，至於逼觀觴爵，雖北海王詳、廣陽王嘉等皆亦不免，必致困亂。	《魏書》卷九三《恩倖‧趙修傳》
苻生	朝饗群臣，酣飲奏樂，生親歌以和之。命其尚書令辛牢行酒，既而生怒曰：「何不強酒。猶有坐者！」引弓射牢而殺之。於是百僚大懼，無不引滿，污服失冠，生以為樂。	《魏書》卷九五《臨渭氐苻健傳附苻生傳》
馮跋	跋飲酒至一石不亂。	《魏書》卷九七《海夷馮跋傳》
神武帝高歡	少能劇飲，自當大任，不過三爵。	《北齊書》卷二《帝紀第二‧神武下》
顯祖文宣帝高洋	沈酗既久，彌以狂惑，至於末年，每言見諸鬼物，亦云聞異音聲。……暨於末年，不能進食，唯數飲酒，麴蘗成災，因而致斃。	《北齊書》卷四《文宣帝紀》
世祖武成帝高湛	帝謂左右曰：「崔暹諫我飲酒過多，然我飲何所妨？」常山王私謂暹曰：「至尊或多醉，太后尚不能致言，吾兄弟杜口，僕射獨能犯顏，內外深相感愧。」十年，暹以疾卒，帝撫靈而哭。贈開府。	《北齊書》卷三〇《崔暹傳》

	帝先患氣，因飲輒大發動，士開每諫不從。屬帝氣疾發，又欲飲，士開淚下歔欷不能言。帝曰：「卿此是不言之諫。」因不復飲。	《北齊書》卷五〇《恩倖・和士開傳》
高紹廉	能飲酒，一舉數升，終以此薨。	《北齊書》卷一二《文宣四王・隴西王紹廉傳》
伏護	伏護，字臣援，粗有刀筆。天統初，累遷黃門侍郎。伏護歷事數朝，恒參機要，而性嗜酒，每多醉失，末路逾劇，乃至連日不食，專事酣酒，神識恍惚，遂以卒。	《北齊書》卷一四《長樂太守靈山傳附伏護傳》
婁昭	昭好酒，晚得偏風，雖愈，猶不能處劇務。	《北齊書》卷一五《婁昭傳》
韓晉明	好酒誕縱，招引賓客，一席之費，動至萬錢，猶恨儉率。朝庭處之貴要之地，必以疾辭。告人云：「廢人飲美酒、對名勝，安能作刀筆吏返披故紙乎？」	《北齊書》卷一五《韓軌傳附子晉明傳》
薛孤延	性好酒，率多昏醉。	《北齊書》卷一九《薛孤延傳》
任胄	胄飲酒遊縱，不勤防守，高祖責之。	《北齊書》卷一九《任延敬傳附子胄傳》
季式	季式豪率好酒。	《北齊書》卷二一《季式傳》
李元忠	元忠雖居要任，初不以物務干懷，唯以聲酒自娛，大率常醉，家事大小，了不關心。園庭之內羅種果藥，親朋尋詣，必留連宴賞。每挾彈攜壺，遨遊里閈，遇會飲酌，蕭然自得。	《北齊書》卷二二《李元忠傳》
盧懷道	恭道弟懷道，性輕率好酒，頗有慕尚。	《北齊書》卷二二《盧文偉傳附子懷道傳》
孫搴	司馬子如與高季式召搴飲酒，醉甚而卒，時年五十二。	《北齊書》卷二四《孫搴傳》
杜弼	十年夏，上因飲酒，積其愆失，遂遣就州斬之，時年六十九。	《北齊書》卷二四《杜弼傳》
祖茂	孝隱從父弟茂，頗有辭情，然好酒性率，不為時重。	《北齊書》卷三九《祖珽傳》
顏之推	好飲酒，多任縱，不修邊幅，時論以此少之。	《北齊書》卷四五《顏之推傳》
任胄	任胄為好酒不憂公事，高祖責之，胄懼，謀為逆。	《北齊書》卷四八《鄭仲禮傳》
北周太后	帝謂之曰：「太后春秋既尊，頗好飲酒。不親朝謁，或廢引進。喜怒之間，時有乖爽。比雖犯顏屢諫，未蒙垂納。兄今既朝拜，願更啓請。」	《周書》卷一一《晉蕩公護傳》
柳慶	慶幼聰敏，有器量。博涉群書，不治章句。好飲酒，閒於占對。	《周書》卷二二《柳慶傳》

崔仲文	嘗被敕召，宿醒未解，文宣怒，將罰之，試使爲觀射詩十韻，操筆立成，乃原之。	《北史》卷二四《崔逞傳附崔仲文傳》
周宣帝	帝既酖飲過度，嘗中飲，有下士楊文祐白宮伯長孫覽，求歌曰：「朝亦醉，暮亦醉，日日恒常醉，政事日無次」。鄭譯奏之，帝怒，命賜杖二百四十而致死。後更令中士皇甫猛歌，猛歌又諷諫。鄭譯又以奏之，又賜猛杖一百二十。	《隋書》卷二五《刑法志》

當然，有飲酒愛好且能寫入典籍者，已絕不僅僅是一般的喝酒，而是幾乎達到了「嗜酒」的程度。從表中可以見出，酖酒無度，傷身殞命者有之；因酒廢事，貽誤政事者有之；以酒量見稱者有之；婦女飲酒者亦有之。表中所輯飲酒資料，僅可見北朝飲酒風尚之一斑。以下對北朝飲酒風尚作進一步的分析梳理：

（一）皇帝飲酒

北朝諸帝之中，以北魏宣武帝元恪、北齊顯祖文宣帝高洋、世祖武成帝高湛、北周宣帝沉溺酖酒最爲顯著。宣武帝熱衷遊宴前曾述及，崔光曾兩次表諫世宗宣武帝，「簡費山池，減撤聲飲，晝存政道，夜以安身」、「節夜飲之忻，強朝御之膳，養方富之年，保金玉之性」〔註22〕，可見宣武帝當時夜飲之頻。武成帝高湛、北周宣帝飲酒事蹟已見表中，此不贅述。北齊高洋酖酒尤甚，《北史》卷七《文宣帝紀》：

> 沈酖既久，彌以狂惑，每至將醉，輒拔劍挂手，或張弓傅矢，或執持牟槊。遊行市鄽，問婦人曰：「天子何如？」答曰：「顛顛癡癡，何成天子。」帝乃殺之。或馳騁衢路，散擲錢物，恣人拾取，爭競諠譁，方以爲喜。

> 太后嘗在北宮，坐一小榻，帝時已醉，手自舉牀，后便墜落，頗有傷損。醒悟之後，大懷慚恨，遂令多聚柴火，將入其中。太后驚懼，親自持挽。又設地席，令平秦王高歸彥執杖，口自責疏，脫背就罰。敕歸彥：「杖不出血，當即斬汝。」太后涕泣，前自抱之，帝流涕苦請，不肯受於太后。太后聽許，方捨背杖，笞腳五十，莫不至到。衣冠拜謝，悲不自勝，因此戒酒。一旬，還復如初。

> 自是耽湎轉劇。遂幸李后家，以鳴鏑射后母崔，正中其頰，因

〔註22〕《魏書》卷六七《崔光傳》。

罵曰：「吾醉時尚不識太后，老婢何事！」馬鞭亂打一百有餘。三臺構木高二十七丈，兩棟相距二百餘尺，工匠危怵，皆繫繩自防；帝登脊疾走，都無怖畏。時復雅舞，折旋中節，傍人見者，莫不寒心。又召死囚，以席爲翅，從臺飛下，免其罪戮，果敢不慮者，盡皆獲全；疑怯猶豫者，或致損跌。

　　沈酗即久，轉虧本性。怒大司農穆子容，使之脫衣而伏，親射之，不中，以橛貫其下竅，入腸。雖以楊愔爲宰輔，使進廁籌。以其體肥，呼爲楊大肚，馬鞭鞭其背，流血浹袍。以刀子剺其腹，崔季舒託俳言曰：「老小公子惡戲？」因掣刀子而去之。又置愔於棺中，載以輀車，幾下釘者數四。曾至彭城王浟宅，謂其母尒朱曰：「憶汝辱我母壻時，向何由可耐。」手自刃殺。又至故僕射崔暹第，謂暹妻李曰：「頗憶暹不？」李曰：「結髮義深，實懷追憶。」帝曰：「若憶時，自往看也。」親自斬之，棄頭牆外。嘗在晉陽，以稍戲刺都督尉子耀，應手而死。在三臺太光殿上，鋸殺都督穆嵩。又幸開府暴顯家，有都督韓哲無罪，忽衆中召，斬之數段。〔註23〕

高洋在即位前曾是深沉果敢富於謀略的青年，即位後卻沉溺醉鄉，多行暴虐之事。成爲中國歷史上有名的暴君之一。〔註24〕

　　皇帝本人喜酒愛酒，自然還常以酒賞賜臣下。孝文帝遷都時，「葰以代尹留鎮。除懷朔鎮都大將，因別賜葰酒」，〔註25〕元葰因留下鎮守，得到皇帝特別賜酒。孝文帝還曾於清徽後園宴飲百官，「舉觴賜祚及崔光曰：『郭祚憂勞庶事，獨不欺我；崔光溫良博物，朝之儒秀。不勸此兩人，當勸誰也？』」

〔註23〕　《北史》卷七《齊本紀中第七・顯祖文宣帝紀》。

〔註24〕　王仁湘：《飲食與中國文化》，北京：人民出版社，1994年8月第1版，第190～193頁認爲：紂王剛即位時也是一個很有作爲的帝王。紂王應當是飲酒過多而導致酒精中毒，神經錯亂，身不由己。而且由於紂王所用酒器爲青銅酒器，其中含鉛量大。現代科學證實，長期飲用高量含鉛的酒，會帶來災難性的結果，必然會引起鉛中毒。鉛對人體各部位的組織均有危害，尤其對神經、造血系統和血管組織危害最大。紂王長期使用含鉛量高的青銅器飲酒，攝入體內的鉛大大超出正常值，可以推測他大概患了鉛中毒症，從他典型的譫妄症可以看出這一點。譫妄症人神志恍惚，對時間、地點及周圍的事物失去辨認能力，以至出現幻覺、錯覺、胡言亂語等。筆者據此以爲，高洋即位前後判若兩人，想必也是深度酒精中毒，罹患譫妄症所致。

〔註25〕　《魏書》卷一四《神元平文諸帝子孫・高涼王元孤傳附子元葰傳》。

〔註 26〕北齊神武帝高歡也曾宴饗朝士，「舉觴屬遊道曰：『飲高歡手中酒者大丈夫，卿之爲人，合飲此酒』。」〔註 27〕酒成爲皇帝賞賜功臣表示禮遇的最高獎賞和最佳形式。

（二）官僚平民飲酒

皇帝以下，各層官僚，直至普通民眾，亦多有好酒者。試分析梳理出以下特徵：

1、飲酒群體廣泛普遍。從宗室貴族至普通平民，飲酒涉及階層廣泛、人數眾多。於表中可見，宗室貴族首當其衝，宗室諸王如常山王元遵、新興王元俊、廣陽王元嘉、任城王元澄、齊郡王元簡、北海王元詳等皆擅飲好飲，宗室子弟亦必受其影響。其他百官士族如表中所計好酒者亦眾，能進入載籍者自然多爲社會上層人士。然畢竟人民是社會的主體，占社會人口的絕大比例。從典籍的零星記載中，窺斑知豹，仍可推知飲酒在民間之流行情況。

酒作爲一種特殊的「飲料」，爲勞動人民所生產，上層社會固然有優先享用的特權與條件。下層平民與酒亦可有密切關係，甚至成爲他們的日常生活用品之一。《魏書》卷五二《胡叟傳》：

> 叟不治產業，常苦飢貧，然不以爲恥。……作布囊，容三四斗，飲噉醉飽。便盛餘肉餅以付螟蛉。見車馬榮華者，視之蔑如也。……春秋當祭之前，則先求旨酒美膳，將其所知廣寧常順陽、馮翊田文宗、上谷侯法儁，攜壺執榼，至郭外空靜處，設坐奠拜，盡孝思之敬。時敦煌氾潛，家善釀酒，每節，送一壺與叟。

此胡叟爲沒落之士族，因不治產業而常苦饑貧。然雖困窘如此，仍不可無酒，酒大概成了他生活的重要內容和精神依託。由此亦說明了飲酒在一定程度上是不受社會階層及物質條件所限的。

婦女飲酒是北朝社會一個值得注意和饒有趣味的現象。長孫慮之母「因飲酒，其父真河叱之，誤以杖擊，便即致死」。〔註 28〕另《周書》卷一一《晉蕩公護傳》：

> 至是護將入，帝謂之曰：「太后春秋既尊，頗好飲酒，不親朝謁，或廢引進。喜怒之間，時有乖爽。比雖犯顏屢諫，未蒙垂納。

〔註 26〕《魏書》卷六四《郭祚傳》。
〔註 27〕《北齊書》卷四七《酷吏・宋遊道傳》。
〔註 28〕《魏書》卷八六《長孫慮傳》。

兄今既朝拜，願更啓請。」因出懷中《酒誥》以授護曰：「以此諫太
后。」護入，如帝所誡，讀示太后。〔註29〕

此記周武帝除宇文護事，與前例一樣，屬側面記錄反映，但其中所包含透露
的信息卻是寶貴而豐富的。一為平民，一為皇室，代表了不同的社會階層。
與中原漢族相比，北朝社會較少禮法束縛，婦女社會地位較高，在很多方面
她們享有和男子同等的權利，有時甚至凌駕於男子之上，男權社會所形成的
風氣對婦女自當有一定影響。受自然環境及社會環境影響，北方婦女已有尚
武之風，養成了豪放剛健、潑辣大膽的性格。在對待酒這一使人眼酣耳熱、
激發豪情的事物方面，她們自然要比中原漢族婦女更容易接受和樂於接受。

2、宴飲是日常生活及社會交往的重要內容。與北朝上層社會奢華生活
相應，宴飲是飲酒風尚得以形成的一個重要原因和表現。皇室貴族屢行遊
宴，世宗、靈太后等常幸王公第宅，「肆飲終日」，酒乃必需飲品。宗室貴族、
大小官僚、富商大賈在飲食上追新求異，朝朝宴飲，無酒不成歡，無酒不成
宴。酒還是日常生活中禮待賓客、社交場合的必備飲品。楊椿「來往賓寮，
必以酒肉飲食」。〔註30〕源懷「性不飲酒而喜以飲人，好接賓友，雅善音律」。
〔註31〕長孫澄「雅對賓客，接引忘疲。雖不飲酒，而好觀人酣興。常恐座客
請歸，每勒中廚別進異饌，留之止」。〔註32〕裴漢「性不飲酒，而雅好賓遊。
每良辰美景，必招引時彥，宴賞留連，間以篇什。當時人物，以此重之」。
〔註33〕在飲酒風氣的影響下，即便是不好酒、不擅飲者，因社交場合的需要，
對飲酒亦抱支持與欣賞態度，為留賓客而殷勤勸觴。至如李昶「自少及終，
不飲酒聽樂。時論以此稱焉」，〔註34〕則從反面表現出在當時風氣之下，不
飲酒者已如鳳毛麟角。

3、豪飲酗酒。歷來嗜酒者，多以飲量之大為傲為榮。縱情暢飲，久飲不
倒者，人皆欽羨拜服。從漢末以至魏晉南北朝時期，由於嗜酒之風的盛行，
出現了許多豪飲之士。一般多以一石為最，「石」又通「斛」，十升為一斗，

〔註29〕《周書》卷一一《晉蕩公護傳》。
〔註30〕《魏書》卷五八《楊播附楊椿傳》。
〔註31〕《魏書》卷四一《源賀傳附源懷傳》。
〔註32〕《周書》卷二六《長孫紹遠傳附長孫澄傳》。
〔註33〕《周書》卷三四《裴寬傳附弟裴漢傳》。
〔註34〕《周書》卷三八《李昶傳》。

十斗爲一石，或一斛。竹林七賢中的山濤能飲八斗〔註35〕，劉伶說自己「一飲一斛，五斗解酲。」〔註36〕北朝時期隨著飲酒之風的盛行，豪飲亦空前泛濫，不乏出類拔萃以酒量見稱者。劉藻「飲酒至一石不亂」，〔註37〕馮跋「飲酒至一石不亂」〔註38〕，高紹廉「能飲酒，一舉數升，終以此薨」。〔註39〕如此豪飲自然帶動和促進了社會的酒量消費。〔註40〕

久飲成癖，在飲酒群體中自然不乏沉溺醉鄉，難以自拔，不思自拔者。《魏

〔註35〕《晉書》卷四三《山濤傳》：「濤飲酒至八斗方醉，帝欲試之，乃以酒八斗飲濤，而密益其酒，濤極本量而止。」

〔註36〕《晉書》卷四九《劉伶傳》。

〔註37〕《魏書》卷七〇《劉藻傳》。

〔註38〕《魏書》卷九七《海夷馮跋傳》。

〔註39〕《北齊書》卷一二《文宣四王傳》。

〔註40〕關於古人的酒量，自然是後人直至現代人所感興趣的問題。這就涉及到古代的度量衡問題。古代中國，十合爲一升，十升爲一斗，十斗爲一斛，一鍾爲六斛四斗。宋以前一斛大概是現在四十斤左右。就是說古人的酒量最大者在四十斤左右。如此酒量放在現代，啤酒尚可理解，白酒就不可思議了。這就需要探討古代酒的度數或曰純度問題。章甫、池遠在《中國酒文化史話》中對古人的酒量進行了較爲細緻的論述與探討：「而按照漢代度量衡制度，一石等於一百二十斤。對於古人是否眞有這麼大酒量，前人曾進行考證。宋代沈括在《夢溪筆談》中，將漢代和宋代度量衡加以比較，認爲漢代的一石一百二十斤，折算爲宋秤，每石等於三十二斤。即使是三十二斤，也不是一個人能飲得下的，因此他對這些人有一石的酒量，提出了質疑。到清初的劉獻庭在《廣陽雜記》中記述了一個觀點，認爲古人飲酒，未必以重量來計算，而常常是用飲酒器具來計算的。淮河以南都用升來量酒，一升曰爵，二升曰瓢，那麼一爵就是一升，十爵是一斗，百爵爲一石。古時的酒器形制很多，同一種酒器大小也不一致，其容量也沒有嚴格的標準，即使按一爵一升的分量來算，飲灑一石，需要喝下一百升酒，也的確令人難以相信。從度量衡制度角度既然解不開，人們又試圖從古代的釀酒法和古代酒中的酒精含量，來解釋古人的酒量之謎。先秦至漢代，酒大致有兩類：一類是以重麴釀製的酒，酒釀成後，再加一定比例的水，甘酸中有辛辣昧，其酒精含量較高；另一種叫醴，就是酒液的原汁，味道較甜，供不能飲酒的人飲用。因爲釀酒過程中穀物原料發酵時，酒精成分一旦達到百分之十幾，酵母菌就會受到抑制而停止繁殖，發酵作用也就進行得很緩慢了。以這樣的工藝造出的酒，無論是經過壓榨，還是經過過濾，而得到的原酒度數都不高，酒精含量一般不會超過百分之十。這樣看來，飲用這樣淡薄的酒，且宴飲時間很長，飲七八斗乃至一石，也並非不可能。及至宋代，由於蒸餾酒的出現，酒精含量提高，就再也沒有動不動就飲酒一石的嗜酒者了」（章甫、池遠：《中國酒文化史話》，蔡尚思主編：《中華文化寶庫》（第二輯），合肥：黃山書社1997年8月，第52～53頁）宋代以前酒度數低，略相當於現在啤酒，加之宴飲時間長，所以飲至「一石」是可能的。如此豪飲確令人咋舌且令無數酒徒望塵莫及心嚮往之。

書》卷八五《文苑・裴伯茂傳》：

> 伯茂末年劇飲不已，乃至傷性，多有愆失。未亡前數日，忽云：
> 「吾得密信，將被收掩。」乃與婦乘車西逃避。後因顧指壁中，言
> 有官人追逐，其妻方知其病。卒後，殯於家園，友人常景、李渾、
> 王元景、盧元明、魏季景、李騫等十許人於墓傍置酒設祭，哀哭涕
> 泣，一飲一酹曰：「裴中書魂而有靈，知吾曹也。」乃各賦詩一篇。
> 李騫以魏收亦與之友，寄以示收。收時在晉陽，乃同其作，論敘伯
> 茂，其十字云：「臨風想玄度，對酒思公榮。」

裴伯茂好酒，末年尤甚，乃至神經失常。他死後，酒友十餘人於墓旁置酒設
祭。從這些酒徒酒友的表現看，飲酒乃是生活的主要內容甚至是人生惟一樂
事，一友先亡，痛失儔侶，懷想不已。

好酒酗酒，自然需有一定財力作後盾，遂有不惜傾家蕩產以供飲酒者。
《北史》卷四五《夏侯道遷傳附夏侯夬傳》：

> 夬性好酒，居喪不戚，醇醪肥鮮，不離於口，沽買飲啖，多所
> 費用，父時田園，貨賣略盡，人間債猶數千餘匹。穀食至常不足，
> 弟妹不免飢寒。

> 初，道遷知夬好酒，不欲傳授國封。夬未亡前，忽夢見征虜
> 將軍房世寶至其家廳事，與其父坐，屏人密言。夬心驚懼，謂人曰：
> 「世寶至，官少間必擊我也。」尋有人至，云「官呼郎」，隨召即
> 去，遣左右杖之二百，不勝楚痛，大叫。良久乃悟，流汗徹於寢具。
> 至明，前京城太守趙卓詣之，見其衣濕，謂夬曰：「卿昨夜當大飲，
> 溺衣如此。」夬乃具陳所夢。先是旬餘，秘書監鄭道昭暴病卒，夬
> 聞，謂卓曰：「人生何常，唯當縱飲。」於是昏酣遂甚。夢後，二
> 日不能言，針之乃得語，而猶虛劣，俄而心悶而死。洗浴者視其屍
> 體，大有杖處，青赤隱起，二百下許。贈鉅鹿太守。

> 初，夬與南人辛諶、庾遵、江文遙等終日遊聚。酣飲之際，恒
> 相謂曰：「人生局促，何殊朝露，坐上相看，先後間耳。脫有先亡者，
> 於良辰美景，靈前飲宴，儻或有知，庶共歆饗。」及夬亡後，三月
> 上巳，諸人相率至夬靈前，仍共酌飲。時日晚天陰，室中微闇，咸
> 見夬在坐，衣服形容，不異平昔，時執盃酒，似若獻酬，但無語耳。
> 夬家客雍僧明心有畏恐，披簾欲出，便即僵仆，狀若被毆。夬從兄

> 欣宗云：「今是節日，諸人憶弟疇昔之言，故來共飲。僧明何罪，而
> 被嗔責？」僧明便悟。

好酒竟至家產蕩盡，弟妹飢寒，最後終沉溺醉鄉不能自拔，神智昏亂以死。
夏侯夬之飲酒事蹟可說是此中典型事例，其亡後好友仍於靈前相約共飲亦表
現出當時飲酒風氣之盛。

　　4、因酒誤事。北朝諸政權爲北方少數民族武人所建，游牧民族又性格粗
率豪爽，飲酒往往不加節制，難以用理智約束。如表中所計以酒誤事、罷官、
害命者有之，尤其體現在軍隊裏，武人飲酒，影響至大。《魏書》卷一九上《景
穆十二王・濟陰王小新成傳》：「新成乃多爲毒酒，賊既漸逼，便棄營而去。
賊至，喜而競飲，聊無所備。遂簡輕騎，因醉縱擊，俘馘甚多」，《周書》卷
三四《裴寬傳》：「齊伊川郡守梁鮓，常在境首抄掠。太祖患之，命寬經略焉。
鮓行過妻家，椎牛宴飲，既醉之後，不復自防。寬密知之，遣兵往襲，遂斬
之。太祖嘉焉」，此兩例皆爲北魏時，以酒誘敵、因酒殲敵之故事。《北齊書》
卷一一《文襄六王・安德王延宗傳》：

> 時齊人既勝，入坊飲酒，盡醉臥，延宗不復能整。周武帝出城，
> 饑甚，欲爲遁逸計。齊王憲及柱國王誼諫，以爲去必不免。延宗叛將
> 段暢亦盛言城內空虛。周武帝乃駐馬，鳴角收兵，俄頃復振。詰旦，
> 還攻東門，剋之，又入南門。延宗戰，力屈，走至城北，於人家見禽。

此述北周與北齊的一場戰爭，北齊軍隊飲酒誤事，先勝後敗。武人好酒，本
屬常見，然於兩軍陣前仍不加節制，竟至影響戰鬥勝負。好酒之甚，於此見
矣。

二、禮儀用酒

　　酒量消費的另一途徑是禮儀用酒。「禮」是中國古代社會的一項重要內
容，酒產生後不久，很快就和「禮」發生了關係，被用於各種祭祀禮儀。到
西周時期，對飲酒禮儀的細節規定，就已經是相當嚴格和具體了。從天子、
諸侯到民間，各種祭祀禮儀都要使用酒。「漢代以前，酒主要用於祭祀和供貴
族們揮霍。到了漢代，由於釀酒技術的改進和釀酒業的迅猛發展，酒已經滲
透到社會生活的許多方面。」〔註41〕酒被更廣泛地用於各種禮儀祭祀。在各

〔註41〕沈道初等：《中國酒文化應用辭典》，南京：南京大學出版社，1994年9月，
　　　　第32頁。

種祭祀活動中，對後世影響較大、持續時間最長的爲鄉飲酒禮。

　　鄉飲酒禮始於周代，最初不過是鄉人的一種聚會方式，儒家在其中注入了尊賢養老的思想，使一鄉之人在宴飲歡聚之時受到教化。鄉飲酒禮在儒家經典《儀禮》中有詳細規定和記載，《鄉飲酒禮》爲《儀禮》之第四篇。鄉飲酒禮每三年舉行一次，一般由鄉大夫做主人，爲鄉學大比的「賢者」設宴餞行。鄉大夫平時亦可不定時的召集鄉內「賢者」聚會宴飲；一年內每逢春秋兩季召集鄉民習射，爾後聚會宴飲；在每年臘祭時召集鄉人開會宴飲。鄉飲酒禮禮節繁瑣，「在春秋以前還被推廣到其他的飲酒禮儀中，成爲中國『酒禮』的先導。」〔註 42〕秦漢以後，鄉飲酒禮長期爲歷代士大夫所遵用〔註 43〕。

　　將酒與禮聯繫在一起屬於中原漢族文化，北朝諸政權對漢族文化的接受自然要有一個學習和漸進的過程。北魏孝文帝是著名的漢化推行者，太和十一年（488）十月曾下詔：「鄉飲禮廢，則長幼之敘亂。孟冬十月，民閒歲隙，宜於此時導以德義。可下諸州，黨裏之內，推賢而長者，教其裏人，父慈、子孝、兄友、弟順、夫和、妻柔。不率長教者，具以名聞」，〔註 44〕試圖恢復鄉飲酒禮制度。靈太后時，大臣李崇亦曾上表：「道發明令，重遵鄉飲，敦進郡學，精課經業。如此，則元、凱可得之於上序，游、夏可致之於下國，豈不休歟！」靈太后覽表令曰：「省表，具悉體國之誠。配饗大禮，爲國之本，比以戎馬在郊，未遑修繕。今四表晏寧，年和歲稔，當敕有司別議經始」。〔註45〕可見北朝時期，由於戰爭等諸多原因，鄉飲酒禮處於時停時行狀態，統治者曾多次試圖加以恢復。

　　關於鄉飲酒禮之實例，《周書》卷二五《李賢傳》中有一條記載：「太祖之奉魏太子西巡也，至原州，遂幸賢第，讓齒而坐，行鄉飲酒禮焉。」此述周太祖文帝宇文泰奉魏太子西巡，駕幸李賢府第，行鄉飲酒禮。

　　總之，關於禮儀用酒資料既少，我們只能從史書的零星記載及歷史的延續性中加以推測揣度。

〔註 42〕韓勝寶：《華夏酒文化尋根》，上海：上海科學技術出版社，2003 年 2 月，第45 頁。

〔註 43〕鄉飲酒禮一直延續到清道光 23 年，清政府決定將各地鄉飲酒禮的費用撥充軍餉，才被下令廢止，前後沿襲約三千年之久，在中國歷史上產生過深遠的影響。

〔註 44〕《魏書》卷七下《高祖孝文帝紀》。

〔註 45〕《魏書》卷六六《李崇傳》。

三、偶有酒禁，難妨其風

　　文獻中有禁酒的明確記載，始見西周。商紂酒色亡國，殷鑒不遠，總結殷商滅亡之教訓，故製《酒誥》以警官民。《酒誥》成為後世人們禁酒時引經據典的根據，亦是中國有歷史記載的最早的禁酒令。

　　自西周以後，歷代對酒多有限制。漢初，律令嚴禁群飲，規定：「三人已上無故群飲，罰金四兩。」漢武帝天漢三年（公元前 98 年），開始「榷酒酤」〔註46〕，實施政府專賣。東漢末，戰亂飢饉，曹操倡禁酒之令，「時年饑兵興，操表製酒禁，融頻書爭之，多致侮慢之辭。」〔註47〕至三國時，劉備在成都因天旱亦頒佈禁酒令，且法令甚為嚴厲：規定凡私人釀酒、售酒或家藏釀酒器具不上繳者一律論罪。〔註48〕

　　北朝雖酒風漫布，亦曾有禁酒之舉。北魏文成帝高宗拓跋濬太安四年（458年）始設酒禁，《魏書》卷一一一《刑罰志》：

> 　　太安四年，始設酒禁。是時年穀屢登，士民多因酒致酗訟，或
> 議主政。帝惡其若此，故一切禁之：釀、沽飲皆斬之：吉凶賓親，
> 則開禁，有日程。

此次禁酒，源於百姓在豐收後酗酒鬧事及議論朝政。然畢竟酒乃禮儀必備，不可絕對禁斷，故規定「吉凶賓親，則開禁，有日程」。此次酒禁，措施甚嚴，且有實行。《魏書》卷九二《列女傳·胡長命妻張氏》：

> 　　樂部郎胡長命妻張氏，事姑王氏甚謹。太安中，京師禁酒，張
> 以姑老且患，私為醞之，為有司所糾。王氏詣曹自告曰：「老病須酒，
> 在家私釀，王所為也。」張氏曰：「姑老抱患，張主家事，姑不知釀，
> 其罪在張。」主司疑其罪，不知所處。平原王陸麗以狀奏，高宗義
> 而赦之。〔註49〕

然此次酒禁時間不長，兩年以後，「顯祖即位，除口誤，開酒禁」，〔註50〕於顯祖獻文帝拓跋弘和平六年（460）即位後予以廢除。

　　北齊後主天統五年（570）秋七月，「戊申，詔使巡省河北諸州無雨處，

〔註46〕《漢書》卷六《武帝紀》。
〔註47〕《後漢書》卷七〇《孔融傳》。
〔註48〕《三國志》卷三八《簡雍傳》。
〔註49〕《魏書》卷九二《列女·胡長命妻張氏傳》。
〔註50〕《魏書》卷一一一《刑罰志》。

境內偏旱者優免租調。冬十月壬戌，詔禁造酒。」〔註 51〕此禁酒與天旱歉收有關。後主武平六年（576）閏月，「辛巳，以軍國資用不足，稅關市、舟車、山澤、鹽鐵、店肆，輕重各有差，開酒禁。」〔註 52〕因國家財政不足，復又開禁。北周武帝於保定二年（562）年曾短期小範圍禁酒，「（二月）癸丑，以久不雨，降宥罪人，京城三十里內禁酒。」〔註 53〕

　　綜而觀之，北朝時期雖有過幾次禁酒，但惟以北魏文成帝時禁酒較嚴，然時間較短，僅兩年時間。其他幾次禁酒皆是緣於災荒歉收，所採取的限制飲酒的措施，禁而復開，尤能刺激酒業的生產與消費。所以禁酒對北朝的飲酒風氣雖有一定的影響，其影響程度亦是有限的。

第三節　飲酒之社會影響

　　對酒之評價歷來褒貶不一。褒之者如班固認為：「酒者，天之美祿，帝王所以頤養天下，享祀祈福，扶衰養疾。百禮之會，非酒不行。」〔註 54〕認為酒乃上天恩賜，更是百禮必須，不可無也。東漢末曹操禁酒，孔融作《與操書》云：「夫酒之為德久矣。古先哲王，類帝禋宗，和神定人，以濟萬國，非酒莫以也。故天垂酒星之耀，地列酒泉之郡，人著旨酒之德。堯不千鍾，無以建太平。孔非百觚，無以堪上聖。樊噲解厄鴻門，非豕肩鍾酒，無以奮其怒。趙之廝養，東迎其主，非引巵酒，無以激其氣。高祖非醉斬白蛇，無以暢其靈。景帝非醉幸唐姬，無以開中興。袁盎非醇醪之力，無以脫其命。定國不酣飲一斛，無以決其法。故酈生以高陽酒徒，著功於漢；屈原不餔醩歠釃取困於楚。由是觀之，酒何負於政哉。」〔註 55〕徵引古今，辭充理暢，盛讚酒德。貶之者如葛洪云「夫酒醴之近味，生病之毒物，無毫分之細益，有丘山之巨損，君子以之敗德，小人以之速罪，耽之惑之，尠不及禍。」〔註 56〕認為酒乃「毒物」，於人一點好處都沒有，只能使君子損德，給百姓招禍。

〔註 51〕《北齊書》卷八《後主帝紀》。
〔註 52〕《北齊書》卷八《後主帝紀》。
〔註 53〕《周書》卷五《武帝紀》。
〔註 54〕《漢書》卷二四《食貨志》。
〔註 55〕〔漢〕孔融：《孔北海集》//《景印文淵閣四庫全書》，臺北：臺灣商務印書館，1983 年，集部二，別集類，1063-238 頁～1063-239 頁。
〔註 56〕楊明照：《抱朴子外篇校箋》，北京：中華書局，1991 年 12 月第 1 版，1996 年 9 月北京第 2 次印刷，上冊第 570 頁。

飲酒在北朝形成爲一種風尙，波及面廣，參與群體多，其所產生的社會影響有積極的亦有消極的。

一、消耗大量糧食，造成物質浪費

飲酒之風的盛行導致酒量消費的巨大。尤其在多數官僚貴族家庭，酒已經成了日常生活的必須品，家庭日常開支的常項。如夏侯道遷「好言宴，務口實，京師珍羞，罔不畢有。於京城之西，水次之地，大起園池，殖列蔬果，延致秀彥，時往遊適，妓妾十餘，常自娛興。國秩歲入三千餘匹，專供酒饌，不營家產。每誦孔融詩曰：『坐上客恆滿，樽中酒不空』，余非吾事也。識者多之。」〔註57〕其甚者乃至因此而罄盡家財，北魏南安王元余便是一個突出的典型，常「爲長夜之飲，聲樂不絕，旬日之間，帑藏空罄。」〔註58〕夏侯道遷、元余皆屬家產富厚，尙不堪酒資之費，則全社會酒量消費之大可以想見。

而酒來源於糧食，是糧食之精華，酒類的釀造需要大量糧食。在傳統觀念中，尤其是在以農爲本、生產力水平低下的古代社會，酒無疑屬奢侈性消費品。歷代禁酒的一個主要原因就是因其對糧食的損耗與浪費〔註59〕。北朝酒業發達，飲酒群體眾多，對糧食的需求也是龐大而驚人的。《魏書》卷一一

〔註57〕《魏書》卷七一《夏侯道遷傳》。

〔註58〕《魏書》卷一八《太武五王・南安王余傳》。

〔註59〕酒之浪費糧食這一傳統觀念在人們頭腦中本是根深蒂固的，然而也有人對此提出過質疑：

　　過去有這樣一種看法，認爲古代釀酒是在農業發展，糧食有剩餘的時候才有可能，多飲酒就是浪費糧食。這種說法很值得討論。事實上，古之釀酒有如之「醪糟」，一般都是酒與糟一同吃。《周禮・天官・酒正》注：「醴猶體也，成而汁滓相將，如今恬（甜）酒矣。」這樣的吃法是不會浪費糧食的。這種酒每家可自行釀製、有如今天民間蒸醪糟一般。這種特點，在古代文獻中也可以見到若干記述。例如：以飲酒聞名的陶淵明，有「春秫作美酒，酒熟吾自斟」（《和郭主簿》）的詩句，表明他所飲之酒無須去酒店購買，乃是自釀。王安石的《江上》：「村落家家有濁醪」，陸游《遊山西村》的「莫笑農家臘酒渾」，都寫的是農家生活，所飲的就是連糟吃的濁酒。歷史上最著名的酒客劉伶寫過有名的《酒德頌》，其中有「枕麴藉糟」之句。更是很客觀地反映了當時釀酒必用麴、吃酒連糟吃的現實。（沈道初等：《中國酒文化應用辭典》，南京：南京大學出版社，1994年9月第1版，第9頁）

　　觀點或許有其合理之處，造酒可能並沒有形成浪費。但酒畢竟不能等於糧食，起不到糧食所能起的作用。將大量糧食轉化爲酒是不可取的，供少數社會上層權貴富豪恣意酗飲更是要給予否定的。

○《食貨志》：

> 正光後，四方多事，加以水旱，國用不足，預折天下六年租調
> 而徵之。百姓怨苦，民不堪命。有司奏斷百官常給之酒，計一歲所
> 省合米五萬三千五十四斛九升，糵穀六千九百六十斛，麵三十萬五
> 百九十九斤。其四時郊廟、百神群祀依式供營，遠蕃使客不在斷限。
> 爾後寇賊轉眾，諸將出征，相繼奔敗，所亡器械資糧不可勝數，而
> 關西喪失尤甚，帑藏益以空竭。有司又奏內外百官及諸蕃客稟食及
> 肉悉二分減一，計終歲省肉百五十九萬九千八百五十六斤，米五萬
> 三千九百三十二石。

孝明帝時曾對酒限制供應。國家財政困難，竟預先折算天下百姓六年租調加
以徵收。百姓自然不堪其苦怨聲載道，有司遂奏斷絕日常供給百官之酒。從
所列節省各項糧食數字中，可以推知當時全社會製酒所耗糧食之巨。

中國乃尚儉之國。農業立國，手工作業，稼穡辛苦，加以天災人禍，生
存更艱。如孝文帝太和十一年，「大旱，京都民饑。加以牛疫，公私闕乏，時
有以馬驢及橐駝供駕挽耕載。詔聽民就豐。行者十五六，道路給糧稟，至所
在，三長贍養之。遣使者時省察焉。留業者，皆令主司審核，開倉賑貸。其
有特不自存者，悉檢集，為粥於術衢，以救其困。然主者不明牧察，郊甸間
甚多喂死者」。〔註60〕此次京都大旱，人民遷徙者十之五六，餓死之人甚多。
《魏書》卷七七《高崇傳附高謙之傳》：

> 昔禹遭大水，以歷山之金鑄錢，救民之困；湯遭大旱，以莊山
> 之金鑄錢，贖民之賣子者。今百姓窮悴，甚於曩日，欽明之主豈得
> 垂拱而觀之哉？

此為靈太后之時，高謙之上表求鑄三株錢，言百姓窮苦甚於曩日，而當時則
正是上層社會肆行奢華，醉生夢死之時。將大量糧食用於造酒無疑等於剝奪
了底層人民的生存資源，縮小了他們的生存空間。這種社會不等與不均顯是
應該斥責與批判的。

二、造成吏政荒怠，貽誤政事，為社會發展帶來負面影響

酒能移人性情，消磨心志，長期沉溺，傷身害命，亡國破家。夏桀商紂，

〔註60〕《魏書》卷一一○《食貨志》。

皆因酒亡國。古之禁酒，此亦係重要原因。北朝好酒帝王，揮霍民脂民膏，
縱酒享樂，滿足一人之欲，給國家社會帶來之危害已無須贅述。

　　各級官吏好酒以致荒於政事，其害亦不小。元簡「性好酒，不能理公私
之事」。〔註61〕陸昶「無他才能，唯飲酒爲事」。〔註62〕；皮喜「在州寬怠，
以飲酒廢事，威不禁下」〔註63〕，被皇帝處以杖罰。鄭平城「性清狂使酒，
爲政貪殘」。〔註64〕伏護「歷事數朝，恒參機要，而性嗜酒，每多醉失。」
〔註65〕李元忠「拜南趙郡太守，以好酒無政績」。〔註66〕任胄「爲好酒不憂
公事，高祖責之，胄懼，謀爲逆」。〔註67〕這種爲官好酒，怠忽政事，影響
公務，必給社會帶來負面影響。

　　飲酒需有財力支撐，如前所述不乏因飲酒而蕩盡家產者。遂有甚者，酒
資不敷，則有爲政貪殘，苛虐搜刮百姓之舉。宗室子弟元纂「好酒愛佞，政
以賄成」。〔註68〕元俊「好酒色，多越法度」。〔註69〕鄭平城「性清狂使酒，
爲政貪殘」。〔註70〕這些爲政貪賄之例與飲酒雖不一定有直接的必然的聯繫，
卻必存間接或然之因果。搜括財富無非爲行奢華享樂之事，而飲酒爲其享樂
內容之一。

　　怠誤政事，爲政貪殘，其結果是，加重了對人民的剝削，把沉重的負擔
轉嫁到勞動人民身上，敗壞了社會風氣，產生和激化社會矛盾，直接影響社
會的穩定與王朝的命運。

三、飲酒與詩歌

　　飲酒的又一顯著影響是對文學的影響，爲文學增加了題材與內容。飲酒
風尙首先在北朝民歌中得到反映，如這首《高陽樂人歌》：

　　　　何處舌葉觴來？兩頰色如火。自有桃花容，莫言人勸我。〔註71〕

〔註61〕《魏書》卷二〇《文成五王‧齊郡王簡傳》。
〔註62〕《魏書》卷四〇《陸俟傳附陸昶傳》。
〔註63〕《魏書》卷五一《皮豹子傳附皮喜傳》。
〔註64〕《魏書》卷五六《鄭羲傳附平城傳》。
〔註65〕《北齊書》卷一四《長樂太守靈山傳附伏護傳》。
〔註66〕《北齊書》卷二二《李元忠傳》。
〔註67〕《北齊書》卷四八《鄭仲禮傳》。
〔註68〕《魏書》卷一五《昭成子孫‧秦王翰傳附元纂傳》。
〔註69〕《魏書》卷一七《明元六王‧新興王俊傳》。
〔註70〕《魏書》卷五六《鄭羲傳附平城傳》。
〔註71〕〔宋〕郭茂倩：《樂府詩集》，北京：中華書局，1979年11月第1版，第二冊，

這是一首寫女子飲酒的詩歌。「北方各族人民多以游牧爲生。遼闊的草原賦予他們豪爽曠達的胸襟，嚴寒的氣候養成了他們好酒嗜飲的習性。男女老少都有飲酒的習慣，酒與他們的生活似乎結下了不解之緣。親明聚會，婚喪喜慶，固然離不了酒，男女幽會，甚至也用勸酒來表達他們的愛慕之情。這首民歌就是用問答體的形式，通過兩個女友的對話，詼諧地表現了北方女子飲酒的浪漫情調。」〔註72〕兩個女友相見，一方面紅如火，另一方遂戲謔地發出詰問，被詰女子匆忙作答，「我本來就有桃花般的容顏，千萬別說有人勸了我」，雖只短短兩句，卻形象表現了女子慌亂羞怯、欲蓋彌彰的細微的心理活動。同時女子的直承其事，也說明了當時女子飲酒已是普遍現象。

《高陽樂人歌》共有兩首，另一首也爲狀寫飲酒：

可憐白鼻騧，相將入酒家。無錢但共飲，畫地作交賒。〔註73〕

與前詩不同，此詩寫男人豪飲不羈之態。首句寫馬，贊馬贊人。三五男兒，結伴相攜，雖囊中羞澀，亦要畫地痛飲。形象地傳達出嗜酒者豪爽狂放之態。

飲酒詩歌在庾信作品中亦有重要表現。酒與文人歷來有不解之緣，庾信並非以酒知名之詩人，歷來研究庾信也多把重點集中在他的家國之感與鄉關之思。然檢點其作品，與酒有關的詩作亦占相當比例，達15首之多。且看其《蒙賜酒詩》：

金膏下帝臺，玉歷在蓬萊。仙人一遇飲，分得兩三杯。忽聞桑葉落，正值菊花開。阮籍披衣進，王戎含笑來。從今覓仙藥，不假向瑤臺。〔註74〕

第二十五卷，第372頁。注：「何處舌葉（tiē）觴來？」「舌葉觴」即以舌舔杯，指代飲酒，同時兼指女性飲酒，爲慢呷細品也。

〔註72〕 呂晴飛等：《漢魏六朝詩歌鑒賞辭典》，北京：中國和平出版社1990年10月版，第939頁。另，關於此詩尚有一種解法，即認爲此詩是一男子在外飲酒歸來與妻子的對話（王運熙，王國安：《漢魏六朝樂府詩評注》，濟南：齊魯書社，2000年10月版，第35頁）。此解當是囿於惟男子飲酒之成見與不諳北方民族之習俗所致。「桃花」向來喻女子，作女子解此詩才覺自然妥貼。

〔註73〕 〔宋〕郭茂倩：《樂府詩集》，北京：中華書局，1979年11月第1版，第二冊，第二十五卷，第371頁。注解：可憐，可愛。白鼻騧（guā），白鼻黑嘴的黃馬。相將，結伴，相攜。畫地，未詳。疑爲畫作記號，故陳祚明謂之「猶有結繩之風，北俗故樸」（《採菽堂古詩選》）。交賒，疑即爲「賒欠」之意。見王運熙，王國安：《漢魏六朝樂府詩評注》，濟南：齊魯書社，2000年10月版，第35頁。

〔註74〕 〔北周〕庾信：《庾子山集注》，北京：中華書局，1980年10月版，第一冊，第286頁。注：「金膏」二句，《穆天子傳》：「河伯曰：『示汝黃金之膏。』」《山

詩歌生動而形象地表現了詩人得到美酒時的驚喜與沉醉。在詩人眼中，酒帶
給人的快樂更勝過能使人長生不老的仙界靈藥。《奉報趙王惠酒詩》：

> 梁王修竹園，冠蓋風塵喧。行人忽枉道，直進桃花源。稚子還
> 羞出，驚妻倒閉門。始聞傳上命，定是賜中樽。野爐然樹葉，山杯捧
> 竹根。風池還更暖，寒谷遂成暄。未知稻梁雁，何時能報恩？〔註75〕

此詩同是寫受惠贈酒時的喜悅感激心情。趙王忙於造園之時，仍不忘遣人賜
酒。從「稚子還羞出，驚妻倒閉門」可見來人之多與排場之大。「野爐然樹葉，
山杯捧竹根」用典表達自己對酒的喜愛與癡迷。結尾四句則抒寫作者得蒙賜
酒之榮寵與感激之情。〔註76〕《有喜致醉詩》：

海經》曰：「鐘鼓之山，帝臺之石，所以觴百神也。」郭璞注云：「帝臺，神人
名。舉觴燕會，則於此山，因名為鐘鼓也。」玉歷，疑作「玉瀝」，郭璞《山
海經注》所謂「白玉膏」是也。蓬萊，三神山名。「忽聞」二句，《水經注》曰：
「河東郡民有姓劉名墮者，宿擅工釀，採挹河流，醞成芳酎。懸食同枯枝之年，
排於桑落之辰，故酒得其名矣。自王公庶友，牽拂相招者，每云索郎有顧，思
同旅語。索郎，反語為桑落。」《西京雜記》曰：「九月九日，佩茱萸，食蓬餌，
飲菊花酒，令人長壽。菊花舒時，並採莖葉，雜黍米釀之。至來年九月九日始
熟，就飲焉。故謂之菊花酒。」「阮籍」二句，《世說》曰：「王戎弱冠，詣阮
籍，時劉公榮在坐。阮謂王曰：『偶有二斗美酒，當與君共飲。彼公榮者，無
預焉。』二人交觴酬酢，公榮遂不得一杯。而言語談戲，三人無異。」

〔註75〕〔北周〕庾信：《庾子山集注》，北京：中華書局，1980年10月版，第一冊，
第286～287頁。注：「梁王」二句，《西京雜記》曰：梁孝王好宮室苑囿之樂，
築兔園。」《九域志》曰：「梁孝王苑囿中有修竹園。」《西都賦》曰：「冠蓋如
雲。」陸士衡詩曰：「京洛多風塵。」「行人」二句，陶潛《桃花源記》曰：「武
陵人捕魚為業。忽逢桃花林夾岸。林盡水源，便得一山。山有小口，便捨船從
口入。土地平曠，屋舍儼然，男女衣著，悉如外人。自云先世避秦時亂，率妻
子邑人來此絕境，不復出焉。」「稚子」二句，《史記》曰：「楚懷王稚子子蘭。」
范雲《贈張謖》詩云：「還聞稚子說，有客款柴扉。」「始聞」二句，《漢書》
如淳注曰：「稷米一斗，得酒一斗，為中尊。」師古曰：「中尊者，宜為黍米作
酒，有澆醇之異，為上、中、下耳。」又按：盛酒器。《爾雅》曰：「卣（yǒu），
中尊也。彝、卣、罍，器也。」《禮圖》云：「六尊為中，受五斗。」是「中尊」
為盛酒器也。「野爐」二句，王韶《南雍州記》曰：「辛居士名宣仲，家貧，春
月鬻筍充觴酌，截竹為罌，用充盛置。人問其故，宣仲曰：『我惟愛竹好酒，
欲令二物常相併耳。』」「風池」二句，風池，如風井之類。宋玉《風賦》曰：
「夫風，生於地，起於青蘋之末，侵淫谿谷，盛怒於土囊之口。」李善注引盛
弘之《荊州記》曰：「『宜都狼山縣有山，山下有穴，大數尺，為風井。』土囊，
當此之類也。」此云「風池」，亦猶是矣。劉向《別錄》曰：「燕有谷，地美而
寒，不生五穀。鄒衍乃吹律而溫氣至，堪植黍。今人謂之黍穀。」喻己如風池、
寒谷，得此酒而溫暖也。「未知」二句，《說苑》曰：「齊景公嘗菽粟鳧雁。」

〔註76〕阮璐《庾信的「酒詩」》（《河池學院學報》2004年第5期）將「桃花源」解為梁

　　　　忽見庭生玉，聊欣蚌出珠。蘭芬猶載寢，蓬箭始懸弧。既喜枚都

　　尉，能歡陸大夫。頻朝中散客，連日步兵廚。雜曲隨琴用，殘花聽酒

　　須。脆梨裁數實，甘查唯一株。兀然已復醉，搖頭歌鳳雛。〔註77〕

此詩爲「子山生子之辭也」，因得子而飲酒賦詩，喜悅之情盡顯筆端。以「玉」、
「珠」喻子，表達自己對新生命的熱愛。興奮之餘，以酒遣懷，將自己比作竹
林七賢中之阮籍、嵇康，更突出自己對酒的依戀。以下更進一步鋪寫渲染自己
每日與酒爲伍的閒適愜意生活。全詩因有感而發，眞情飽滿，不假雕飾，自然
流走，頗具感染力。《奉答賜酒》：

　　　　仙童下赤城，仙酒餉王平。野人相就飲，山鳥一群驚。細雪翻

　　沙下，寒風戰鼓鳴。此時逢一醉，應枯反更榮。〔註78〕

此詩亦爲答賜酒而作。首二句，將贈酒之使者比作上界仙童，對贈酒者表頌
讚之意，同時將王平喻己，表達對酒的酷愛。「野人相就飲，山鳥一群驚」爲

王竹園，並進而認爲此詩「體現了文學侍臣在求宦路途上攀爬的艱難和不可避
免的猥瑣狀態」，庾信「渴望仕朝的心情頓時得到彰顯」等等。筆者以爲此論不
確。從詩意看，「桃花源」似應解爲詩人所居之處。且得蒙賜酒，表露感激亦是
人之常情。庾信爲南朝著名文人，深受北周之器重，無須著意向上攀爬也。

〔註77〕〔北周〕庾信：《庾子山集注》，北京：中華書局，1980 年 10 月版，第一冊，
　　　　第 288～289 頁。注：「忽見」二句，《晉書》：「謝玄曰：『芝蘭玉樹，欲其生
　　　　於庭階耳。』」《史記・龜策傳》曰：「明月之珠，出於江海，藏於蚌中。」生
　　　　玉、出珠，喻得子也。「蘭芬」二句，《左氏傳》曰：「鄭文公有賤妾曰燕姞，
　　　　夢天使與之蘭，曰：『以是爲而子。』既而文公見之，與之蘭而御之。辭曰：
　　　　『妾不才，幸而有子，將不信，敢徵蘭乎？』生穆公，名之曰蘭。」《詩》曰：
　　　　「乃生男子，載寢之床。」《禮記》曰：「子生，男子設弧於門左，三日始負
　　　　子，男射。射人以桑弧蓬矢六，射天地四方。」鄭注云：「桑弧、蓬矢，本太
　　　　古也。天地四方，男子所有事也。」「既喜」二句，《漢書》曰：「枚乘爲弘農
　　　　都尉。辜子皋。乘在梁時，取皋母爲小妻。乘東歸，皋母不肯隨乘，乘怒，
　　　　分皋數千錢，與母居。」又曰：「陸賈爲太中大夫。有五男，乃出使越橐中裝，
　　　　賣千金，分其子，子二百金，令爲生產，曰：『過女，女給人馬酒食極欲，十
　　　　日而更。』」「頻朝」二句，《晉書》曰：「嵇康與魏宗室婚，拜中散大夫。」《魏
　　　　氏春秋》曰：「阮籍以世多故，祿仕而已。聞步兵校尉缺，廚多美酒，營人善
　　　　釀酒，求爲校尉。遂縱酒昏酣，遺落世事。」「兀然」二句，劉伶《酒德頌》
　　　　曰：「兀然而醉，豁爾而醒。」《宋書・樂志》曰：「《鳳將雛》歌者，舊曲也。
　　　　應璩《百一詩》云：『言是《鳳將雛》。』然則其來久矣。」

〔註78〕〔北周〕庾信：《庾子山集注》，北京：中華書局，1980 年 10 月版，第一冊，
　　　　第 342 頁。注：「仙童」二句，《神仙傳》曰：「茅蒙字初成。乃於華山之中，
　　　　乘雲駕龍，白日昇天。歌曰：『神仙得者茅初成，駕龍上昇入太清，時下玄洲
　　　　戲赤城。繼世而往在我盈，帝若學之臘嘉平。』」又曰：「王遠字方平。以一
　　　　貫錢與余杭姥，求沽酒。須臾還，得一油囊酒，五斗。」

此詩名句，描繪出一幅田園式的野外飲酒圖，令人神往、欣羨，反映了下層人民的飲酒方式，自然而無拘束。後四句狀寫塞外寒風細雪，突出酒之珍貴難得，並祝酒能給人帶來好運。

此外，其他如《聘齊秋晚館中飲酒》、《奉答賜酒》、《奉答賜酒鵝》、《正旦蒙趙王賚酒》、《衛王贈桑落酒奉答》、《就蒲州使君乞酒》、《蒲州刺史中山公許乞酒一車未送》、《答王司空餉酒》、《對酒》、《春日極飲》、《對酒歌》都表達了其對酒的喜愛，表明當時社會已形成了飲酒爲榮、酒是生活不可或缺的一部分的社會風尙。

第七章　娛　樂

　　娛樂，又可稱之爲遊戲。「是人們爲滿足自己怡情悅心的需要而進行的一種活動，是人類精神生活的一個重要部分。」〔註1〕娛樂是休息，是遊戲，是享受，也是一種生活。娛樂與人類的成長相伴共生，「在中華民族的發展史上，遊戲一直是一種重要的文化活動。早在茹毛飲血、穴居巢處的原始時代，先民們就有拉著牛尾巴唱歌跳舞，或者圍著打來的獵物手舞足蹈的情景，或許這些便是最爲原始的遊戲形式。」〔註2〕經奴隸社會、封建社會的不斷髮展增益，娛樂形式與內容越來越定型。成爲一種文化財富積累沉澱下來。

　　北朝時期的娛樂活動大致可分爲角力與角智兩類。

第一節　角力活動

　　角力即是以爭逐氣力、武藝等爲內容的娛樂活動。北方民族尚武成風，故以角力爲內容的活動亦甚發達流行。

一、戲　射

　　戲射，即以射箭爲娛樂的活動，有比賽和表演兩類。於宴飲時舉行的射箭活動，又稱燕射，亦屬戲射。

　　戲射係由射禮分化演變而來。射禮起源於原始狩獵文化。隨著人類文明

〔註1〕　朱大渭：《魏晉南北朝社會生活史》，北京：中國社會科學出版社，2005 年 1月第 1 版，第 289 頁。
〔註2〕　朴成勇：《遊戲史》，——《中國全史》（簡讀本）（28），北京：經濟日報出版社，第 189 頁。

的進步，射獵與人們生活逐漸疏離，但射術卻並沒有退出人類生活。「射」曾是古代社會成員的必備技能，是古六藝之一。早在西周時期，射禮即已形成並被應用於社會生活之中。《儀禮‧射禮》記載了古代射禮的內容與要求。古代射禮有四種。一是大射，是天子、諸侯祭祀前選擇參加祭祀人而舉行的射禮；二是賓射，是諸侯朝見天子或諸侯相會時舉行的；三是燕射，行於燕息之日；四是鄉射，常與鄉飲酒禮同時舉行，地方官同時薦舉賢士。射禮一般兼具軍事與教化功用，向為統治者所重視，漢代以後，史籍屢見記載。戲射源於燕射，隨時隨地隨興而發，少了很多拘束制約，純屬娛樂。

北方民族在長期的射獵、戰鬥中養成了高超的騎射本領，並摸索總結出自己的經驗心得，以射術取樂也成為生活常見內容。據《太平御覽》卷 744 引《燕書》記載：

> 燕書曰：賈堅字世固，彎弓三石餘。烈祖以堅善射，故親試之。乃取一牛，置百步。上召堅使射，曰：「能中之乎？」堅曰：「少壯之時，能令不中。今已年老，正可中之。」恪大笑。射，發一矢拂脊；再一矢磨腹。皆附膚落毛，上下如一。恪曰：「復能中乎？」堅曰：「所貴者以不中為奇，中之何難？」一發中之。堅時年六十餘，觀者咸服其妙。〔註3〕

十六國前燕時，有個叫賈堅的人，射藝極高。他 60 歲時，射藝不減，且對射箭之道領悟頗深。前燕主在百步外設一頭牛，問賈堅能否射中。賈堅說：「我年輕時，能令箭射不中，現在我年老了，目力皆衰，只能讓箭射中了。」大臣慕容恪聽罷大笑。賈堅開始射了，第一箭擦著牛的脊背過去，第二箭擦著牛的肚子過去，兩箭部擦著牛的皮膚，但都只射下牛毛而未傷牛身。慕容恪問：「能射中牛嗎？」賈堅說：「射箭以不中者為貴，中有何難？」一發便中牛身。賈堅「不中為貴」的理論，反映出他對射箭之道領悟之深，惟有此深悟，才使他的射藝至此爐火純青出神人化的程度。由賈堅射牛事可知射術在北方民族中普及之廣泛及射藝之高深。

進入北朝，射技仍是人們生活中的重要技能，尤其成為上層社會閒暇宴飲娛樂的一項重要內容。世祖太武帝拓跋燾經常組織戲射，《魏書》卷四上《世祖帝紀上》：

〔註3〕 〔宋〕李昉等：《太平御覽》，北京：中華書局 1960 年影印版，第四冊，第 3305 頁。

秋七月，築馬射臺於長川，帝親登臺觀走馬；王公諸國君長馳射，中者賜金錦繒絮各有差。

秋七月己卯，築壇於祚嶺，戲馬馳射，賜射中者金錦繒絮各有差。

世祖太武帝拓跋燾於長川築「馬射臺」，此「馬射臺」即爲演武場。來往的各國使節常在這裡比賽箭術，優勝者獲得賞賜。《魏書》卷一六《道武七王・廣平王連傳附子渾傳》：

渾好弓馬，射鳥，輒歷飛而殺之，時皆歎異焉。世祖嘗命左右分射，勝者中的，籌滿，詔渾解之，三發皆中，世祖大悅。器其藝能，常引侍左右，賜馬百匹，僮僕數十人。

廣平王元渾精於箭術，時人稱異。一次太武帝拓跋燾組織戲射，有一方連連中的，籌分積滿。太武帝命元渾出場解圍，元渾三箭皆中，太武大悅，厚加賞賜，引爲親近。

高祖孝文帝亦喜戲射，《魏書》卷五八《楊播傳》：

高祖與中軍、彭城王勰賭射，左衛元遙在勰朋內，而播居帝曹。遙射侯正中，籌限已滿。高祖曰：「左衛籌足，右衛不得不解。」播對曰：「仰恃聖恩，庶幾必爭。」於是彎弓而發，其箭正中。高祖笑曰：「養由基之妙，何復過是。」遂舉卮酒以賜播曰：「古人酒以養病，朕今賞卿之能，可謂今古之殊也。」

高祖孝文帝元宏與其弟彭城王元勰戲射，左衛將軍元遙屬元勰一方，右衛將軍楊播在孝文帝麾下。元遙出馬，一箭中靶，得滿分。楊播彎弓而發，亦中箭靶，將比分扳平，遂享高祖賜酒之殊榮。

世宗宣武帝元恪常至華林園戲射，史稱其「每日華林戲射，衣衫騎從，往來無間」。〔註4〕前廢帝廣陵王元恭曾「幸華林都亭燕射，班錫有差」。〔註5〕孝武帝在洛陽時，「於華林園戲射，以銀酒卮容二升許，懸於百步外，命善射者十餘人共射，中者即以賜之。順發矢即中，帝大悅，並賞金帛。順仍於箭孔處鑄一銀童，足蹈金蓮，手持剗炙，遂勒背上，序其射工。」〔註6〕《北史》卷一五《魏諸宗室・常山王遵傳附元順傳》：

〔註4〕　《魏書》卷二二《孝文五王・京兆王愉傳》。
〔註5〕　《魏書》卷一一《前廢帝廣陵王恭帝紀》。
〔註6〕　《北史》卷一五《魏諸宗室・常山王遵傳附元順傳》。

　　初，孝武在洛，於華林園戲射，以銀酒卮容二升許，懸於百步外，命善射者十餘人共射，中者即以賜之。順發矢即中，帝大悅，并賞金帛。順仍於箭孔處鑄一銀童，足蹈金蓮，手持劃炙，遂勒背上，序其射工。

孝武帝於洛陽華林園戲射，將銀酒器裝二升左右，懸掛在一百步以外，命令善於射箭的十多人射之，射中的即以酒器賞之。元順發箭即中，皇帝大悅並賞金帛。元順在箭孔處鑄一銀童，腳踏蓮花，手握劃炙。並於銀童背上刻字記述其射技之工。

　　外國使節來聘，觀摩演練騎射是一項重要內容。《北齊書》卷四一《元景安傳》：

　　　　于時江南欸附，朝貢相尋，景安妙閑馳騁，雅有容則，每梁使至，恒令與斛律光、皮景和等對客騎射，見者稱善。……肅宗曾與群臣於西園醼射，文武預者二百餘人。設侯去堂百四十餘步，中的者賜與良馬及金玉錦綵等。有一人射中獸頭，去鼻寸餘。唯景安最後有一矢未發，帝令景安解之，景安徐整容儀，操弓引滿，正中獸鼻。帝嗟賞稱善，特賚馬兩疋，玉帛雜物又加常等。

元景安精於騎射，且做事有規矩，每有梁朝使者到來，常讓他和斛律光、皮景和等人與客人一起騎馬射箭。肅宗（孝昭帝高演）曾經在西園和群臣飲宴射箭，參加的文武官員有二百多人。在距大堂一百四十多步的地方設立一個箭靶，射中靶心者賞以良馬和金玉綢緞。有一人射中了獸頭，離靶心的獸鼻還有一寸多，這時只有景安還剩一枝箭沒有射出去。肅宗命景安射中獸鼻，景安果不辱命，為國爭光，皇上給予厚賞。

　　不獨演練比賽箭術，有時還比較武藝氣力。東魏孝靜帝武定五年（公元547 年），梁朝有通武藝的使節來到東魏國都鄴城，由武藝精湛的鮮卑族人慕連猛應戰：

　　　　五年，梁使來聘，云有武藝，求訪北人，欲與相角。世宗遣猛就館接之，雙帶兩鞬，左右馳射。兼共試力，挽強，梁人引弓兩張，力皆三石，猛遂併取四張，疊而挽之，過度。梁人嗟服之。〔註7〕

梁朝使者來訪問，稱有武藝，欲與北方人較量。世宗文襄帝高澄派慕連猛到館捨去接待，各自帶了兩壺箭比賽騎射。而且還要通過拉強弓比試力氣大小。

〔註7〕《北齊書》卷四一《慕連猛傳》

梁的使者可以同時拉開兩張三石的強弓，綦連猛拿過四張弓放在一起，同時拉開，竟然超過了弓的限度。梁使讚歎不已而心悅誠服。南方高手敗於北方名將，堪稱是一次精彩的南北雙方武藝比賽，也是我國歷史上最早的一次有明確記載的「國與國」之間的武藝競賽。

北周亦有戲射，而且建有用於戲射的專門場所。《周書》卷一七《若干惠傳》：「太祖嘗造射堂新成，與諸將宴射。徙堂於惠宅。」庾信作有《北園射堂新成》以記此事。〔註8〕《北史》卷六八《賀若敦傳附子弼傳》亦記一則與外國使節較藝之事：

> 後突厥入朝，上賜之射，突厥一發中的。上曰：「非弼無能當此。」乃命弼。弼再拜呪曰：「臣若赤誠奉國，當一發破的；如不然，發不中也。」弼射一發而中。上大悅，顧謂突厥曰：「此人天賜我也！」

賀若弼爲隋朝開國名將，一次突厥頭領入朝覲見，隋文帝讓其射箭，突厥頭領只用一箭就射中目標。文帝說除了賀若弼，其他人都不能如此。於是便叫賀若弼射，賀若弼果然一箭射中。文帝對突厥人說：「這個人是上天賜給我的。」

二、角　抵

角抵即今言摔跤也。角抵起源甚古，史籍多有記載。《史記》卷八七《李斯傳》載，「是時二世在甘泉，方作觳抵優俳之觀。」這裡角抵又稱「觳抵」，秦二世曾觀此戲。《漢書》卷六《武帝紀》載，「三年春，作角抵戲，三百里內皆觀。」東漢時亦盛此戲。仲長統《理亂篇》云「目極角觚之觀，耳窮鄭、衛之聲」〔註9〕。

〔註8〕　〔北周〕庾信：《庾子山集注》，北京：中華書局，1980 年 10 月版，第一冊，第 276～277 頁。《北園射堂新成》：軒臺聊可習，仙的不難登。轉箭初調筈，橫弓先望埄。驚心一雁落，連臂兩猿騰。直知王濟巧，誰覺魏舒能。空心不死樹，無葉未枯藤。擇賢方知此，傳厄喜得朋。注釋：軒臺，《山海經》曰：「西王母之山，有軒轅臺，射者不敢西向。」筈（kuò），會也，謂與弦相會也。埄（péng）：，射埄也。「直知」二句，《世說》曰：「王君夫牛，名八百里駮，常瑩其角。王武子語君夫：『我射不如卿，今指賭卿牛，以千萬對之。』君夫既恃手快，且謂駿物，無有殺理，便相然可。令武子先射。武子一起便破的，卻據胡床，叱左右速探牛心來。須臾炙至，一臠便去。」王隱《晉書》曰：「魏舒字陽元，任城人。少工射，爲後將軍鍾毓長史。毓與參佐射戲，舒常爲坐畫籌。後值朋人少，以舒充數，於是發無不中，如博措閒雅，殆儘其妙。毓歎之曰：『吾之不足盡卿如此射矣！』」厄，酒器也。《易》曰：「東南得朋。」
〔註9〕　《後漢書》卷四九《仲長統傳》。

角抵還與神話傳說中的「黃帝戰蚩尤」有關，故角抵又稱作「蚩尤戲」。梁代任昉《述異記》載:「秦漢間說:『蚩尤耳鬢如劍戟，頭有角，與軒轅鬥，以角抵人，人不能向。』今冀州有樂曰蚩尤戲，其民兩兩三三，頭戴牛角以相抵，漢造角抵戲，蓋其遺制也。」宋代陳暘《樂書》云:

> 角觝戲本六國時所造，秦因而廣之。漢興雖罷，至武帝復採用之。元封中既廣開上林，穿昆明池，營千門萬戶之宮，設酒池肉林以饗四夷之客。作巴渝都盧海中碭極（李奇曰碭極樂名），漫衍魚龍角觝以觀示之。角者，角其伎也。兩兩相當角及伎藝射御也，蓋雜伎之摠稱云。或曰蚩尤氏頭有角，與黃帝鬥，以角觝人。今冀州有樂名「蚩尤戲」，其民兩兩戴牛角而相觝，漢造此戲豈其遺像邪？後魏道武帝天興中詔太樂摠章鼓吹增修雜戲，造五兵麒麟鳳凰仙人長蛇白象舞及諸畏獸魚龍辟邪。鹿馬仙車，高絙百尺，長趫緣橦，跳丸五案以備百戲，大饗設於殿前。明元帝初又增修之，撰合大曲，更爲鐘鼓之節。是不知夷樂作於中國之庭，陳禪所以力排之也。〔註10〕

此條勾勒出角抵發展沿革之軌迹。今人亦對此戲有具體描述:

> 早在原始時期，就產生了再現戰鬥場面的武舞。這種武舞，具有娛樂、訓練和交流經驗、頌揚武功等多種功能。大約在春秋時代，在這個基礎上形成了演練搏鬥、摔跤、擒拿等技巧的「相搏」比賽。到了秦漢時代，相搏除了用於比試武功之外，表演娛樂的成分大大增加，角抵的名稱也是在這時出現的。當時，角抵表演常與百戲雜技一起進行，表演者上身完全赤裸，下身僅在腰胯束有短褲、赤足。頭上一般不戴帽子，或僅用頭布簡單地包一下髮髻。這樣的裝束在我同古代的角抵運動中一直沿用，直到明清。南北朝和隋唐時，角抵與百戲雜技相分離，完全成爲角力決勝的摔跤運動，又稱相撲。上自宮廷，下至民間，無不以此爲主要的娛樂活動之一。〔註11〕

〔註10〕 〔宋〕陳暘:《樂書》//《景印文淵閣四庫全書》，臺北:臺灣商務印書館，1983年，經部二〇五，樂類，卷一百八十六，211～838頁。筆者注:南朝梁代任昉《述異記》、宋朝吳自牧《夢梁錄》對角抵皆有記述，唯陳暘敍述較詳也。

〔註11〕 顧鳴塘:《遊戲娛樂》，上海:生活·讀書·新知三聯書店上海分店，1989年5月第1版，第26～27頁。

從以上記載與論述中可見角抵起源之古，且歷代相沿不衰。北魏政權爲鮮卑族所建，游牧民族對角抵相撲天性喜愛。道武帝拓跋珪於大興六年（公元 403 年）下令增修百戲，其中一個項目即爲「角抵」。〔註 12〕至於觀看角抵表演，更是日常生活常見內容。楊衒之在《洛陽伽藍記》中記載了北魏皇帝常到禪虛寺觀賞角抵表演的場面：

> 禪虛寺，在大夏門御道西，寺前有閱武場，歲終農隙，甲士習戰，千乘萬騎，常在於此。有羽林馬僧相善角觝戲，擲戟與百尺數齊等。虎賁張車渠，擲刀出樓一丈。帝亦觀戲在樓，恆令二人對爲角戲」〔註 13〕

可見，北魏帝王與民眾對角抵戲的興趣是很濃厚的。

北齊歷代君主，多喜角抵之戲。北齊文宣帝高洋是暴君，亦是角抵能手，酷愛角抵。他不僅在宮中角抵，還常到「諸貴戚家角力批拉，不限貴賤。」〔註 14〕不僅如此，他還在宮廷儀仗衛隊中專設「角抵隊」〔註 15〕，雖是爲自己出巡時充排場用的，但亦可見當時角抵之戲的興盛。「無愁天子」之稱的北齊後主高緯，還曾利用角抵能手致人於死，《北齊書》卷一二《武成十二王·南陽王綽傳》：

> 長鸞令綽親信誣告其反，奏云：「此犯國法，不可赦。」後主不忍顯戮，使寵胡何猥薩後園與綽相撲，扼殺之。

後主高緯蓄養一個寵胡叫何猥薩，此人擅長相撲，後主常常觀賞他的精彩表演。後主想除掉高陽王高綽，又不忍公開殺之。便假意邀請高綽與何猥薩進行相撲比賽，命何猥薩在角抵中將高綽扼死。

北周亦有角抵記載。《周書》卷三五《崔猷傳》：「時太廟初成，四時祭祀，猶設俳優角抵之戲」。宣帝時，樂運輿櫬詣朝堂，陳宣帝八失，其中第六條爲：「都下之民，徭賦稍重。必是軍國之要，不敢憚勞。豈容朝夕徵求，唯供魚龍爛漫，士民從役，只爲俳優角抵。紛紛不已，財力俱竭，業業相顧，無復聊生。凡此無益之事，請並停罷」。〔註 16〕北周詩人王褒有「羽林猶角抵，將軍尚雅歌」〔註 17〕之句，這些都可見出北周時角抵亦盛。

〔註 12〕《魏書》卷一〇九《樂志》。
〔註 13〕《洛陽伽藍記》卷五《城北·禪虛寺》。
〔註 14〕《北齊書》卷六《孝昭帝紀》。
〔註 15〕《隋書》卷一二《禮儀志》。
〔註 16〕《周書》卷四〇《樂運傳》。
〔註 17〕丁福保：《全漢三國晉南北朝詩》，北京：中華書局 1959 年 5 月版，下冊，第

三、投　壺

「投壺」乃由射禮發展演化而來的一種遊戲，其起源亦甚早。「古代主客燕飲娛樂，有投壺之禮。」〔註18〕《禮記‧投壺》曰：「投壺之禮，主人奉矢，司射奉中，使人執壺。」今人對投壺已有詳細研究描述：

> 投壺：古代士大夫燕飲時的一種娛樂活動。方法是以盛酒的壺口作爲目標，賓主在離壺 5 至 9 尺外，用規定數目的帶皮無鏃的箭輪流投射，中多者勝，負者罰酒。有繁複的禮節儀式。由「司射」主持儀式，擊鼓奏樂，賓主按「狸首」節拍，履行規定程式後分別投射，既行賓主之禮又相與娛樂。起源於春秋。漢代以後逐漸擺脫繁文縟節，成爲一種遊戲。兩晉時期，投壺活動有所創新，出現了特製的耳壺，投法也漸趨複雜，注重技藝。唐代流傳到日本。宋代司馬光更定投壺新格，主張寓教於投壺活動之中。明代尚流行，其制不斷演變。清代則日見其衰。〔註19〕

投壺之戲在三國兩晉時期達一高潮，多有人耽於此道。顏之推在《顏氏家訓》於此戲亦有記載：

> 投壺之禮，近世愈精。古者，實以小豆，爲其矢之躍也。今則唯欲其驍，益多益喜，乃有倚竿、帶劍、狼壺、豹尾、龍首之名。其尤妙者，有蓮花驍。汝南周（王貴），弘正之子，會稽賀徽，賀革之子，並能一箭四十餘驍。賀又嘗爲小障，置壺其外，隔障投之，無所失也。至鄴以來，亦見廣寧、蘭陵諸王，有此校具，舉國遂無投得一驍者。〔註20〕

此記南朝多有擅此戲者，北朝北齊世宗文襄帝高澄之子廣寧王高孝珩、蘭陵王高長恭有此戲具。於此可見投壺乃由南朝傳至北方，史籍中雖少記載，然顏之推爲北朝人，其既有所見所記，則投壺在北朝亦當有一定範圍流行。

第二節　角智活動

角智偏重於智力的角逐，其間又包含有技巧的較量。

1554 頁。
〔註18〕楊伯峻：《春秋左傳注》，北京：中華書局，2000。
〔註19〕任繼愈：《中國文化大典》，太原：山西教育出版社，1999 年 3 月，第 2214 頁。
〔註20〕《顏氏家訓》卷第七《雜藝第十九》。

一、樗　蒲

樗蒲爲整個魏晉南北朝時期流行較廣、持續較久的一種遊戲。《藝文類聚》卷 74《巧藝部・樗蒲》對此戲有如下記載：

《異苑》曰：昔有人乘馬山行，遙岫裏有二老翁，相對樗蒲。遂下馬，以策拄地而觀之。自謂俄頃，視其馬鞭，漼然已爛。顧瞻其馬，鞍骸枯朽。既還至家，無復親屬。一慟而絕。

《博物志》曰：老子入胡，作樗蒲。

《庾翼集》：參軍於瓚，陳節戲事曰：夫嬉戲都名動相剝，非爲治之本。自今樗蒲馬，諸不急戲，宜一斷之。翼答曰：今唯許其圍棋，餘悉斷。

後漢馬融《樗蒲賦》曰：昔有玄通先生，遊於京都。道德既備，好此樗蒲。伯陽入戎，以斯消憂。枰則素旃紫罽，出乎西鄰，緣以繪繡，綀以綺文。杯則搖木之幹，出自崑山。矢則藍田之石，卞和所工，含精玉潤，不細不洪。馬則玄犀象牙，是磋是礱。杯爲上將，木爲君副，齒爲號令，馬爲翼距，籌爲策動，矢法卒數。於是芬葩貴戚，公侯之儔，坐華樉之高殿，臨激水之清流，排五木，散九齒，勒良馬，取道里。是以戰無常勝，時有副逐，臨敵攘圍，事在將帥。見利電發，紛綸滂沸，精誠一叫，入盧九雉。磊落躍踔。並來猥至。先名所射。應聲粉潰。勝貴歡悦。負者沈悴。

「樗蒲」是一種棋戲，大約是在西漢時期從西域傳播到中原地區的。從東漢馬融《樗蒲斌》、西晉張華《博物志》的記載中都提到樗蒲來自西部地區。而且馬融於賦中描寫了樗蒲所用器具、玩法及公侯貴戚樗蒲時的情景。任繼愈主編《中國文化大典》收有樗蒲辭條：

樗蒲：古代棋類遊戲。亦稱樗蒱。博具由子、馬、五木組成。每方執六馬。用五木擲採。採分貴採與雜採。得貴採可連擲、打馬、過關，雜採則否。盛行於漢魏。後有人以專擲五木爲賭。〔註21〕

朱大渭《魏晉南北朝社會生活史》中對樗蒲一戲的玩法有較詳細的研究與描述。樗蒱之具包括枰、杯、木、矢、馬五種。枰即棋盤；杯爲投擲五木的容具；木，又稱五木，因其用木製成，數有五塊，故有此稱；馬爲棋子，

〔註21〕任繼愈：《中國文化大典》，太原：山西教育出版社，1999 年 3 月，第 269 頁。

玩者用它在棋盤上過關跨塹；矢也爲一種棋子，代表步兵，用來圍車或阻止馬前進。五種器具中，五木爲關鍵之物，它影響著馬與矢的行動。其玩法是，對峙雙方各執馬、矢兩種棋子，投擲五木，根據所得齒數，或策馬過關，或揮卒圍截。不論哪種玩法，其關鍵都在於擲五木的技巧，是一種技巧的比賽。〔註 22〕

　　樗蒱作爲一種具有一定技藝的活動，最遲在西漢時已經出現。首先流行於上層統治集團。到了西晉以後，樗蒱已經成爲當時的皇帝和達官貴人們非常喜好的遊戲活動。兩晉南朝多有人愛好此道，如晉武帝司馬炎、宋武帝劉裕、宋孝武帝劉駿、以及桓溫、桓玄、袁耽、溫嶠、顏師伯、韋睿、王獻之等人都善於樗蒱。社會各階層的人都參與此項活動，甚至被少兒所掌握。樗蒱之所以如此風靡，除其本身具有一定趣味性以外，以之賭博是一重要原因。玩樗蒱時，一般都下有大量賭注，可立時富貴，亦可轉瞬囊空。緊張刺激，極具誘惑。如史載南朝宋武帝劉裕「家本寒微，住在京口，恒以賣履爲業。意氣楚剌，僅識文字，樗蒱傾產，爲時賤薄。」〔註 23〕張亮采在《中國風俗史》中指出，魏晉南北朝時期，「賭博之事，幾爲社會上人人必須之知識技能」，其中樗蒱即爲主要賭博工具。

　　北方在十六國時期，即已有愛好樗蒱者。後趙石勒的妹夫張越與諸將蒱博，石勒曾親臨觀看。〔註 24〕前秦時，慕容寶在長安亦曾與人樗蒱〔註 25〕。迨及北朝，史不乏書：

> 高祖時，……又有浮陽高光宗善樗蒱。〔註 26〕

> 諸宿衛內直者，宜令武官習弓矢，文官諷書傳。而今給其蒱博之具，以成褻狎之容，長矜爭之心，恣喧囂之慢，徒損朝儀，無益事實。如此之類，一宜禁止。〔註 27〕

高祖孝文帝之時，樗蒱已廣爲流行，有以樗蒱知名者。太和初年，韓顯宗上書議政，其中即有禁止宮內宿衛武士樗蒱之議。《魏書》卷九三《恩倖·趙脩傳》：

〔註 22〕朱大渭等：《魏晉南北朝社會生活史》（修訂本），北京：中國社會科學出版社，2005.1，第 291～293 頁。
〔註 23〕《魏書》卷九七《島夷劉裕傳》。
〔註 24〕《晉書》卷一〇四《石勒載記》。
〔註 25〕《晉書》卷一二三《慕容垂載記》。
〔註 26〕《魏書》卷九一《術藝傳》。
〔註 27〕《魏書》卷六〇《韓麒麟傳附韓顯宗傳》。

是日，脩詣領軍于勁第與之樗蒲，籌未及畢，而羽林數人相續而至，稱詔呼之。

世宗宣武帝下詔治罪恩倖趙脩，趙正在他人府中樗蒲，籌碼尚未用盡，即被抓捕。《魏書》卷七六《張烈傳附僧皓傳》：

僧皓尤好蒲弈，戲不擇人，是以獲譏於世。

北魏張僧皓特別喜歡樗蒲，不論什麼人，他都與之較量，因此受到世人的譏笑。

西魏時興起於北方的突厥，與北朝諸代交往頻繁，流風所及，其族「男子好樗蒲，女子踏鞠」〔註28〕。周文帝宇文泰亦喜觀樗蒲之戲：

大統之後，思政雖被任委，自以非相府之舊，每不自安。太祖曾在同州，與群公宴集，出錦罽及雜綾絹數段，命諸將樗蒲取之。物既盡，太祖又解所服金帶，令諸人遍擲，曰：「先得盧者，即與之。」群公將遍，莫有得者。次至思政，乃斂容跪坐而自誓曰：「王思政羈旅歸朝，蒙宰相國士之遇，方願盡心效命，上報知己。若此誠有實，令宰相賜知者，願擲即為盧；若內懷不盡，神靈亦當明之，使不作也，便當殺身以謝所奉。」辭氣慷慨，一坐盡驚。即拔所佩刀，橫於膝上，攬樗蒲，拊髀擲之。比太祖止之，已擲為盧矣。徐乃拜而受。自此之後，太祖期寄更深。〔註29〕

西魏時，宇文泰在同州（治今陝西大荔縣）與群公宴集，拿出數段綾絹，命諸將樗蒲取之。東西取盡，宇文泰又解下身上金帶，令眾人遍擲，先出盧者得之。這些人投擲將要輪完，也沒能擲出盧采。輪到王思政，表情嚴肅跪地發誓說：「思政客居異鄉，歸附朝廷，宰相待之以國士。正願盡心效命，報答知遇之恩。如果這份誠心真實，就使宰相將金帶賜予我，一擲成盧。如果心懷不至誠，神靈也當明察，使我不成功，我便當自殺以答謝宰相對我的恩奉。」講話的言辭氣概慷慨非常，舉座皆驚。立刻拔出佩刀，橫放膝上，攬過樗蒲便擲。等宇文泰阻止時，已經擲為盧了。如此場景確讓人為之捏了一把汗，但也說明王思政必為樗蒲高手。

《北齊書》卷三九《祖珽傳》：

珽性疏率，不能廉慎守道。……諸人嘗就珽宿，出山東大文綾

〔註28〕《隋書》卷八四《突厥傳》。
〔註29〕《周書》卷一八《王思政傳》。

並連珠孔雀羅等百餘疋，令諸姬擲樗蒲賭之，以爲戲樂。……斑以
《遍略》數秩質錢樗蒲，文襄杖之四十。〔註30〕

東魏北齊時祖斑，常與陳元康、穆子容、任胄、元士亮等人一起遊玩。有一
次，他們聚集在一起，拿出一百多匹上等綢緞作爲賭資，讓下人樗蒲相賭，
以此爲樂。祖斑以貪污淫浪聞名，常與紈絝子弟出入娼家，擲樗蒲賭錢。後
爲文襄帝高澄僚屬，將高澄命人辛苦手抄的珍本書獻典籍《華林遍略》偷出
數帙典錢樗蒲，被高澄杖責。

二、握　槊

《魏書》卷九一《術藝傳》：

趙國李幼序、洛陽丘何奴並工握槊。此蓋胡戲，近入中國，云
胡王有弟一人遇罪，將殺之，弟從獄中爲此戲以上之，意言孤則易
死也。世宗以後，大盛於時。

握槊之戲於北魏時由西域傳來，僅流行於北朝，最早是一種西北少數民族中
流行的遊戲。據說由胡王之弟發明，其人犯罪將斬，在獄中研製了握槊這種
遊戲，並將其獻給胡王。意在告誡胡王，如殺兄弟，勢必陷己於孤立，孤則
易致於死，於是胡王便將其釋放。從此握槊這種遊戲便開始流行起來，並傳
入中國北方。世宗宣武帝以後，握槊在北方得到廣泛流行。

關於握槊的玩法，由於史料缺乏，已不能具體知道。〔註31〕我們只能從
典籍的幾處記載中，推知當時握槊的流行情況：

初，世隆曾與吏部尚書元世儁握槊，忽聞局上欻然有聲，一局
之子盡皆倒立，世隆甚惡之。〔註32〕

此記北魏尒朱世隆與人握槊，於中可知握槊亦是一種棋戲。《資治通鑑》卷第
一百五十七：

敦曹與北豫州刺史鄭嚴祖握槊，貴召嚴祖，敦曹不時遣，枷其
使者。使者曰：「枷則易，脫則難。」敦曹以刀就枷刎之，曰：「又
何難！」〔註33〕

〔註30〕《北齊書》卷三九《祖斑傳》。
〔註31〕注：朱大渭：《魏晉南北朝社會生活史》，北京：中國社會科學出版社，1998
　　　　年8月版，第400～401頁，對握槊的玩法有研究推測。
〔註32〕《魏書》卷七五《尒朱彥伯傳附尒朱世隆傳》。
〔註33〕《資治通鑑》卷第一百五十七。

高敖曹為東魏時名將，鮮卑欺辱漢人，敖曹每有迴護，果敢悍狠，令人不敢側目。因握槊而殺人，則又令人咋舌。

北齊寵臣和士開與武成胡皇后有染一事，在歷史上頗為知名，史書幾處記載，起因竟是緣於握槊：

> 初武成時，后與諸閹人褻狎。武成寵幸和士開，每與后握槊，因此與后姦通。〔註34〕

> 武成常使和士開與胡后對坐握槊，孝瑜諫曰：「皇后天下之母，不可與臣下接手。」帝深納之。〔註35〕

> 天保初，世祖封長廣王，辟士開府行參軍。世祖性好握槊，士開善於此戲，由是遂有斯舉。加以傾巧便僻，又能彈胡琵琶，因此親狎。……世祖時，恒令士開與太后握槊，又出入臥內無復期限，遂與太后為亂。〔註36〕

和士開是西域商胡的後代，武成帝高湛喜歡握槊，和士開恰巧精於此道，又會彈琵琶，因此兩人一拍即合。武成帝不僅自己與和士開握槊，還令其陪皇后胡氏握槊，日久遂與皇后曖昧。和士開因此而受到寵愛，權重一時。顏之推於《顏氏家訓》卷第一《教子》篇中批評當時有些人教子弟學琵琶、鮮卑語，以此服事公卿，謀進身之路，達於卿相。和士開即此類也。《北齊書》卷五○《恩倖·韓鳳傳》：

> 壽陽陷沒，鳳與穆提婆聞告敗，握槊不輟，曰：「他家物，從他去。」〔註37〕

韓鳳、穆提婆也是與和士開同時的北齊兩個寵臣。後主高緯時，壽陽被南朝陳將吳明徹攻破，消息傳來，當時韓鳳正與穆提婆握槊。竟然只說了句「本來是南朝的地方，讓他拿去好了」，仍然握槊不止。

此外，《太平廣記》卷二五八載，北齊大將高敖曹曾作《雜詩》三首，其中一首云：「冢子地握槊，星宿天圍棋。開壇甕張口，卷席床剝皮」，從中亦可見握槊流傳之廣。

〔註34〕　《北齊書》卷九《武成胡后傳》。
〔註35〕　《北齊書》卷一一《文襄六王·河南康舒王孝瑜傳》。
〔註36〕　《北齊書》卷五○《恩倖·和士開傳》。
〔註37〕　《北齊書》卷五○《恩倖·韓鳳傳》。

三、圍　棋

　　圍棋活動歷史久遠，是華夏祖先的一項偉大發明創造。堯造圍棋、丹朱善弈的傳說自古流傳。春秋戰國時期，史籍中已有圍棋活動的明確記載。迨及魏晉南北朝，我國圍棋發展亦進入一個承前啓後的重要歷史時期。圍棋活動普及廣泛而深入，遍及大江南北、社會各層；開始根據棋藝的高低對棋手分級定品；圍棋高品名手屢見不鮮；開始出現 19 道圍棋盤，這是圍棋發展史上的重大變化。

　　圍棋活動的迅速普及與發展自然亦會影響到北朝，北朝亦多有精好此道者：

> 弼覽見之，入欲陳奏，遇世祖與給事中劉樹碁，志不聽事。弼侍坐良久，不獲申聞。乃起，於世祖前捽樹頭，掣下床，以手搏其耳，以拳毆其背曰：「朝廷不治，實爾之罪！」世祖失容放碁曰：「不聽奏事，實在朕躬，樹何罪？置之！」〔註38〕

令人驚異的是，作爲游牧民族的首領，北魏太武帝拓跋燾竟然較早接受了漢族這一高雅遊戲，而且沉迷較深，當其下棋之時，不聽奏事。由此亦可見圍棋之魅力。《魏書》卷九一《術藝傳》：

> 高祖時，有范寧兒者善圍碁。曾與李彪使蕭賾，賾令江南上品王抗與寧兒。制勝而還。

北魏孝文帝之時，北方有范寧兒擅圍棋。他曾與李彪一起出使南朝，當時南方是齊武帝蕭賾執政。蕭賾令江南一品棋手王抗與范寧兒較量，此局定必精彩，結果竟然是范寧兒獲勝。江南爲衣冠禮樂之地，文化正朔之鄉，圍棋高手雲集。王抗爲江南著名國手，榮領君命，迎戰外國使節，鎩羽敗北，令人訝異稱奇。《魏書》卷六八《甄琛傳》：

> 入都積歲，頗以弈棋棄日，至乃通夜不止。手下蒼頭常令秉燭，或時睡頓，大加其杖，如此非一。奴後不勝楚痛，乃白琛曰：「郎君辭父母，仕宦京師，若爲讀書執燭，奴不敢辭罪，乃以圍棋，日夜不息，豈是向京之意？而賜加杖罰，不亦非理！」琛惕然慚感，遂從許叡、李彪假書研習，聞見益優。

北魏時，中山人甄琛被舉爲秀才，進入京師後，耽溺棋戲，不思讀書，難以自拔。後經僕人切諫乃止。《魏書》卷一〇四《自序傳》：

〔註38〕《魏書》卷二八《古弼傳》。

> 初，子建爲前軍將軍，十年不徙，在洛閒暇，與吏部尚書李韶、
> 韶從弟延寔頗爲弈棋，時人謂爲耽好。子建每曰：「棋於機權廉勇之
> 際，得之深矣。且吾未爲時用，博弈可也。」及一臨邊事，凡經五
> 年，未曾對局。

北魏魏子建任前軍將軍，十年未被遷徙。閒暇之時，常與人弈棋，並從中總結出一套處世心得。此乃善假於物而不惑於物者也。

北齊河南康舒王高孝瑜，「覆棋不失一道」，〔註 39〕能將一盤棋不失一道地記下來。西魏大將宇文貴「耽弈棋，留連不倦。」〔註 40〕北朝的遊戲已傳出國外，「（百濟）有投壺、樗蒲等雜戲，然尤尙奕棋。」〔註 41〕圍棋在朝鮮半島的百濟，得到了進一步發揚光大。

四、象 戲

史籍有關於象戲發明之記載：

> （天和三年）五月己丑，帝制《象經》成，集百僚講説。〔註 42〕

> 高祖作《象經》，令褒注之。引據該洽，甚見稱賞。〔註 43〕

> 時周武帝爲《象經》，高祖從容謂茂曰：「人主之所爲也，感天
> 地，動鬼神，而《象經》多糾法，將何以致治？」茂竊歎曰：「此言
> 豈常人所及也！」乃陰自結納，高祖亦親禮之。〔註 44〕

《象經》即象戲之經，爲解說規定象戲之玩法，乃周武帝宇文邕所創。今人對之多有研究：

> 北周象戲之制，其法不傳，目前可資利用的原始資料，亦僅存
> 王褒《象經·序》及庾信《象戲賦》、《進象戲賦表》三篇而已，由
> 於它們屬於駢文、辭賦類作品，虛言浮詞，連篇累牘，讀後往往不
> 知所云，仁者見仁，智者見智，爭議頗大。〔註 45〕

> 根據《象戲賦》中的描寫，象戲是一種以棋局上圓象天，下方

〔註 39〕《北齊書》卷一一《文襄六王·河南康舒王孝瑜傳》。
〔註 40〕《周書》卷一九《宇文貴傳》。
〔註 41〕《周書》卷四九《異域·百濟傳》。
〔註 42〕《周書》卷五《武帝紀》。
〔註 43〕《周書》卷四一《王褒傳》。
〔註 44〕《隋書》卷六六《郎茂傳》。
〔註 45〕張如安：《中國象棋史》，北京：團結出版社，1998 年，第 20 頁。

法地的「象天法地」之戲，其規則則與六博相近。故古人云：「象戲
之制……蓋彈棋、格五、六博之遺意也。」這種象戲現在有很多人
都把它看作是中國象棋的最早源頭。〔註46〕

象戲始見於北周時期，被疑爲中國象棋之源頭〔註47〕。周武帝製成象戲後，
令王褒爲之作注並序，庾信作《象戲賦》、《進象戲賦表》。由此推之，王褒、
庾信皆通象戲。象戲發明之後，在北周上層社會當有流傳。

〔註46〕 朴成勇：《遊戲史》，《中國全史》（簡讀本 28），北京：經濟日報出版社，1999
年版，第 200 頁。

〔註47〕 注：朱大渭：《魏晉南北朝社會生活史》，北京：中國社會科學出版社，1998
年 8 月版，第 415～418 頁，對象戲與象棋的關係進行了考察探究，認爲象戲
是周武帝對「四維」進行改造的結果，而「四維」才是象棋的祖型。

第八章　性　愛

　　恩格斯說：「人與人之間的、特別是兩性之間的感情關係，是自從有人類以來就存在的。」〔註1〕性愛是人類文明的產物，性的關係是人類生存並延續生命的本能和欲望。「性愛是男女兩性之間以性本能為生理基礎，以相互愛慕為情感基礎而形成起來的一種包融生理的與心理的、自然的與社會的、道德的與審美的等因素於自身的感情和活動。」〔註2〕性愛是人類社會生活的重要部分和內容，其對人類社會所產生的影響也是人所共知的。人類對「性愛」的認識是在不斷發展的，歷來談到性愛，往往是指發生於兩性之間的性的思想與行為。而現代的廣義的性愛，則還包括同性之間的以性為中心和基礎的思想與行為。本章探討的是廣義的性愛。

第一節　觀念開放

　　大約五千年前，中國社會開始了母系氏族公社向父系氏族公社的過渡，逐漸進入父權制社會，或曰男權社會。男子由於生理上的特點，在漁獵、種植等生產勞動中開始居於主導地位，男性成為社會生活中的主導力量和主要角色。在男權社會裏，男性占統治的、支配的地位，女性處於附屬的、被支配的地位。在漫長的社會發展過程中所形成的性愛觀念、傳統、性地位是極為不平等的，所建立之綱常禮法也都是為保護和滿足男性之利益與欲望的，是以男性為中心並保證男性性特權的。男性屬於性特權階層，拋開倫理道德

〔註1〕　《路德維希·費爾巴哈和德國古典哲學的終結》。
〔註2〕　姜克倫：《性愛與文明探微》，《齊魯學刊》，1995 年第 2 期。

觀念的束縛，在性愛上基本是開放的，可以多妻、縱欲、再娶、婚外性愛，而沒有貞節與貞操觀念的制約。而對女性卻是壓抑與禁錮的，貞潔、保守、禁欲、順從屬於女性。男權社會形成的性觀念相沿既久，遂成科律，且在隨社會發展不斷得以強化發展，女性生活于禁錮之中而不自知。

北朝諸政權爲少數民族所建，鮮卑婦女在北方婦女中占主導地位，沒有中原漢族禮法的束縛，其性觀念與行爲自然呈開放態勢。多民族雜居共存，處於民族融合與交流時期，鮮卑婦女的性觀念對其他民族亦有滲透影響。思想是行爲的先導，北朝時期人們的性愛生活首先決定於其性愛觀念。北朝時期的性愛觀念是較爲開放的，這也決定了北朝人民的性愛在一定程度上是較輕鬆、自由的。綜觀北朝這一歷史時段，婦女的個性得到一定的解放、張揚，婦女的婚戀在一定程度上是較寬鬆、自由的。再嫁、私通等成爲正常現象，各種性形式得到寬容甚至縱容。

一、婦女社會地位較高

性愛的主角爲男女兩性。與南朝漢族婦女相比，北朝時期婦女地位較高，女性的性束縛相對減輕，這也直接影響到性愛的精神與面貌，在兩性生活上呈現出一定開放的風氣。

陳東原在其《中國婦女生活史》中曾論及：「魏晉南北朝三百幾十年間，戰亂相尋，幾無寧歲，婦女生活，多被蹂躪。但因爲紛亂的原故，遂不暇作儒術的提倡，壓迫既小，反動易張。」〔註3〕即是說在整個魏晉南北朝時期，婦女地位都是相對有所提高的。而北朝婦女由於其獨特的歷史沿革、風俗習慣等原因，其社會地位又有突出之處。

北朝鮮卑原爲游牧民族，而在游牧民族中歷來存在尊重母權的習俗，婦女地位較高。夫婦之間，你我相呼，不講婦人敬夫的禮節。受中原正統儒家思想文化影響薰陶少，不把丈夫看成「天」，禮法束縛鬆弛。鮮卑婦女這種地位之形成亦是由其生產生活方式決定的。生存環境導致了游牧民族尚勇好戰、全民皆兵，婦女亦像男子一樣習射練武，躍馬馳騁。由此自然易取得和男子相近甚至平等的地位。

從十六國時期開始，北方各民族互相交往、滲透，諸少數族在接受漢族文化的同時，少數民族的文化同樣亦影響到漢人。漢族向來以儒家禮教爲正

〔註3〕 陳東原：《中國婦女生活史》，北京：商務印書館，1998 年 4 月，第 62 頁。

統文化，男尊女卑，男主外女主內，婦女不能參加政治、社會活動。而鮮卑族習俗，則婦女不但主持家務，還可以進行社交，從事政治活動，婦女穿戴精美的服裝和貴重的首飾，乘車外出交往。她們同其他時期其他地區的婦女不同，她們不去低眉順目地無條件服從夫權，而是要和丈夫具有平等的社會地位，甚至要求丈夫服從自己。《洛陽伽藍記》卷四《城西・開善寺》條載：

> 阜財里內有開善寺，京兆人韋英宅也。英早卒。其妻梁氏不治
> 喪而嫁，更納河內人向子集爲夫。雖云改嫁，仍居英宅。

由這一事例看出，女子雖然改嫁，但卻是男方入住女方之宅，正反映了婦女的地位與過去不同。社會地位既高，加之較少漢族綱常禮法的束縛，表現在性愛生活方面也自然會有所不同，無論觀念與行爲都表現出鮮明的開放風氣。

二、社會遺俗影響

北朝鮮卑族在建立封建政權前，尚處於部落聯盟向階級社會過渡時期，文化極爲落後。然正因其落後，故保存有原始初民之淳樸民風民俗。部落成員在婚姻及性愛生活方面較少束縛，多較率意。「以季春月大會於饒樂水上，飲宴畢，然後配合，」〔註4〕鮮卑男女基本是自由擇偶，沒有漢族禮法的限制。漢族婦女婚姻，往往大多受「父母之命、媒妁之言」的約束，而鮮卑婦女在這方面則比較自由。即便是在其在進入中原接受漢族的生產生活方式以後，仍在一定程度上保有自己民族的風格與特色。高歡之妻婁氏，就是自擇配偶的。《北齊書》卷九《神武婁后傳》：

> 神武明皇后婁氏，諱昭君，贈司徒內干之女也。少明悟，強族
> 多聘之，並不肯行。及見神武於城上執役，驚曰：「此眞吾夫也。」
> 乃使婢通意，又數致私財，使以聘己，父母不得已而許焉。

當然更多的落後的婚姻遺俗亦得以保留。如原始婚俗中群婚與雜交的婚姻狀況，「詰汾皇帝無婦家，力微皇帝無舅家」，〔註5〕這就說明拓跋族保持著野合群婚的原始婚俗遺風。「從朝廷到民間，兄弟姐妹間的同姓婚，亞血緣關係的近親婚，完全不計輩分的亂婚、早婚等現象尚未絕迹，弟娶嫂，哥娶弟妹現象時有發生。一家老小同居一個穹廬，不分內外，男女親昵不避耳目。」〔註6〕婚姻中族內婚、近親婚、異輩婚、收繼婚（烝報婚）、媵婚、搶

〔註4〕　《後漢書》卷九〇《烏桓鮮卑列傳》。
〔註5〕　《魏書》卷一《序紀》。
〔註6〕　馬華祥：《論北朝民歌的民族風格》，《新鄉師範高等專科學校學報》2002年第

婚、賜婚等大量存在。這在漢族的倫理觀念看來無疑是野蠻、落後的，屬亂倫、大逆甚至禽獸之行。而且在這些婚俗中，女性多是被動被迫的，處於受凌辱受踐踏的地位。但這種性關係的隨意混亂，從另一方面對婦女的性觀念亦產生影響，就是減少甚至沒有了漢族綱常禮法的束縛限制，性結合自由，沒有漢族的貞潔貞操觀念。

　　傳統習俗影響性觀念與行為。北朝時期對男女關係的態度是較為寬鬆的，婚姻也是相對自由的。兩性生活中婚外情的多發、性關係的放任混亂、貞潔觀念淡薄等均與其原始性遺俗密切相關。

三、開放觀念在民歌中之表現

　　北朝時期開放的性愛觀念在民歌中有突出反映。婦女地位高，尚武之風、原始婚姻遺俗的影響等，使北朝婦女在表達感情上是直接而熱烈的，她們純樸率真、豪爽大膽，沒有忸怩作態、半遮半掩。「北朝鮮卑婦女，與南朝那種嬌羞柔媚的『碧玉小家女』不同，別具豪爽、熱烈、潑辣之性。她們對愛情的追求，沒有南朝婦女那種空靈的幻想和浪漫的氣息，一切都是實際的、直率的、乾脆利落的。這裡沒有委婉纏綿的情思，也沒有娓娓動聽的傾訴，一切都是粗獷的、大膽的，是女子直接要求出嫁的呼聲。」〔註7〕如《地驅歌樂辭》（選三首）：

　　　　驅羊入谷，自羊在前。老女不嫁，蹋地喚天。

　　　　側側力力，念君無極。枕郎左臂，隨郎轉側。

　　　　摩捋郎鬚，看郎顏色。郎不念女，不可與力。〔註8〕

愛情婚姻的原始性使得游牧民族的愛情表白特別大膽熱烈，放肆而無顧忌。第一首寫未嫁大齡女子的感受，直吐心事，迫切之情，呼之欲出。第二、三首寫與情郎相會親昵，表白愛情坦率自然，毫無扭捏之態。本書第一章所舉《折楊柳枝歌》三首、《捉搦歌》二首抒寫待嫁女子渴望結婚的迫切心情，坦白直接，不加掩飾。

　　此外，《折楊柳歌辭》「腹中愁不樂，願為郎馬鞭。出入攬郎臂，蹀坐郎

　　　　1期。

〔註7〕　莊華峰：《北朝時代鮮卑婦女的生活風氣》，《民族研究》1994年第6期。

〔註8〕　〔宋〕郭茂倩：《樂府詩集》，北京：中華書局，1979年11月第1版，第二冊，第二十五卷，第366～367頁。

膝邊」〔註9〕，毫不掩飾地直白自己盼見情郎的急切熱烈之情。《幽州馬客吟歌辭》「南山自言高，只與北山齊。女兒自言好，故入郎君懷」，〔註10〕大膽示愛，毫無遮掩。另一首「郎著紫袴褶，女著彩夾裙。男女共燕遊，黃花生後園」，〔註11〕直筆描寫青年男女靚妝出遊，共度美好時光。《捉搦歌》「誰家女子能行步，反著袂襠後裙露。天生男女共一處，願得兩個成翁媼」〔註12〕，寫女子一聽到喜訊便興沖沖趕去相會，衣裙穿反也在所不顧。

北朝民歌生動表現了北朝婦女在追求愛情婚姻上的熱烈大膽，反映了她們自由開放的性愛觀念。

第二節 婚 姻

進入文明社會以後，婚姻是人類性愛的主要部分和內容。北朝是中國歷史上民族融合民族交流的重要時期，亦是游牧民族向階級社會、向封建化轉化的時期。社會生活波瀾壯闊，多姿多彩，反映在婚姻上也是複雜多樣的。

一、早 婚

早婚是封建社會中以皇室為首的上層社會較為普遍的現象。北朝時期則不僅上層社會盛行早婚，社會其他各階層亦多早婚現象。

《後漢書》卷七六《任延傳》載：「又駱越之民無嫁娶禮法，各因淫好，無適對匹，不識父子之性，夫婦之道。延乃移書屬縣，各使男年二十至五十，女年十五至四十，皆以年齒相配。」任延為官邊遠地區，為改變當地落後婚俗，規定男女婚嫁年齡為男20、女15歲。此應是中原漢族地區之男女婚齡。北朝婚齡，多低於此，故謂早婚。

首先北朝時期以皇室為中心的上層社會多有早婚。據朱大渭統計，北魏獻文帝讓位時年僅17歲，而其子孝文帝已5歲。北魏平文皇后王氏、孝文昭

〔註9〕 〔宋〕郭茂倩：《樂府詩集》，北京：中華書局，1979年11月第1版，第二冊，第二十五卷，第369頁。

〔註10〕 〔宋〕郭茂倩：《樂府詩集》，北京：中華書局，1979年11月第1版，第二冊，第二十五卷，第370頁。

〔註11〕 〔宋〕郭茂倩：《樂府詩集》，北京：中華書局，1979年11月第1版，第二冊，第二十五卷，第370頁。

〔註12〕 〔宋〕郭茂倩：《樂府詩集》，北京：中華書局，1979年11月第1版，第二冊，第二十五卷，第369頁。

皇后高氏均爲 13 歲出嫁；北魏文明后馮氏、孝文幽皇后馮氏、宣武順皇后於氏均爲 14 歲出嫁。北齊誅殺皇族高儼時，高儼年僅 14 歲，但卻有遺腹子 5 人。〔註 13〕

　　早婚不但在最高當權者，而且在大臣中也頗爲盛行。北魏夏侯道遷，17 歲時家裏就爲其娶韋氏之女。〔註 14〕北周長孫澄，年 10 歲，司徒李琰之便以女妻之。〔註 15〕於翼，年 11 時娶周太祖文帝宇文泰之女平原公主。〔註 16〕這些事例都是低於兩漢時期的婚齡的。

　　庶民和一般百姓中也普遍存在早婚現象。西魏大統十二年（546 年）「夏五月，詔女年不滿十三以上，勿得以嫁。」〔註 17〕可見在此以前，女子不滿 13 歲而嫁的現象很多，否則，政府不會發此詔書。北周武帝建德三年（574 年）更明確規定：「自今已後，男年十五，女年十三已上，爰及鰥寡，所在軍民，以時嫁娶，務從節儉，勿爲財幣稽留。」〔註 18〕周武帝這道詔書，當是對男女婚齡的一個法律上的規定。由此亦可見，北朝時期北方人民的通婚年齡一般爲男十五六，女十三四。當然，婚齡是一個複雜的社會問題，這裡所說的早婚也並非絕對，高於此婚齡的也當不少。這裡旨在說明早婚現象在北朝時期大量而普遍地存在。

　　造成早婚的原因主要有三。一是與原始婚姻性愛遺俗有關。鮮卑族在進入中原前夕，尚爲氏族社會，過著游牧生活，部落內仍保有原始群婚的習俗。婚姻觀念開放而自由，男女懷春，自由結合，故多早婚。二是戰爭與社會生產發展的需要。古代社會無論是戰爭還是生產都需要大量人口，早婚亦是適應此需要的產物。三是和門第婚姻有關。「早婚現象在門閥世族中，則有更爲普遍的表現。由於門第觀念人爲地縮小了擇偶範圍，大族人家都唯恐遲之爲患，把結婚與訂婚的年齡一再提前。」〔註 19〕

〔註 13〕朱大渭：《魏晉南北朝社會生活史》，北京：中國社會科學出版社，2005 年 1 月第 1 版，第 243～244 頁。

〔註 14〕《魏書》卷七一《夏侯道遷傳》。

〔註 15〕《周書》卷二六《長孫紹遠傳附弟澄傳》。

〔註 16〕《周書》卷三〇《於翼傳》。

〔註 17〕《北史》卷五《魏本紀第五》。

〔註 18〕《周書》卷五《武帝紀》。

〔註 19〕石方：《中國性文化史》，哈爾濱：黑龍江人民出版社，2003 年 1 月第 2 次修訂版，第 156 頁。

二、近親婚

「男女同姓，其生不蕃」，〔註20〕「同姓不婚，惡不殖也」。〔註21〕中原漢族文明早已認識到「同姓」及近親通婚的危害，因此在現實生活中是禁止同姓近親成婚的。而北朝鮮卑族受其原始婚姻習俗的影響，仍存在大量的近親婚。近親婚從血緣上可分爲血親與非血親，從形式上可分爲同姓婚、同輩婚、異輩婚、收繼婚、媵制等。

同姓婚指同姓近親婚配。《魏書》卷一一三《官氏志》在宗族十姓後特別注明「百世不通婚」，此規定當是太和二十年孝文帝改鮮卑複姓以後。可見在此以前同姓婚廣爲存在。北周武帝初年長孫紹遠「出爲河州刺史。河右戎落，向化日近，同姓婚姻，因以成俗。紹遠導之以禮，大革弊風。」〔註22〕可見至北周時期，一些偏遠地區，漢化未及之處，仍有同姓婚存在。

同輩婚爲近親同輩婚配。如北魏馮穆是樂安長公主之子，孝文帝是馮穆的舅舅，但馮穆卻娶了舅舅的女兒順陽長公主。〔註23〕宣武帝是高颺外孫，娶高颺之孫女，這是姑之子娶舅之女。高颺的孫子高猛娶宣武帝之妹長樂公主，又是舅之子娶姑之女。〔註24〕李延寔爲孝莊帝元舅，其子李彧娶莊帝姊豐亭公主，關係亦如高猛與長樂公主。〔註25〕趙郡李順，其妹嫁崔浩之弟，崔浩弟之子又娶李順之女，此爲姑子娶舅女。〔註26〕李孝伯娶清河崔賾女，〔註27〕范陽盧度世也娶崔賾女爲妻，而李孝伯女又嫁給盧度世子盧淵，〔註28〕這是姨表兄弟姐妹互爲婚姻。博陵崔巨倫有姐因眇一目未能出嫁，其家欲將其下嫁，其姑母李叔胤之妻爲保家族門第，將侄女納爲兒媳。〔註29〕

異輩婚指近親異輩通婚。異輩婚在北朝亦較普遍，較顯著例子如：

> 文明太皇太后欲家世貴寵，乃簡熙二女俱入掖庭，時年十四。

〔註20〕《春秋左氏傳》僖公23年。
〔註21〕《國語》卷第十《晉語》。
〔註22〕《北史》卷二二《長孫道生傳附長孫紹遠傳》。
〔註23〕《魏書》卷八三《外戚・馮熙傳》。
〔註24〕《魏書》卷八三《外戚・高肇傳》。
〔註25〕《魏書》卷八三《外戚・李延寔傳》。
〔註26〕《魏書》卷三六《李順傳》。
〔註27〕《魏書》卷五三《李孝伯傳》。
〔註28〕《漢魏南北朝墓誌集釋》，圖版37，盧令媛《志》。
〔註29〕《魏書》卷五六《崔辯傳附崔武傳》。

其一早卒。后有姿媚，偏見愛幸。未幾疾病，文明太后乃遣還家爲
尼，高祖猶留念焉。〔註30〕

馮熙爲文明馮太后之同胞兄長。馮太后爲使馮氏家族世代貴寵，將同胞長兄
馮熙的二個女兒納入宮裏。孝文帝先後將兩女立爲皇后，這兩位即是孝文帝
元宏的大小馮后。史書一稱馮廢后，一稱馮幽后。馮太后將兄長之女嫁與己
孫孝文帝，爲近親婚且於輩分不合。《魏書》卷四四《乙瓌傳》：

（乙瓌）尚上谷公主，世祖之女也。……（乙瓌子乾歸）復尚
恭宗女安樂公主。……（乙瓌子瑗）尚淮陽公主，高祖之女也。

乙瓌娶世祖太武帝拓跋燾之女上谷公主，其子乾歸娶恭宗景穆帝拓跋晃（太
武帝拓跋燾之長子）之女安樂公主，這屬同輩近親婚。乙瓌之另一子乙瑗所
娶爲高祖孝文帝元宏之女淮陽公主，則爲近親異輩婚。

河間王元琛之妃，乃「世宗舅女，高皇后妹。」〔註31〕元琛爲宣武帝從
父，卻娶了宣武帝的舅女。《北史》卷一四《后妃下》又載：

彭城太妃尒朱氏，榮之女，魏孝莊后也。神武納爲別室，……
小尒朱者，兆之女也。初爲建明皇后。神武納之，生任城王。〔註32〕

尒朱兆爲尒朱榮之從子，高歡納彭城太妃與小尒朱，二女相差一輩。

收繼婚，又稱逆緣婚，烝報婚，指有夫亡故，父叔輩與子姪輩、兄弟之
間互收其妻等行爲。「收繼婚之流行，初期可能主要是爲了族的繁衍傳代。
後來隨著私有制的不斷髮展和婦女地位的日益低下，這種婚制逐漸突出了婦
女被當作一種財產的含義。丈夫去世後，其妻由同族中的成員接收，以確保
『財產』繼續留在本族內，不致外流。收繼婚不僅避免了因嫁婦轉嫁他人造
成的財產和勞動力的外流，而且對亡夫的子女做了最理想的安排，實爲解決
丈夫死後家庭困難的好辦法。再者，收繼婚一般不舉行特別儀式，也無須再
行聘禮，可以省去大量的聘娶費用。」〔註33〕

收繼婚主要存在於中國周邊落後的少數民族地區，以漢民族爲主體的中
原文明對此持擯斥態度，目之爲「亂倫」、「禽獸」之行。漢人烝父妾，妻假
母者，亦偶有之，然爲禮法世俗所不容。《世說新語》卷下之上《容止第十四》
載：

〔註30〕《魏書》卷一三《皇后列傳》。
〔註31〕《魏書》卷二〇《文成五王·河間王若傳附子琛傳》。
〔註32〕《北史》卷一四《后妃下》。
〔註33〕趙志堅：《北朝婦女再婚考述》，《民俗研究》，1995年第1期。

> 魏武帝崩，文帝悉取武帝宮人自侍。及帝病困，卞后出看疾。
> 太后入戶，見直侍並是昔日所愛幸者。太后問：「何時來邪？」云：
> 「正伏魄時過。」因不復前而歎曰：「狗鼠不食汝餘，死故應爾！」
> 至山陵，亦竟不臨。

魏武帝曹操死後，文帝曹丕把武帝的宮女全都留下來侍奉自己。到文帝病重的時候，他母親卞后去看他的病。卞太后一進內室，看見值班、侍奉的都是從前曹操所寵愛的人。太后就問她們：「什麼時候過來的？」她們說：「正在招魂（指曹操將死之時）時過來的。」太后便不再往前去，歎息道：「狗鼠也不吃你吃剩的東西，確是該死呀！」一直到文帝去世，太后竟也不去哭弔。卞太后即認為曹丕行同禽獸，與中國傳統道德觀念不相容。

收繼婚是北朝鮮卑中表現較為突出的一種婚姻現象。「父卒，妻其群母；兄亡，妻其諸嫂」，〔註34〕收繼婚在鮮卑族進入進入中原以前是普遍實行的制度。進入中原後，北朝鮮卑雖逐步走向漢化，但收繼婚並未隨之很快排除和消失。收繼婚有同輩和不同輩之分，同輩的收繼婚即兄死而弟妻其嫂；不同輩的收繼婚則有兩種，父叔輩佔有子侄媳婦，子侄輩佔有群母、嬸娘。〔註35〕茲舉數例：

> 「吾兄昔姦我婦，我今須報。」乃淫於后。〔註36〕

> 文宣皇后李氏，……武成踐祚，逼后淫亂，云：「若不許，我
> 當殺爾兒。」后懼，從之。後有娠。〔註37〕

> 元韶字世胄，……齊神武帝以孝武帝后配之。〔註38〕

以上為同輩收繼婚。北齊文襄帝高澄與文宣帝高洋相互佔有其妻，武成帝高湛妻其嫂李氏。元韶與魏孝武帝是從兄弟，而孝武皇后是高歡之女，高歡讓寡居女兒再嫁元韶，當是依妻嫂之習俗。《周書》卷七《宣帝紀》：

> 西陽公溫，杞國公亮之子，即帝之從祖兄子也。其妻尉遲氏有
> 容色，因入朝，帝遂飲之以酒，逼而淫之。亮聞之，懼誅，乃反。
> 才誅溫，即追尉遲氏入宮，初為妃，尋立為皇后。〔註39〕

〔註34〕《晉書》卷九七《四夷・吐谷渾傳》。
〔註35〕參見：王曉衛：《北朝鮮卑婚俗考述》，《中國史研究》1988 年第 3 期。
〔註36〕《北齊書》卷九《文襄元后傳》。
〔註37〕《北齊書》卷九《文宣李后傳》。
〔註38〕《北齊書》卷二八《元韶傳》。
〔註39〕《周書》卷七《宣帝紀》。

此爲異輩收繼婚之父叔輩占子侄媳婦。北周宣帝先逼姦從祖兄子宇文溫之妻尉遲氏，後誅宇文溫，將其妻收入宮中，後立爲皇后，此爲從父佔有侄媳。另據周一良考證所得：北魏昭成帝什翼犍於其子獻明帝寔死後，以其子婦寔妻賀氏爲妻，以其孫拓跋珪爲子，又與賀氏生秦王觚。〔註 40〕此爲異輩收繼婚之翁媳婚配。

此外，北海王元詳「蒸於安定王燮妃高氏，高氏即茹皓妻姊。」〔註 41〕北海王詳烝從父安定王燮妃高氏，乃侄烝嬸。文襄帝高澄蒸蠕蠕公主，乃子烝母。〔註 42〕

滕制，即「同長姊結婚的男子有權把她的達到一定年齡的一切妹妹也娶爲妻子」。〔註 43〕滕制在商周時期盛行，秦漢以後式微，但在北方游牧民族中卻長期存在。北朝時期仍存滕制現象，《魏書》卷一三《皇后列傳》：

> 太武皇后赫連氏，赫連屈丐女也。世祖平統萬，納后及二妹俱
>
> 爲貴人，後立爲皇后。

北魏太武帝拓跋燾納三姊妹爲貴人，另前述孝文帝納馮熙二女爲妃，均屬滕制之影響存留。

進入文明社會，特別是受到漢文化深刻影響之後，北朝各代統治者亦逐漸意識到近親婚之危害，遂屢發詔令，欲通過行政手段來禁絕此俗：

> （北魏孝文帝）十有二月癸丑，詔曰：「淳風行於上古，禮化
> 用乎近葉。是以夏殷不嫌一族之婚，周世始絕同姓之娶。斯皆教隨
> 時設，治因事改者也。皇運初基，中原未混，撥亂經綸，日不暇給，
> 古風遺樸，未遑釐改，後遂因循，迄茲莫變。朕屬百年之期，當後
> 仁之政，思易質舊，式昭惟新。自今悉禁絕之，有犯以不道論。」
>
> 〔註 44〕

這是由文明馮太后主持，於北魏太和七年（484 年），下詔禁止同姓婚。如有犯者，以「不道」論處，判以腰斬之刑，刑罰可謂嚴苛。西魏、北周，亦曾下詔，禁止近親婚：

〔註 40〕周一良：《魏晉南北朝史箚記》，北京：中華書局，1958 年版，第 345～349
頁。

〔註 41〕《魏書》卷二一《獻文六王上・北海王詳傳》。

〔註 42〕《北史》卷一四《后妃下》。

〔註 43〕《馬克思恩格斯選集》，北京：人民出版社，1972 年版，第 4 卷，第 45 頁。

〔註 44〕《魏書》卷七上《高祖孝文帝紀上》。

　　　　（西魏文帝）九年春正月，降罪人。禁中外及從母兄弟姊妹爲
　　婚。〔註45〕

　　　　（北周武帝建德六年六月）丁卯，詔曰：「同姓百世，婚姻不
　　通，蓋惟重別，周道然也。而娶妻買妾，有納母氏之族，雖曰異宗，
　　猶爲混雜。自今以後，悉不得娶母同姓，以爲（妻）妾。其已定未
　　成者，即令改聘。」〔註46〕

禁令的頒佈說明近親婚在民間也是廣爲存在的。然而，舊有婚俗是難以遽然
割斷的。以大力推行漢化的文明馮太后和孝文帝尚難脫其影響，其他人等可
想而知。

三、再　婚

　　再婚，指離異或失偶男女重新婚配。再婚包括再嫁與再娶。在男權至上
的中國封建社會，再婚主要是指婦女而言。

　　再婚是魏晉南北朝時期較爲常見現象，蓋因此一時期思想解放，禮法鬆
弛；戰亂紛仍，男子大量死亡，因之產生眾多寡婦；戰爭目的亦多爲掠奪婦
女；爲增殖人口之需要政府亦用行政命令迫使寡婦再嫁。北方游牧民族性愛
觀念開放，婦女地位高，婚戀自由，再婚亦屬普遍。

（一）皇室婦女再婚

　　以皇帝爲首的皇室集團，處於權力的頂峰，社會的最上層，歷來享有種
種特權，不受禮法約束，婚姻上自然亦如此。北朝皇后、公主再婚事例頗多。
《魏書》卷九九《盧水胡沮渠蒙遜傳附牧犍傳》載：

　　　　是年，人又告牧犍猶與故臣民交通謀反，詔司徒崔浩就公主第
　　賜牧犍死。牧犍與主訣，良久乃自裁，葬以王禮，諡曰哀王。及公
　　主薨，詔與牧犍合葬。公主無男，有女以國甥親寵，得襲母爵爲武
　　威公主。

《魏書》卷八三上《外戚·李惠傳》：

　　　　初，世祖妹武威長公主，故涼王沮渠牧犍之妻。世祖平涼州，
　　頗以公主通密計助之，故寵遇差隆。詔蓋尚焉。蓋妻輿氏，以是而
　　出。

〔註45〕《北史》卷五《魏本紀第五》。
〔註46〕《周書》卷六《武帝紀下》。

武威公主爲太武帝拓跋燾之妹，先嫁沮渠牧犍。牧犍被誅後，拓跋燾見她和女兒相依爲命，十分孤獨，大爲憐憫，便讓她在朝中大臣中選擇一個丈夫。武威公主便選擇了左將軍、南郡公李蓋。李蓋當時已有正妻與氏，只好離婚。《魏書》卷五九《劉昶傳附劉承緒傳》：「昶適子承緒，主所生也。少而尫疾。尙高祖妹彭城長公主，爲駙馬都尉，先昶卒，贈員外常侍。」《魏書》卷六三《王肅傳》又載：「詔肅尙陳留長公主，本劉昶子婦彭城公主也，賜錢二十萬，帛三千匹。」〔註47〕可見，彭城長公主，先嫁劉昶之子承緒。承緒早死，於是彭城長公主又嫁給了王肅。王肅爲東晉名相王導之後，降魏後受到北魏禮遇，授官賜婚。

北魏孝武帝之妹，「初封平原公主，適開府張歡。歡性貪殘，遇后無禮，又常殺后侍婢。后怒，訴之於帝，帝乃執歡殺之。改封後爲馮翊公主，以配太祖，生孝閔帝」。〔註48〕孝武帝元修處死殘暴之妹婿，繼將妹改嫁於北周太祖宇文泰，後爲文帝元皇后。

北魏以後，皇室再婚仍屬屢見不鮮。《北史》卷一四《后妃下》載：

> 小尒朱者，兆之女也。初爲建明皇后。神武納之，生任城王。未幾，與趙郡公琛私通，徙於靈州。後適范陽盧景璋。

> 上黨太妃韓氏，軌之妹也。神武微時欲娉之，軌母不許。及神武貴，韓氏夫已死，乃納之。

北齊神武帝高歡所納之小尒朱氏本是北魏長廣王元曄妻，繼被高歡納之，後又再嫁盧景璋。上黨太妃韓氏，高歡於未發迹時即欲娶之，未得，待富貴後娶之，已屬再婚。高歡還將魏孝武帝皇后改嫁彭城王之孫元韶。〔註49〕東魏孝靜皇后高氏，於北齊建立後，「降爲中山王妃，後降於尙書左僕射楊遵彦」，〔註50〕於國亡後兩次改嫁。武成帝高湛所納弘德夫人李氏，「初爲魏靜帝嬪，武成納焉。生南陽王仁盛，爲太妃。」〔註51〕北齊後主皇后斛律氏，「左丞相光之女也。初爲皇太子妃。後主受禪，立爲皇后。武平三年正月生女，帝欲悅光，詐稱生男，爲之大赦。光誅，後廢在別宮，後令爲尼。齊滅，嫁爲

〔註47〕 《魏書》卷六三《王肅傳》。
〔註48〕 《周書》卷九《皇后列傳》。
〔註49〕 《北齊書》卷二八《元韶傳》。
〔註50〕 《魏書》卷一三《皇后·孝靜皇后高氏傳》。
〔註51〕 《北史》卷一四《后妃傳》。

開府元仁妻」。〔註52〕北齊孝昭皇后元氏，「以齊亡入周氏宮中。隋文帝作相，放還山東」。〔註53〕北齊後主皇后胡氏亦改嫁。〔註54〕以上北齊後主皇后斛律氏、孝昭皇后元氏、後主皇后胡氏皆於齊滅後再嫁。新朝帝王納取前朝後宮在封建社會可謂常見現象，但被正式冊封爲「夫人」、「太妃」則比較鮮見了。由此亦可見再婚在北朝乃普遍正常現象，再婚婦女並未受到歧視。

需要指出的是，在這些再婚事例中，婦女處被動者可能居多。尤其是皇后再婚，作爲帝王附屬物的婦女是不能選擇和決定自己命運的。但作爲公主，則有時可以處主動地位，掌握自己命運的機會也大一些，她們可以按照自己的心意選擇再婚對象。《魏書》卷六四《張彝傳》：

> 時陳留公主寡居，彝意願尚主，主亦許之。僕射高肇亦望尚主，主意不可。肇怒，譖彝於世宗，稱彝擅立刑法，勞役百姓。詔遣直後萬貳興馳驛檢察。貳興，肇所親愛，必欲致彝深罪。彝清身奉法，求其愆過，遂無所得。見代還洛，猶停廢數年，因得偏風，手腳不便。

北魏宣武帝時，陳留公主寡居，撫軍將軍張彝想與公主結親，遂主動求婚，公主欣允。然不料僕射高肇也想娶公主，但卻遭公主斷然拒絕。高肇遂因妒生怒，構誣讒害。張彝因此而致停官中風。此亦爲公主自主選擇婚嫁對象之事例。

蕭宗孝明帝時，「太原長公主寡居，與詢私奸，蕭宗仍詔詢尚焉」，〔註55〕寡居公主主動尋夫，孝明帝元詡成人之好予以配婚。東魏時，「魏京兆王愉女平原公主寡居，騰尚之，公主不許。侍中封隆之無婦，公主欲之，騰妒隆之，遂相間構。高祖啓免騰官，請除外任，俄而復之」。〔註56〕孫騰當時爲勢高權重的人物，寡居公主卻自有意中人。高歡便建議朝廷罷免孫騰的官職，請朝廷把他外放。

（二）其他階層婦女再婚

皇室以外，文武百官、士族平民等其他各階層婦女，再婚亦是普遍現象。《魏書》卷一六《道武七王·河南王曜傳附子元鑒傳》：

〔註52〕《北齊書》卷九《後主斛律后傳》。
〔註53〕《北齊書》卷九《孝昭元后傳》。
〔註54〕《北齊書》卷九《胡后傳》。
〔註55〕《魏書》卷四五《裴駿傳附裴詢傳》。
〔註56〕《北齊書》卷一八《孫騰傳》。

> 高祖崩後，和罷沙門歸俗，棄其妻子，納一寡婦曹氏爲妻。曹
> 氏年齒已長，攜男女五人隨鑒至歷城，干亂政事。

北魏河南王元曜之孫元和，本爲沙門，卻有妻子。孝文崩後，元和棄僧還俗，與妻子離異，納寡婦曹氏。曹氏年長，且攜子女五人。「干亂政事」則反映了婦女在家庭中地位較高，甚至與丈夫享有平等權利。《北史》卷一七《景穆十二王上・京兆王子推傳附元仲景傳》：

> 仲景既失妻子，乃娶故尒朱天光妻也列氏。本倡女，有美色，仲景甚重之。經數年，前妻叔袁紇氏自洛陽間行至。也列遂徙居異宅。久之，有姦。事露，詔仲景殺之。仲景寵情愈至，謬殺一婢，蒙其屍而厚葬以代焉。列徙於密處，人莫知其詐。仲景三子濟、鍾、奉，叔袁紇氏生也，皆以宗室，早歷清官。仲景以列尚在，恐妻子漏之，乃謀殺袁紇。紇先覺，復欲陰害列。列謂從奴曰：「若袁紇殺我，必投我廁中；我告丞相，冀或不死。若不理首愆，猶埋我好地，爾爲我告之。」奴遂告周文帝。周文依奏，詔笞仲景一百，免右僕射，以王歸第。也列以自告而逐之。仲景猶私不已。又有告者，詔重笞一百，付宗正，官爵盡除。仲景仍通焉。後周文帝以其歷任有令名，且杖策追駕，乃奏復官爵。也列、袁紇於是同居。

此爲北魏末，高歡將至洛陽，元仲景拋棄妻子隻身逃往長安，娶寡婦尒朱天光妻也列氏。後前妻亦至長安，元仲景仍與也列氏有來往，雖然魏帝下詔命元仲景殺也列氏，但元仲景殺一婢代之。元仲景甚至謀殺袁紇，袁紇也欲殺也列氏，最後宇文泰出面方才平息此事。此例同樣反映了婦女再嫁之普遍正常，且不影響其婚後家庭地位。《北齊書》卷二六《薛琡傳》：「魏東平王元匡妾張氏淫逸放恣，琡初與奸通，後納以爲婦。惑其讒言，逐前妻於氏」，〔註57〕北齊薛琡，先與人妾私通，繼納爲己婦，逐己妻。「淫逸放恣」，反映了當時婦女於性愛上的開放程度。博陵崔孝芬「養貧家子賈氏以爲養女，孝芬死，其妻元更適鄭伯猷，攜賈於鄭氏」，〔註58〕此爲夫死攜女再嫁之例。婦女再婚與離婚都較爲自由、隨意，沒有禮法束縛，不影響其家庭地位與社會地位，能爲家庭和社會所接受。

〔註57〕《北齊書》卷二六《薛琡傳》。
〔註58〕《北齊書》卷一八《孫騰傳》。

（三）賜　婚

賜婚是再婚的另一途徑與表現。由皇帝將掠奪之婦女或罪人之妻女賜給臣下或士兵。這在封建社會較爲常見，因戰爭的目的之一即爲掠奪婦女，對所掠婦女要進行再分配。史書中不乏此類記載：

> （豆代田）從討平涼，擊破赫連定，得奚斤等。世祖以定妻賜之。〔註59〕

> 乙巳，車駕入城，虜昌群弟及其諸母、姊妹、妻妾、宮人萬數，府庫、珍寶、車旗、器物不可勝計，擒昌尚書王買、薛超等及司馬德宗將毛修之、秦雍人士數千人，獲馬三十餘萬匹，牛羊數千萬。以昌宮人及生口、金銀、珍玩布帛班賚將士各有差。〔註60〕

> 甲午，破白龍餘黨於五原。詔山胡爲白龍所逼及歸降者，聽爲平民。諸與白龍同惡，斬數千人，虜其妻子，班賜將士各有差。〔註61〕

豆代田跟隨太武帝拓跋燾破赫連定，太武帝以赫連定之妻賞之。太武帝拓跋燾在兩次戰爭中將所獲婦女賞與將士。

東魏時高歡「請邙山之俘，釋其桎梏，配以人間寡婦。」〔註62〕釋放俘虜以配寡婦，其目的顯然是爲增加人口。北齊時文宣帝高洋「發山東寡婦二千六百人以配軍士，有夫而濫奪者五分之一。」〔註63〕其中不僅是寡婦，還強奪有夫之婦以配軍士，一是爲解決士兵性需要，一是爲增加人口。

東魏北齊，多有婦女因夫家坐事被沒入官，被皇帝轉賜大臣：

> 有皇甫氏，魏黃門郎元瑀之妻，弟謹謀逆，皇甫氏因沒官。詔美其容質，上啓固請，世宗重違其意，因以賜之。〔註64〕

> 魏尚書僕射范陽盧道處女爲右衛將軍郭瓊子婦，瓊以死罪沒官，高祖啓以賜元康爲妻，元康乃棄故婦李氏，識者非之。〔註65〕

> 魏太常劉芳孫女，中書郎崔肇師女，夫家坐事，帝並賜收爲妻，

〔註59〕《魏書》卷三〇《豆代田傳》。
〔註60〕《魏書》卷四《世祖太武帝紀》。
〔註61〕《魏書》卷四《世祖太武帝紀》。
〔註62〕《魏書》卷一二《孝靜帝紀》。
〔註63〕《北齊書》卷四《文宣帝紀》。
〔註64〕《北齊書》卷一六《段榮傳附子韶傳》。
〔註65〕《北齊書》卷二四《陳元康傳》。

　　時人比之賈充置左右夫人。〔註66〕

　　　　後帝以其妃陸氏配儀同劉郁捷，舊帝蒼頭也，以軍功見用，時
　　令郁捷害濬，故以配焉。〔註67〕

　　　　以其妃李氏配馮文洛，是帝家舊奴，積勞位至刺史，帝令文洛
　　等殺渙，故以其妻妻焉。〔註68〕

陳元康所得郭瓊兒媳，為望族范陽盧氏女，元康竟棄故妻。劉芳孫女、崔肇
師女都是中原高門，夫家坐事被賜魏收為妻。後兩例為齊文宣帝高洋殺害弟
弟永安王高濬和上黨王高渙後，分別將其妻賜予與事之人。

　　此外，前所述近親婚之收繼婚亦屬再婚。

第三節　婚外情

　　婚外情，即婚姻以外的性行為。舊俗多以通姦、姦通、私通、姦情等貶
義語稱之。開放的性觀念與環境亦導致了大量婚外情的出現。

一、皇室婦女婚外情

　　封建帝室，床笫混亂，性行為放縱，向有所稱。北朝皇室，沒有中原禮
法約束，更是如此。《魏書》卷九九《盧水胡沮渠蒙遜傳》：

　　　　姊妹皆為左道，朋行淫佚，曾無愧顏。始罽賓沙門曰曇無讖，
　　東入鄯善，自云「能使鬼治病，令婦人多子」，與鄯善王妹曼頭陀林
　　私通。發覺，亡奔涼州。蒙遜寵之，號曰「聖人」。曇無讖以男女交
　　接之術教授婦人，蒙遜諸女、子婦皆往受法。世祖聞諸行人，言曇
　　無讖之術，乃召曇無讖。蒙遜不遣，遂發露其事，拷訊殺之。至此，
　　帝知之，於是賜昭儀沮渠氏死，誅其宗族，唯萬年及祖以前先降得
　　免。〔註69〕

這裡所說的是，世祖太武帝拓跋燾時，有沙門曇無讖以男女交接之術授婦人。
帝昭儀沮渠氏於未婚在家時亦曾習此法，後太武帝審知，賜死。此例正反映
了皇室上層婦女於性關係的開放隨意。

〔註66〕《北齊書》卷三七《魏收傳》。
〔註67〕《北齊書》卷一〇《高祖十一王·永安簡平王浚傳》。
〔註68〕《北齊書》卷一〇《高祖十一王·上黨剛肅王渙傳》。
〔註69〕《魏書》卷九九《盧水胡沮渠蒙遜傳》。

　　馮太后是歷史上著名的女政治家，其私生活亦爲人所矚目。和平六年（465年）文成帝去世時，馮太后僅23歲。年輕孀居，尋找伴侶本是人之正常生理需要。《魏書》卷一三《皇后列傳・文成文明皇后馮氏傳》：「太后行不正，內寵李弈。顯祖因事誅之，太后不得意。顯祖暴崩，時言太后爲之也。……李沖雖以器能受任，亦由見寵帷幄，密加錫賚，不可勝數」。然而這卻是男權社會所不許的，其子獻文帝拓跋弘尋故殺掉母后之情夫李弈，從而進一步激化了與馮太后的矛盾，並導致自己「暴崩」。李弈之後，馮太后又「幸」李沖、王叡。李沖「爲文明太后所幸，恩寵日盛，賞賜月至數千萬，進爵隴西公，密緻珍寶御物以充其第，外人莫得而知焉。沖家素清貧，於是始爲富室」。〔註70〕李沖首先是因爲器能優長而得到重用，但因其風度不凡，姿貌豐美，也逐漸被馮太后看中，成了她的情夫。馮太后常常將一些珍寶御物贈給他。素稱清貧的李沖，因而成爲富室。馮太后臨朝時期，他以心腹之任盡職盡責，太和年間的許多改革措施，多有李沖參與謀劃。馮太后死後，李沖繼續對孝文帝竭忠奉事，明斷愼密，孝文帝也對他「深相杖信，親敬彌甚，君臣之間，情義莫二。」〔註71〕馮太后另一男寵爲王叡，「叡出入帷幄，太后密賜珍玩繒彩，人莫能知。率常以夜帷車載往，閹官防致，前後鉅萬，不可勝數。加以田園、奴婢、牛馬、雜畜，並盡良美。大臣及左右因是以受賚錫，外示不私，所費又以萬計」。〔註72〕王叡則是先因姿貌偉麗得到馮太后寵幸，一下就被越級擢升爲給事中。不久，又被拜爲散騎常侍、侍中、吏部尙書，賜爵太原公。其後，王叡還曾勇退猛虎，保護了太后與孝文帝，因而更受親重。從記載看，馮太后所幸之男寵，對朝政還是有所裨補的。《魏書》卷一〇五《天象三》所云：「是時馮太后宣淫於朝，昵近小人而附益之，所費以鉅萬億計，天子徒尸位而已」，〔註73〕乃持傳統觀念之論，失之偏頗也。

　　封建帝王以一人而御三宮六院，內廷多怨曠之女，私情自不免發生。孝文幽皇后馮氏，「頗有失德之聞，高祖頻歲南征，后遂與中官高菩薩私亂。及高祖在汝南不豫，后便公然醜恣，中常侍雙蒙等爲其心腹」。〔註74〕孝文幽皇

〔註70〕　《魏書》卷五三《李沖傳》。
〔註71〕　《魏書》卷五三《李沖傳》。
〔註72〕　《魏書》卷九三《恩倖・王叡傳》。
〔註73〕　《魏書》卷一〇五《天象三》。
〔註74〕　《魏書》卷一三《皇后・孝文幽皇后馮氏傳》。

后馮氏爲文明馮太后兄長馮熙之女，於孝文帝南征時與中官私通。事發，幽皇后因此而失寵，孝文帝念馮氏家族之情，未忍便廢，於孝文帝死後遺詔賜自盡隨葬。亦封建制度下對婦女之戕害也。

　　北魏宣武靈皇后胡氏胡太后，亦是中國歷史上著名女政治家，其私生活同樣聞名。其生年史書無載，宣武帝元恪於延昌四年（515 年）正月去世，時年 33 歲，按常情推斷，胡太后當年少於宣武帝，即應在 33 歲以下，亦屬青年喪偶。生理有需，權勢在握，故多男寵。首先是「逼幸清河王懌，淫亂肆情，爲天下所惡」。〔註75〕清河王元懌爲孝文之子，宣武之異母弟。其次是與其父手下鄭儼私通，《魏書》卷九三《恩倖·鄭儼傳》：「鄭儼，字季然，滎陽人。容貌壯麗。初爲司徒胡國珍行參軍，因緣爲靈太后所幸，時人未之知也。……孝昌初，太后反政，儼請使還朝，復見寵待。拜諫議大夫、中書舍人，領嘗食典御。晝夜禁中，寵愛尤甚。儼每休沐，太后常遣閹童隨侍，儼見其妻，唯得言家事而已」。〔註76〕胡太后於返政後公然將鄭儼命職宮中，晝夜隨侍，鄭儼之妻亦無能干涉。此外尚有李神軌者，「爲太后寵遇，勢傾朝野，時云見幸帷幄，與鄭儼爲雙，時人莫能明也」。〔註77〕《魏書》卷一三《皇后·宣武靈皇后胡氏傳》亦載：「李神軌、徐紇並見親侍。一二年中，位總禁要，手握王爵，輕重在心，宣淫於朝，爲四方之所厭穢。文武解體，所在亂逆，土崩魚爛，由於此矣。僧敬又因聚集親族，遂涕泣諫曰：『陛下母儀海內，豈宜輕脫如此！』后大怒。自是不召僧敬」，看來與李神軌、徐紇皆可能有私。胡太后與北魏名將楊大眼之子楊華私情事，在史上較爲著名。《梁書》卷三九《楊華傳》：

　　　　楊華，武都仇池人也。父大眼，爲魏名將。華少有勇力，容貌雄偉，魏胡太后逼通之。華懼及禍，乃率其部曲來降。胡太后追思之不能已，爲作《楊白華歌辭》，使宮人晝夜連臂蹋足歌之，辭甚淒惋焉。

　　郭茂倩《樂府詩集》收有《楊白花》一詩：

　　　　陽春二三月，楊柳齊作花。春風一夜入閨闥，楊花飄蕩落南家。含情出戶腳無力，拾得楊花淚沾臆。秋去春還雙燕子，願銜楊花入

〔註75〕《魏書》卷一三《皇后·宣武靈皇后胡氏傳》。
〔註76〕《魏書》卷九三《恩倖·鄭儼傳》。
〔註77〕《魏書》卷六六《李崇傳附李神軌傳》。

窠裏。〔註78〕

楊華懼禍南奔，胡太后不勝追思，作《楊白花》使宮人歌之聊抒思念之情，在文學史上留下亮麗一筆。胡太后本聰悟多才，能作七言詩。此《楊白花》有感而發，情眞意摯，不勝凄婉。可見胡后對其情人亦有感情，非一味逞欲者也。

北齊皇室性關係混亂放任史多有書。「馮翊太妃鄭氏，名大車，嚴祖妹也。初爲魏廣平王妃。遷鄴後，神武納之，寵冠後庭，生馮翊王潤。神武之征劉蠡升，文襄蒸於大車。神武還，一婢告之，二婢爲證。神武杖文襄一百而幽之，武明後亦見隔絕」，〔註79〕高歡之妃鄭氏，乘高歡出征與高歡子高澄私通。《北齊書》卷九《文襄元后傳》：「其高氏女婦無親疏，皆使左右亂交之於前。以葛爲緄，令魏安德主騎上，使人推引之，又命胡人苦辱之。帝又自呈露，以示群下」。北齊胡太后，在私生活上與北魏胡太后相彷彿，《北齊書》卷九《武成胡后傳》：

> 初武成時，后與諸閹人褻狎。武成寵幸和士開，每與后握槊，因此與后姦通。自武成崩後，數出詣佛寺，又與沙門曇獻通。布金錢於獻席下，又掛寶裝胡床於獻屋壁，武成平生之所御也。乃置百僧於內殿，託以聽講，日夜與曇獻寢處。以獻爲昭玄統。僧徒遙指太后以弄曇獻，乃至謂之爲太上者。帝聞太后不謹而未之信，後朝太后，見二少尼，悅而召之，乃男子也。於是曇獻事亦發，皆伏法，並殺元、山、王三郡君，皆太后之所昵也。〔註80〕

此胡太后更逾彼胡太后，男寵眾多，肆意尋歡作樂。

皇室公主，婚外性關係之例亦多。尉顯業「與太原公主姦通，生子彥」。〔註81〕太原長公主寡居，「與詢私奸，肅宗仍詔詢尙焉」。〔註82〕盧道虔「尙高祖女濟南長公主。公主驕淫，聲穢遐邇，先無疹患，倉卒暴薨。時云道虔所害。世宗秘其醜惡，不苦窮治」。〔註83〕《北史》卷五《魏本紀·孝武帝

〔註78〕 〔宋〕郭茂倩：《樂府詩集》，北京：中華書局，1979 年 11 月第 1 版，第三冊，第七十三卷，第 1039〜1040 頁。

〔註79〕 《北史》卷一四《后妃下·馮翊太妃鄭氏傳》。

〔註80〕 《北齊書》卷九《武成胡后傳》。

〔註81〕 《魏書》卷二六《尉古眞傳附尉範傳》。

〔註82〕 《魏書》卷四五《裴駿傳附裴詢傳》。

〔註83〕 《魏書》卷四七《盧玄傳附盧道虔傳》。

紀》：「帝之在洛也，從妹不嫁者三：一曰平原公主明月，南陽王同產也；二曰安德公主，清河王懌女也；三曰蒺藜，亦封公主。帝內宴，令諸婦人詠詩，或詠鮑照樂府曰：『朱門九重門九閨，願逐明月入君懷。』帝既以明月入關，蒺藜自縊。宇文泰使元氏諸王取明月殺之。帝不悅，或時彎弓，或時推案，君臣由此不安平」，北魏孝武帝有堂妹三人皆不令出嫁，名義上封為公主，實際上在宮中充當嬪妃。其中一個平原公主元明月最受他寵愛。宇文泰慫勇元姓諸王把平原公主從孝武帝身邊搶出來殺掉，致孝武帝與宇文泰嫌隙由此而生。

二、其他階層婦女婚外情

皇室之內性關係錯亂放縱歷代皆有，史多有書，似不具代表性。北朝時期皇室以外其他各階層婦女，從官僚到平民，婚外性行為同樣常見。《魏書》卷一八《太武五王・廣陽王建傳附元深傳》：

> 子深，字智遠，襲爵。……坐淫城陽王徽妃于氏，為徽表訟，
> 詔付丞相、高陽王雍等宗室議決其罪，以王還第。

另《魏書》卷一九下《景穆十二王下・城陽王長壽傳附子徽傳》又載：

> 又不能防閑其妻于氏，遂與廣陽王淵姦通。

據此兩條記載，城陽王元徽之妃于氏，於婚內竟與兩人相通，其放縱行為令人咋舌。其他如長孫稚，已有妻張氏，「生二子，子彥、子裕。後與羅氏私通，遂殺其夫，棄張納羅。羅年大稚十餘歲，妒忌防限。稚雅相愛敬，旁無姻妾，僮侍之中，嫌疑致死者，乃有數四」。〔註84〕「尚書右僕射元欽與從父兄麗妻崔氏姦通」。〔註85〕韋融「娶司農卿趙郡李瑾女，天平中，疑其妻與章武王景哲姦通，乃刺殺之。懼不免，仍亦自害」。〔註86〕濮陽太守竇遵之子竇僧演，「姦通民婦，為民賈邀所告，免官」。〔註87〕鄭嚴祖「輕躁薄行，不修士業，傾側勢家，乾沒榮利，閨門穢亂，聲滿天下。出帝時，御史中尉綦儁劾嚴祖與宗氏從姊姦通。人士咸恥言之，而嚴祖聊無愧色」。〔註88〕鄭幼儒亡後，「妻

〔註84〕《魏書》卷二五《長孫道生傳附長孫稚傳》。
〔註85〕《魏書》卷三二《封懿傳》。
〔註86〕《魏書》卷四五《韋閬傳附韋融傳》。
〔註87〕《魏書》卷四六《竇瑾傳》。
〔註88〕《魏書》卷五六《鄭義傳附鄭嚴祖傳》。

淫蕩凶悖，肆行無禮」。〔註89〕李元護之子李會，「頑呆好酒，其妻，南陽太守清河房伯玉女也，甚有姿色，會不答之。房乃通於其弟機，因會飲醉，殺之。……機與房遂如夫婦。積十餘年，房氏色衰，乃更婚娶」。〔註90〕楊大眼之妻潘氏，「大眼徙營州，潘在洛陽，頗有失行。及爲中山，大眼側生女夫趙延寶言之於大眼，大眼怒，幽潘而殺之。」〔註91〕以上略舉見之於《魏書》中的婚外情事例。有夫之婦、寡居婦女，婚外性行爲屢見不鮮。有因私通而殺夫者；有妻子與人相通而丈夫無可奈何者；有與父叔輩異輩相通者；有與叔、伯之女近親有染者；有私通生子形成事實婚姻者等等。雖然「人士疾之」、「人士咸恥言之」，但當事者仍能「聊無愧色」。寡居婦女不僅可正常再婚，還可與人私通形成事實婚姻。公開同居，公開與情人往來，不受社會干預。

婚外性關係不僅存在於鮮卑族中，對北朝漢族亦有普遍影響。《魏書》卷四七《盧玄傳》載：「子正通，開府諮議。少有令譽，徵赴晉陽。愚患卒。妻鄭氏，與正通弟正思淫亂，武定中，爲御史所劾，人士疾之。……元明凡三娶，次妻鄭氏與元明兄子士啓淫污，元明不能離絕。……家風衰頹，子孫多非法，幃薄混穢，爲論者所鄙」。〔註92〕韓麒麟之孫韓子熙「與寡嫗李氏奸合，而生三子」。〔註93〕盧、韓二姓皆爲以詩書傳世的漢族士族，尤其范陽盧氏家族，更屬名門大族，本「閨門之禮，爲世所推」，然亦私通之事迭出。

北魏以後，婚外性關係更進一步放任自由。北齊尉瑾，「閨門穢雜，爲世所鄙。有女在室，忽從奔誘，瑾遂以適婦侄皮逸人。瑾又通寡嫂元氏。瑾嘗譏吏部郎中頓丘李構云：『郎不稽古。』構對令史云：『我實不稽古，未知通嫂得作稽古不？』瑾聞大慚」。〔註94〕平秦王高歸彥之父高徽，「常過長安市，與婦人王氏私通而生歸彥」。〔註95〕段孝言和諸多婦女有染，「與諸淫婦密遊，爲其夫覺，復恃官勢，考掠而殞」。〔註96〕「魏東平王元匡妾張氏淫逸放恣，

〔註89〕《魏書》卷五六《鄭羲傳附鄭幼儒傳》。
〔註90〕《魏書》卷七一《李元護傳》。
〔註91〕《魏書》卷七三《楊大眼傳》。
〔註92〕《魏書》卷四七《盧玄傳》。
〔註93〕《魏書》卷六〇《韓麒麟傳附韓熙傳》。
〔註94〕《北史》卷二〇《尉古眞傳附尉瑾傳》。
〔註95〕《北齊書》卷一四《平秦王歸彥傳》。
〔註96〕《北齊書》卷一六《段孝言傳》。

琡初與奸通，後納以爲婦」。〔註97〕畢義雲之子畢善昭，「性至凶頑，與義雲
侍婢奸通」。〔註98〕《北齊書》卷三三《徐之才傳》：「之才妻魏廣陽王妹，之
才從文襄求得爲妻。和士開知之，乃淫其妻。之才遇見而避之，退曰：『妨少
年戲笑。』」《北齊書》卷三九《祖珽傳》：「珽忽迎景獻妻赴席，與諸人遞寢，
亦以貨物所致，其豪縱淫逸如此。……又與寡婦王氏奸通，每人前相聞往復」。
徐之才遇見自己的妻子與人私通，竟退而避之；祖珽將他人妻子領至酒席，
與人輪流相交，並且公開帶自己情婦出入各種場合，這些都反映了當時人們
在性觀念和性行爲上的開放程度。

　　世俗社會的性風氣還波及到寺院。早在拓跋燾時長安種麥寺僧人「爲窟
室，與貴室女私行淫亂」。〔註99〕蓋性乃人之本能，滅本能而奉佛法，至難也。
隨著佛教發展的漸趨隆盛，受世俗性風氣影響，佛門淨地，亦有人間性愛之
事。如瑤光寺，不少掖庭美女、貴族閨秀在此修行，有「洛陽男兒急作髻，
瑤光寺尼奪作婿」〔註100〕之諺。當時佛寺生活世俗化，私通之事屢有發生。
及至魏末，任城王元澄曾指斥佛教，「像塔纏於腥臊，性靈沒於嗜欲，眞僞混
居，往來紛難。下司因習而莫非，僧曹對制而不問。其於污染眞行，塵穢練
僧，薰蕕同器，不亦甚歟？」〔註101〕北齊仇子陀亦云：「自魏晉已來，胡妖亂
華。背君叛父，不妻不夫。而奸蕩奢侈，控御威福，坐受加敬，輕欺士俗。
妃主晝入僧房，子弟夜宿尼室。」〔註102〕對佛教的這種世俗化傾向予以揭露
抨擊。唐道宣《廣弘明集》卷六《列代王臣滯惑解・劉晝》：

　　　　劉晝，渤海人。才術不能自給，齊不仕之，著高才不遇傳，以
　　　自況也。上書言：「佛法詭誑，避役者以爲林藪。又詆訶淫蕩，有尼
　　　有優婆夷，實是僧之妻妾，損胎殺子其狀難言。今僧尼二百許萬，
　　　並俗女向有四百餘萬，六月一損胎，如是則年族二百萬戶矣。驗此
　　　佛是疫胎之鬼也，全非聖人。」

北齊劉晝上書陳佛教之弊害，顯有誇張之嫌，但或可見世俗性風氣之影響。

〔註97〕《北齊書》卷二六《薛琡傳》。
〔註98〕《北齊書》卷四七《畢義雲傳》。
〔註99〕《魏書》卷一一四《釋老志》。
〔註100〕《洛陽伽藍記》卷一《城內・瑤光寺》。
〔註101〕《魏書》卷一一四《釋老志》。
〔註102〕《廣弘明集》卷七《列代王臣滯惑解・齊章仇子陀》，《大正新修大藏經》52
　　　　冊《史傳部四》。

　　婚外情與北方游牧民族原始婚姻遺俗有關。北齊高昂有《征行詩》：「壟種千口羊，泉連百壺酒。朝朝圍山獵，夜夜迎新婦，」〔註103〕即形象地反映了在這種原始習俗影響下鮮卑族的快意生活。莊華峰對此詩曾有較詳細注解：

> 　　「壟種千口羊」、「朝朝圍山獵」是鮮卑牧獵生活的寫照，「泉連百壺酒」寫出了游牧民族對於酒的熱愛，「夜夜迎新婦」則寫出了鮮卑人的古老婚俗。詩中「新婦」乃六朝習慣用語，爲已婚女子的通稱。「夜夜迎新婦」，寫明那些圍獵歸來的男子每天晚上都可與別人之妻同宿，一個「迎」字點明新婦從外而來，「夜夜」二字則說明這種婚外性生活之普遍與頻繁。這些材料說明在北朝鮮卑的婚姻關係中，一夫一妻制不僅對丈夫，同樣的對妻子的限制也是不嚴格的。女子常常享有同男子對等的婚外性生活的權利和自由。亦可說明北朝時期還保存著原始群婚習俗。〔註104〕

　　在這種遺風和環境下生活的民族，其性愛和婚姻都是自由的。婚姻只不過是用來組織家庭的一種形式，並不能影響和限制其婚外性愛的繼續發展。北朝鮮卑進入中原後，其游牧經濟生活逐漸轉變爲農業經濟生活。但這種轉變是不徹底的，散佈在北方邊鎮的諸多部落，還保留著游牧生活習俗。即使在中原內地，雖然其生產方式和生活方式改變了，但其婚姻制度和生活習慣是不可能遽爾轉換完成的。不僅如此，還在民族融合過程中對漢族文化產生同化和影響。所以在北朝時期，性生活的沒有嚴格限制，婚外情的大量存在等，亦屬可以理解的正常現象。前人皆以「荒淫穢亂」貶之，乃囿於時代智識所限也。

第四節　婦　妒

　　婦妒，以往研究或以「妒婦」稱之，有貶義，故以「婦妒」稱之，指婦女對其他與丈夫有來往女人的仇視心理及行爲。婦妒是北朝婦女婚戀生活中一典型而顯著的現象。婦妒是婦女對男性性行爲的干涉與限制，故似是對性開放風氣的反動。但從女性角度看，婦妒是婦女權益地位提高的反映，亦屬婦女婚戀開放風氣的一種特殊表現。

〔註103〕蕭滌非：《漢魏六朝樂府文學史》，北京：人民文學出版社，1984年版，第298頁。

〔註104〕莊華峰：《北朝時代鮮卑婦女的生活風氣》，《民族研究》1994年第6期。

一、婦妒概說

婦妒在整個魏晉南北朝時期都較爲突出，史書記載既多，學者對之闡發論述亦多。妒是人類心理感情特點之一，爲男女所共有。男子也有妒性，與女性相比可能亦不相上下。但中國幾千年皆男權社會，男人所爲皆屬合理。婦女是男子的附屬物，其有過失，抨擊撻伐，不一而足。且史書爲男人所作，女人之失，自易爲其津津收載。「妒原是愛的極致，在平等的兩性關係中，是有相當價值的，但在奴視女性的時代，妒只是一種不得已的可憐的反抗，且只能引起對手方的反感，被目爲『惡德』。」〔註105〕此乃男女之不對等公平處。

對於魏晉南北朝時期婦女妒風興起之原因，學者已多有論述，石方的論述較具代表性：

> 首先是長期戰亂的紛擾，統治者無暇顧及對封建禮教的強調與修飾，其在倫理道德方面的約束力縮到了極小的範圍，嫉妒心理遂得在女子通性中復活。其二由於門第觀念所促成的世族豪門子女間的婚姻結合，大家閨秀的女子往往可以依靠著家族的勢力，敢大膽地去觸及夫權社會的利益。其三是魏晉南北朝時期家妓日盛，家妓與主人之間只是人身的依附關係，在家庭中的位置僅是介乎於婢妾之間，這種不妻不妾、非媒正娶的社會地位，使其喪失了在眾多女性中爭寵的勇氣，這又從側面助長了正妻妾妒意的發作。〔註106〕

中國男權社會所制定的倫理規範，以維護男人權益爲中心，男尊女卑，男人即天，婦女對男人必須無條件服從。在傳統禮教中，也以妒忌爲婦人的惡德，悅夫則是婦人的本分。婦女未婚作女時，家訓閨範，都極力訓練其服從意識。結婚以後，自然更須恪守「婦道」，全心事夫。魏晉以後，妒風漸起，自然引起男權社會極大的不安和警覺，遂有起而捍衛與抨擊之舉。《宋書》卷四一《后妃傳》：

> 宋世諸主，莫不嚴妒，太宗每疾之。湖熟令袁慆妻以妒忌賜死，使近臣虞通之撰《妒婦記》。

《南齊書》卷三四《劉休傳》：

〔註105〕陳東原：《中國婦女生活史》，北京：商務印書館，1998 年 4 月，第 77 頁。
〔註106〕石方：《中國性文化史》，哈爾濱：黑龍江人民出版社，2003 年 1 月第 2 次修訂版，第 167 頁。

> 帝憎婦人妒，尚書右丞榮彥遠以善棋見親，婦妒傷其面，帝曰：
> 「我爲卿治之，何如？」彥遠率爾應曰：「聽聖旨。」其夕，遂賜藥
> 殺其妻。休妻王氏亦妒，帝聞之，賜休妾，敕與王氏二十杖。令休
> 於宅後開小店，使王氏親賣掃篲皀莢以辱之。

南朝宋太宗明帝劉彧命虞通之撰《妒婦記》，作爲警世之言。該書雖佚，然從文獻所引佚文看，大都是記載這一時期的士族貴婦人限制丈夫納妾的故事。不僅如此，明帝還親懲「妒行」。下令賜死好妒之袁慆、榮彥遠之妻，並讓劉休的妾杖打其妻王氏，然後讓王氏賣掃帚來羞辱之。自《妒婦記》之後，梁朝張纘又作《妒婦賦》，渲染妒婦之兇殘，對妒婦加以醜化。

二、北朝婦妒表現

北朝時期，女子妒性亦膨脹。「由於鮮卑族習俗及母權制文化殘餘的影響，加上沒有多少禮教的約束，因而北朝鮮卑婦女的妒性特別發達。她們爲了維護自己的尊嚴和地位，爲了取得對丈夫的獨佔權，不惜付出一切代價，施展各種『妒悍』手段，不許丈夫納妾，從而使夫妻關係呈現出一種剛柔倒置的態勢」。〔註107〕北朝婦女之妒行，亦多見史籍。《魏書》卷一三《皇后列傳‧宣武皇后高氏傳》：

> 宣武皇后高氏，文昭皇后弟偃之女也。世宗納爲貴人，生皇子，
> 早夭，又生建德公主。後拜爲皇后，甚見禮重。性妒忌，宮人希得
> 進御。……初，高祖幽后之寵也，欲專其愛，後宮接御，多見阻過。
> 高祖時言於近臣，稱婦人妒防，雖王者亦不能免，況士庶乎？世宗
> 暮年，高后悍忌，夫人嬪御有至帝崩不蒙侍接者。由是在洛二世，
> 二十餘年，皇子全育者，惟肅宗而已。

這裡，從高祖孝文帝到世宗宣武帝，雖貴爲皇帝，也不免受婦人妒防之苦，各層官員、平民士庶，可以想見。《魏書》卷五九《劉昶傳附劉輝傳》：

> 正始初，尚蘭陵長公主，世宗第二姊也。拜員外常侍。公主頗
> 嚴妒，輝嘗私幸主侍婢有身，主笞殺之。剖其孕子，節解，以草裝
> 實婢腹，裸以示輝。輝遂忿憾，疏薄公主。公主姊因入聽講，言其
> 故於靈太后，太后敕清河王懌窮其事。懌與高陽王雍、廣平王懷奏

〔註107〕莊華峰：《北朝時代鮮卑婦女的精神風貌》，《安徽師範大學學報》（人文社會科學版）2001年5月，第29卷第2期。

其不和之狀，無可爲夫婦之理，請離婚，削除封位。太后從之。公
主在宮周歲，高陽王及劉騰等皆爲言於太后。太后慮其不改，未許
之。雍等屢請不已，聽復舊義。太后流涕送公主，誡令謹護。正光
初，輝又私淫張、陳二氏女。公主更不檢惡，主姑陳留公主共相扇
獎，遂與輝復致忿爭。輝推主墜床，手腳毆蹋，主遂傷胎，輝懼罪
逃逸。靈太后召清河王懌決其事，二家女髡笞付宮，兄弟皆坐鞭刑，
徙配敦煌爲兵。公主因傷致薨。

此蘭陵長公主不但妒嫉而且殘酷。劉輝因私通公主的侍婢而使之懷孕，公主
竟將侍婢打死，且剖腹取子，肢解，再用草塡實侍婢的腹中，讓劉輝看婢裸
屍。如此惡行著實令人髮指。最後公主終因與夫不和懷孕毆傷致死，亦是一
場悲劇。與此相仿，長孫承業後娶之妻羅氏，「大承業十餘歲，酷妒忌。承業
雅相敬愛，無姬妾。童侍之中在承業左右嫌疑致死者，乃有數四」。〔註108〕
此亦婦妒之極者。丈夫本甚敬愛，猶防範嚴密，動輒猜疑，因致人死。婢仆
地位之低下卑賤，於此可見。

妒忌之發，源於多妻。由此引發家庭矛盾，甚至不可開交。北魏李洪之
未發迹之時，「妻張氏助洪之經營資產，自貧至貴，多所補益，有男女幾十
人。洪之後得劉氏，劉芳從妹。洪之欽重，而疏薄張氏，爲兩宅別居，偏厚
劉室。由是二妻妒競，互相訟詛，兩宅母子，往來如仇」，〔註109〕李洪之寵
愛後妻，疏遠元配，遂致兩家母子來往如仇。西魏元仲景二妻矛盾激烈，幾
出人命。〔註110〕

還有其他原因而妒者。李安世妻博陵崔氏，「以妒悍見出，又尚滄水公
主」，〔註111〕博陵崔氏屬名門望族，其妒悍或與自恃門第有關。然不幸被出，
李安世轉娶公主。北齊平秦王高歸彥之妻，「魏上黨王元天穆女也，貌不美而
甚嬌妒，數忿爭，密啓文宣求離，事寢不報」，〔註112〕身爲王室之女，貌不美
而嬌妒，乃恃權而妒者。此外，唐代張鷟《朝野僉載》卷二載有一則：

後魏末，嵩陽杜昌妻柳氏甚妒。有婢金荊，昌沐，令理髮，柳
氏截其雙指。無何，柳被狐刺螫，指雙落。又有一婢名玉蓮，能唱

〔註108〕《魏書》卷二五《長孫道生傳附長孫稚傳》。
〔註109〕《魏書》卷八九《酷吏・李洪之傳》。
〔註110〕《北史》卷一七《景穆十二王上・京兆王子推傳附元仲景傳》。
〔註111〕《魏書》卷五三《李孝伯傳附李安世傳》。
〔註112〕《北齊書》卷一四《平秦王歸彥傳》。

歌，昌愛而歎其善，柳氏乃截其舌。後柳氏舌瘡爛，事急，就稠禪
師懺悔。禪師已先知，謂柳氏曰：「夫人爲妒，前截婢指，已失指；
又截婢舌，今又合斷舌。悔過至心，乃可以免。」柳氏頂禮求哀，
經七日，禪師令大張口，呪之，有二蛇從口出，一尺以上，急呪之，
遂落地，舌亦平復。自是不復妒矣。〔註113〕

此則記載耐人玩味，婦妒事件竟入佛家宣教弘法故事，愈可見當時婦妒現象
之普遍常見。

　　與南朝漢族不同，北朝婦女由於受母權制遺俗婦女地位較高等影響，婦
女妒性的發展並沒有受到來自男權世界的激烈回應。只有東魏孝靜帝時元孝
友之上疏算是對婦女妒風的一個微弱反響：

古諸侯娶九女，士有一妻二妾。《晉令》：諸王置妾八人，郡公
侯妾六人。《官品令》：第一、第二品有四妾，第三、第四有三妾，
第五、第六有二妾，第七、第八有一妾。所以陰教聿修，繼嗣有廣。
廣繼嗣，孝也；修陰教，禮也。而聖朝忽棄此數，由來漸久。將相
多尚公主，王侯亦娶后族，故無妾媵，習以爲常。婦人多幸，生逢
今世，舉朝略是無妾，天下殆皆一妻。設令人強志廣娶，則家道離
索，身事迍邅，內外親知，共相嗤怪。凡今之人，通無準節。父母
嫁女，則教之以妒；姑姊逢迎，必相勸以忌。持制夫爲婦德，以能
妒爲女工。自云不受人欺，畏他笑我。王公猶自一心，已下何敢二
意。夫妒忌之心生，則妻妾之禮廢；妻妾之禮廢，則姦淫之兆興。
斯臣之所以毒恨者也。請以王公第一品娶八，通妻以備九女；稱事
二品備七；三品、四品備五；五品、六品則一妻二妾。限以一周，
悉令充數，若不充數及待妾非禮，使妻妒加捶撻，免所居官。其妻
無子而不娶妾，斯則自絕，無以血食祖父，請科不孝之罪，離遣其
妻。〔註114〕

此表旨在奏請委令百官各以品第置妾。多妻制度本是封建社會之正常現象，
然這篇奏文卻反映出當時妒風發展，對這一傳統制度已造成衝擊，王侯將相
多無妾媵，故元孝友上疏請朝廷以法律形式確定置妾制度。當時社會不視妒

〔註113〕〔唐〕劉餗撰，程毅中點校：《隋唐嘉話》；〔唐〕張鷟撰，趙守儼點校：《朝
　　　　野僉載》//《唐宋史料筆記叢刊》，北京：中華書局，1979 年 10 月第 1 版，《朝
　　　　野僉載》卷二，第 42 頁。
〔註114〕《魏書》卷一八《太武五王·臨淮王譚傳附元孝友傳》。

忌爲惡，反而把能制夫視爲婦德。妒忌風氣之盛是顯而易見。

「鮮卑婦女的妒悍行爲和風氣，反映了北朝時代封建禮教的薄弱和婦女有著較高的地位。儘管婦人妒悍並非美德，但她們的舉動，客觀上是對男子朝秦暮楚不忠於愛情的一種報復，是對實際存在的一夫多妻制的消極反抗。因而有理由認爲，這是北朝鮮卑時代婚姻關係相對自由開放情勢下產生的社會變態。」〔註 115〕妒忌是不可取的，然站在歷史的時代的觀點上看，北朝婦女妒風之發展，是對男權社會男性霸權的一種抵制。對維護婦女之權益地位，有一定積極意義。

第五節　婦　德

婦德指對婦女道德、行爲的規範和要求。婦德亦屬性愛範疇，在兩性生活中起著重要作用。中國古代的儒家婦德，初步形成於先秦，發展完善於兩漢，魏晉南北朝時期相對鬆弛。儒家婦德是男權社會的產物，對婦女無疑是一種禁錮與摧殘。

北朝是多民族文化交流與融合時期，多民族雜居共處，少數民族傾慕中原的禮樂文化，統治者推行漢化，漢族的婦德觀念對北方人民亦有影響。

一、婦德溯源

先秦是中華文明的奠基與起源時期，父權制一夫一妻多妾的婚姻家庭制度確立，婦女被剝奪了對財產資源的所有控制權，成爲男性的附屬物，必須依附於男性才能生存與發展。在儒家典籍中已經出現對婦女的規範和要求。《周易・恒》說：「婦人貞吉，從一而終也。」《儀禮・喪服》曰：「夫者，妻之天也。婦人不二斬者，猶曰不二天也。」《周禮》成書於戰國後期〔註 116〕，最早見「四德」之說，《周禮・天官・冢宰》：「九嬪：掌婦學之法，以教九御婦德、婦言、婦容、婦功，各帥其屬而以時御敘於王所。」〔註 117〕

在儒家經書中，《禮記》成書較晚，約在東漢章帝時期〔註 118〕，多有漢儒

〔註 115〕莊華峰：《北朝時代鮮卑婦女的精神風貌》，《安徽師範大學學報》（人文社會科學版），2001 年第 2 期。
〔註 116〕錢玄等注譯：《周禮》，長沙：嶽麓書社，2002 年版，第 5 頁。
〔註 117〕錢玄等注譯：《周禮》，長沙：嶽麓書社，2002 年版，第 67 頁。
〔註 118〕方向東：《大戴禮記彙校集解》，北京：中華書局，2008 年版，第 3 頁。

思想，其中有婦德之論，爲婦女所制定的規範更爲系統集中，爲後世封建婦德之濫觴。主要內容有三：明婦順，倡婦德，講貞節。明婦順要求婦女要順從，一生服從男子的支配。《禮記・郊特牲》說：「婦人，從人者也：幼從父兄，嫁從夫，夫死從子。」婦德要求婦女具備四德。《禮記・昏義》說：「古者婦人先嫁三月，祖廟未毀，教於公宮，祖廟既毀，教於宗室，教以婦德、婦言、婦容、婦功。」女子結婚前三個月，要到祖廟或宗室進行三個月的強化教育，其教學內容即是「四德」。講貞節要求婦女從一而終，《禮記・郊特牲》說：男女結婚後，「壹與之齊，終身不改，故夫死不嫁。」要求婦人夫死不嫁，終身守寡。

兩漢是封建婦德理論的發展完善期，出現了兩部婦德專著——《列女傳》與《女誡》。西漢劉向作《列女傳》，搜集古代婦德典範，企圖以禮法來裁定女子的生活和品德標準。東漢班昭《女誡》的問世，把散見於先秦古籍和漢儒著作中的有關婦德、女教的零星觀點集中起來，並使之系統化、理論化，形成了較爲完整系統的男尊女卑、三從四德、夫爲妻綱等婦女道德行爲規範。她在《女誡》的《專心篇》中說：「夫有再娶之義，婦無二適之文，故曰夫者天也，天固不可違，夫固不可離也。」這成了後世的一句名言。

魏晉南北朝，戰亂頻仍，社會動蕩，玄學、佛教流行，少數民族習俗在北方影響力增強，儒學禮教、婦德的束縛力、控制力相對減弱。但婦德理論仍有所發展，魏晉時期的張華、裴頠分別著有《女史箴》，比較系統地提出女子的婦德理論。二人均是晉代著名學者，從維護儒家的禮法和男權出發，對儒家婦德理論作出了新的闡述和發展。

二、婦德教育

北朝時期，隨著鮮卑漢化的逐漸推進，鮮卑女子亦需接受漢族的婦德思想，北朝女子所受教育的途徑主要有傅母女師施教和家庭教育兩種。

傅母女師施教主要鮮卑貴族、皇室，聘請品行較高具備婦德知識之女子爲家庭教師。其品行超卓者，由朝廷授予「傅母」之稱。如《王遺女墓誌》所示：

> 惟大魏正光二年，歲次星紀，日管南侶，廿日乙酉，傅母姓王，諱遺女，渤海陽信人。……女質秉婦人，性碎貞固，雖離禁隸，執志純純，尤辨鼎和，是以著稱。故顯祖文明太皇太后擢知御膳。至

高祖幽皇后，見其出處益明，轉當御細。達世宗順後，善其宰調酸甜，滋味允中，又進嘗食鹽。至高太后，以女歷奉三后，終始靡怨，蔣訓紫闈，光諷唯闡，故超昇傅姆焉。〔註119〕

王遺女久在宮內任職，幾經遷轉，克盡職守，品行無玷，才得以超昇傅姆之職，足見傅母之選需以德為先，選取道德方面的典範。

　　傅母女師所承擔的主要是女德、女範方面的教育，為培養未來的賢妻良母打基礎。北朝時期婦女所受教育仍是以儒家的婦德理論為主要內容，主要是「四德」教育。婦德的培養和薰陶是北朝婦女尤其是漢族婦女教育的首要內容，要求女子堅貞如一，教導女性溫柔和善，寬容不妒，恭敬孝順，勤勞節儉等。

　　婦德教育的另一途徑是家庭教育，主要是漢族以詩書傳家之士族，因已掌握婦德知識，無需請師，由家內尊長自行教育。此種教育應為婦德教育的主要形式，且教育成效顯著，史常有稱。北魏許絢，「閨門雍睦，三世興居」；〔註120〕范陽盧淵，「敦尚學業，閨門和睦」；〔註121〕崔挺「歷官二十餘年，家資不益，食不重味，室無綺羅，閨門之內，雍雍如也」；〔註122〕東郡小黃縣人董吐渾，「三世同居，閨門有禮」〔註123〕；石文德「五世同居，閨門雍睦」；〔註124〕北齊段韶「教訓子弟，閨門雍肅」〔註125〕；北齊羊烈，「家傳素業，閨門修飾，為世所稱，一門女不再醮。魏太和中，於兗州造一尼寺，女寡居無子者並出家為尼，咸存戒行。」〔註126〕如此種種，不勝枚舉。

三、婦德典範

　　北朝由於是少數族政權，受少數族習俗影響，沒有漢族禮法約束，婦女思維觀念本來較為開放、自由。然隨著儒家婦德思想的逐漸進入、教化，也使一些婦女接受了漢族婦德觀念，湧現出各種婦德典範。

〔註119〕趙超：《漢魏南北朝墓誌彙編》，天津：天津古籍出版社，1992年版，第124頁。
〔註120〕《魏書》卷四六《許彥傳附許絢傳》。
〔註121〕《魏書》卷四七《盧玄傳附盧淵傳》。
〔註122〕《魏書》卷五七《崔挺傳》。
〔註123〕《魏書》卷八六《孝感傳》。
〔註124〕《魏書》卷八七《節義傳》。
〔註125〕《北齊書》卷一六《段榮傳附段韶傳》。
〔註126〕《北齊書》卷四三《羊烈傳》。

（一）正史收載

劉向《列女傳》首開女性類傳體例，其最直接最顯著的影響是自范曄《後漢書》始，在正史中開設《列女傳》，收載歷代儒家婦德典範。此外，自西漢宣帝神爵四年（前 58 年），詔賜「貞婦順女帛」，[註127] 開始用法律褒獎貞節，此后皇帝表彰貞婦順女，亦頻見史書。

北朝時期婦女楷模典範主要收載於《魏書》卷九二《列女傳》與《北史》卷九一《列女傳》中。《北史》卷九一《列女傳序》云：「蓋婦人之德，雖在於溫柔；立節垂名，咸資於貞烈。溫柔仁之本也，貞烈義之資也。非溫柔無以成其仁，非貞烈無以顯其義。是以《詩》、《書》所記，風俗所存，圖像丹青，流聲竹素。莫不守約以居正，殺身以成仁者也。」這可以說是婦女「成德揚名」的主要條件。

貞操是儒家婦德理論中重要的中心的內容。「對於女子貞操的要求，產生於私有制、男權社會和一夫一妻制建立以後，這時，女子淪為男子的附庸，妻子要為丈夫盡許多義務，其中最主要的有二：一是為丈夫生兒育女，『事宗廟』，『廣繼嗣』；二是為丈夫恪守貞操。……貞操觀念的產生和私有制有密切聯繫。在原始社會實行群婚雜交的情況下，當然談不上什麼貞操，在私有制和男權社會出現以後，妻子是丈夫的私有財產，那麼當然不允許別人來染指；但是更重要的是，丈夫為了能把自己的私有財產傳給確是出自自己血統的子女，所以絕對不允許自己的妻妾再和別的男子發生性交關係。」[註128] 原始的貞操觀念在儒家的婦德理論中得到了進一步的建設、豐富和發展。

「貞節」是對婦女的首要要求，女子婚前要保住自己的清白之身不受侵犯玷染。涇州貞女兒先氏，「許嫁彭老生為妻，娉幣既畢，未及成禮。兒先牽行貞淑，居貧常自舂汲，以養父母。老生輒往逼之，女曰：『與君禮命雖畢，二門多故，未及相見。何由不稟父母，擅見陵辱！若苟行非禮，正可身死耳。』遂不肯從。老生怒而刺殺之。」[註129] 本已許配於人，只因未婚夫於婚前即欲行夫婦之事，於「禮」不合，堅決不從，遂遭殺害。

從一而終是儒家貞操觀念的進一步發展，即便丈夫去世，也要為丈夫保存住這份田園財產，不遭他人侵犯染指。魏溥妻房氏，年僅 16 歲便許諾重病

〔註127〕《漢書》卷八《帝紀第八·宣帝》。
〔註128〕劉達臨：《性與中國文化》，北京：人民出版社，1999 年版，第 223 頁。
〔註129〕《魏書》卷九二《列女傳·涇州貞女兒先氏》。

在床的丈夫，要上養老，下育小。待夫死後，恐其父母迫之另嫁，乃自割左耳，以明心志。自此息心寡欲，撫養兒子守節至 65 歲而終。用 50 年的冷清寡居生活，換得了吏民的褒獎評議。〔註130〕丈夫早逝，撫孤不嫁，此其先矣。後遂演變成為一種傳統，對中國社會影響綿長。

其他同類事例尚有，董景起妻張氏，「景起早亡，張時年十六，痛夫少喪，哀傷過禮。形容毀頓，永不沐浴，蔬食長齋。又無兒息，獨守貞操，期以闔棺。鄉曲高之，終見標異」。〔註131〕滎陽史映周妻「年十七，適於映周。太和二十三年，映周卒。耿氏恐父母奪其志，因葬映周，哀哭而殞。見者莫不悲歎。」〔註132〕滎陽刁思遵妻，「始笄，為思遵所娉，未逾月而思遵亡。其家矜其少寡，許嫁已定，魯聞之，以死自誓。」〔註133〕皆為年輕守寡事，或苦行以度餘生，或悲痛以絕，或矢志不嫁。

孝事父母是中華民族的一項傳統道德信條，也是人類所共同遵守的道德標準。孝事父母成為儒家婦德的另一重要內容。范陽盧元禮之妻，「性至孝，聞於州里。父卒，號慟幾絕者數四，賴母崔氏慰勉之，得全。三年之中，形骸銷瘠，非人扶不起。及歸夫氏，與母分隔，便飲食日損，涕泣不絕，日就贏篤。盧氏闔家慰喻，不解，乃遣歸寧。還家乃復故，如此者八九焉。後元禮卒，李追亡撫存，禮無違者，事姑以孝謹著。母崔，以神龜元年終於洛陽，凶問初到，舉聲慟絕，一宿乃蘇，水漿不入口者六日。其姑慮其不濟，親送奔喪。而氣力危殆，自范陽向洛，八旬方達，攀櫬號踊，遂卒。」〔註134〕范陽盧氏乃高門士族，其家庭成員自然飽受儒家思想教化。盧元禮之妻在家時與父母感情極深，出嫁後不能割捨，母亡後不能節哀，竟至哀痛而卒，令人歎惋。另有河東姚氏女，「少喪父，無兄弟，母憐而守養。年六七歲，便有孝性，人言其父者，聞輒垂泣。鄰伍異之。正光中，母死，女勝年十五，哭泣不絕聲，水漿不入口者數日，不勝哀，遂死。太守崔遊申請為營墓立碑，自為制文，表其門閭，比之曹娥，改其里曰上虞里。墓在郡城東六里大道北，至今名為孝女冢」。〔註135〕

〔註130〕《魏書》卷九二《列女傳·魏溥妻房氏》。
〔註131〕《魏書》卷九二《列女傳·董景起妻張氏》。
〔註132〕《魏書》卷九二《列女傳·史映周妻耿氏》。
〔註133〕《魏書》卷九二《列女傳·刁思遵妻魯氏》。
〔註134〕《魏書》卷九二《列女傳·盧元禮妻李氏》。
〔註135〕《魏書》卷九二《列女傳·河東孝女姚氏》。

　　然則儒家婦德內之孝事父母，更主要是指孝敬夫家之父母。如滎陽京縣人張洪初妻劉氏，「年十七，夫亡，遺腹生子，三歲又沒。其舅姑年老，朝夕奉養，率禮無違。兄矜其少寡，欲奪而嫁之。劉氏自誓弗許，以終其身」。〔註136〕不僅需孝順己之父母，還要孝事舅姑，即便丈夫去世，仍須心無二志，侍奉到底。

　　除收於《列女傳》之外，婦女典範亦有散見於史籍者。如「少雍妻王氏，有德義，與其從子懷仁兄弟同居，懷仁等事之甚謹，閨門禮讓，人無比焉。士大夫以此稱美」，〔註137〕趙彥深「母傅氏，雅有操識。彥深三歲，傅便孀居，家人欲以改適，自誓以死。彥深五歲，傅謂之曰：『家貧兒小，何以能濟？』彥深泣言曰：『若天哀矜，兒大當仰報。』傅感其意，對之流涕。及彥深拜太常卿，還，不脫朝服，先入見母，跪陳幼小孤露，蒙訓得至於此。母子相泣久之。然後改服。後為宜陽國太妃」〔註138〕等。此外還有一些收入到《隋書·列女傳》中的婦女事蹟，不能考證其生活年代，但推知應在北朝或隋初。

　　在封建的婦德觀念影響下，眾多婦女以愚腐的信仰，不惜付出青春乃至生命的代價，用柔弱的身軀捍衛儒家婦德。這些婦女以「或抱信以會真，或蹈忠而踐義，不以存亡易心，不以盛衰改節，其佳名彰於既沒，徽音傳於不朽」〔註139〕為人生最大的追求和光榮，而以「不入彤管之書，不沾青史之筆，將草木以俱落，與麋鹿而同死」〔註140〕為最大的恥辱。把維護儒家婦德觀念當作人生最高價值和終極追求。

（二）出土墓誌

　　典籍所載以外，在出土的大批北朝時期的墓誌中還可見到對一些婦女懿德貞行的評述。雖然作為墓誌往往有誇張溢美之處，但畢竟不會去事實太遠，而且也反映了時人的婦德觀念。如《任城王妃李氏墓誌》：「越自初婉，摩典內閨，出妃我后，四德斯諧」；〔註141〕《司馬景和妻孟敬訓墓誌》：「多於容納，敦桃夭之容上，篤小星之逮下。故能慶顯蠡斯，五男三女，出入閨

〔註136〕《魏書》卷九二《列女傳·張洪初妻劉氏》。
〔註137〕《魏書》卷四五《辛紹先傳附少雍傳》。
〔註138〕《北齊書》卷三八《趙彥深傳》。
〔註139〕《北史》卷九一《列女傳》。
〔註140〕《北史》卷九一《列女傳》。
〔註141〕趙超：《漢魏南北朝墓誌彙編》，天津：天津古籍出版社，1992 年版，第 41
　　　　頁。

閫」；〔註142〕《李矩蘭墓誌》：「夫人幼而聰悟，長而謙順，諸姑尚其恭和，伯姊服其孝敬。自來儀君子，四德淵茂，逮事太夫人，曲盡婦道。造次靡違，顛沛必是」；〔註143〕《馮邕之妻元氏墓誌》：「秉四德以基厥身，執貞高而爲行本」〔註144〕；《魏故武昌王妃吐谷渾氏墓誌》：「六行外顯，四德內彰，金華比耀，玉質承光」〔註145〕；《張玉憐墓誌》：「性不妬忌，寤寐思賢，撫視庶子，同之自生，降恩厚澤，平等無二」；〔註146〕《魏故東安王太妃陸順華墓誌》：「亦既言笄，來從百兩，四德本循，六行彌著」〔註147〕；《齊莨平郡君獨孤思男墓誌》：「夫人秉斯積善，資此淳和，六行茂於髫年，四德成於笄歲」，〔註148〕等等，都是符合儒家「四德」的閨範表率。

　　儒家婦德理論形成於兩漢，經魏晉南北朝、隋唐，直至宋代才得以完善並普遍應用於社會實踐。北朝時期的婦德教育，其範圍畢竟是有限的，大多限於漢族士人與鮮卑貴族，對下層人民的影響也是有限的。雖有婦德典範與事蹟傳之於書，但和整個社會歷史時段的大背景比，究屬鳳毛麟角，不成影響。

　　有學者認爲：「魏晉南北朝這樣亂雜的時代，宜其貞節觀念可以鬆散，乃竟不然。……可見世道越不好，貞烈越是提倡，詔旌門閭的事越是盛行」，〔註149〕得出這樣的結論是不嚴謹的，世道好壞與提倡貞烈並無直接因果關係。社會風尚具有並存性，社會生活是廣闊的多方面的複雜的，一個時代，會出現多種不同的社會風尚，這些風尚之間有的可能是相互矛盾、對立的，這些也是正常可以理解的。

〔註142〕趙超：《漢魏南北朝墓誌彙編》，天津：天津古籍出版社，1992 年版，第 72頁。

〔註143〕趙超：《漢魏南北朝墓誌彙編》，天津：天津古籍出版社，1992 年版，第 103頁。

〔註144〕趙超：《漢魏南北朝墓誌彙編》，天津：天津古籍出版社，1992 年版，第 178頁。

〔註145〕趙超：《漢魏南北朝墓誌彙編》，天津：天津古籍出版社，1992 年版，第 245頁。

〔註146〕趙超：《漢魏南北朝墓誌彙編》，天津：天津古籍出版社，1992 年版，第 319頁。

〔註147〕趙超：《漢魏南北朝墓誌彙編》，天津：天津古籍出版社，1992 年版，第 375頁。

〔註148〕趙超：《漢魏南北朝墓誌彙編》，天津：天津古籍出版社，1992 年版，第 454頁。

〔註149〕陳東原：《中國婦女生活史》，北京：商務印書館，1998 年版，第 84 頁。

第六節　同性戀

　　「同性戀」指發生於同性間之性愛。同性戀一詞是近現代才進入中國的外來語，屬現代詞彙，古代中國沒有這樣一個可兼用於男女兩性的同性戀詞語。本節爲考證男性同性戀在北朝之發展，男性同性戀在古代稱呼較多，爲不引起誤解，故取現代詞彙以名之。

　　同性戀在漢族文明中歷史悠久，對北朝而言，亦屬漢文化影響下之產物。

一、詞彙辨析

　　古代與「同性戀」有關詞彙較多，有面首、變童、男寵、男妾、男妓、男色、男風等等，且使用起來比較混亂。爲便於徵引材料，闡明主題，故有必要試作一番釐清辨析。先看「面首」一詞之解釋：

　　　　面首：①容貌。寒山詩：「二人同老少，一種好面首。」王梵
　　　志《身體骨崖崖》詩：「迎得少年妻，褒揚殊面首。」②指強壯姣美
　　　的男子。《宋書・臧質傳》：「〔臧質〕納面首生口，不以送臺，
　　　免官。」引申爲男寵、男妾。《資治通鑑・宋紀・太宗明皇帝上之上》：「〔山
　　　陰公主〕嘗謂帝曰：『妾與陛下男女雖殊，俱託體先帝，陛下六宮萬
　　　數，而妾惟駙馬一人，事太不均。』帝乃爲公主置面首左右三十人。」
　　　胡三省注：「面取其貌美，首取其髮美。」③當面自陳罪狀。《舊唐
　　　書・韋處厚傳》：「處厚因謝從容奏曰：『臣有大罪，伏乞面首。』」
　　〔註150〕

　　　　「面首」一詞，始見於南北朝。面，貌之美；首，髮之美。面
　　　首，謂美男子，引申爲男妾、男妓、男寵。〔註151〕

觀之，「面首」當爲女性提供性服務之男性。但臧質之納面首沒有上交，因而被免官一事看來，臧質與面首屬同性戀。且如云「引申爲男寵、男妾」，則又不妥。因「男寵」、「男妾」不惟爲女性服務，也可爲男性服務。《晉書》卷二九《五行志》云：「太康之後，男寵大興，甚於女色，士大夫莫不尚之，天下

〔註150〕辭海編輯委員會：《辭海》，上海：上海辭書出版社，1999 年版普及本，下卷，
　　　　　第 5739 頁。
〔註151〕廣東、廣西、湖南、河南辭源修訂組，商務印書館編輯部：《辭源》，北京：
　　　　　商務印書館，1981 年 12 月修訂第 1 版，1982 年 1 月北京第 2 次印刷，第一
　　　　　卷，第 772 頁。

相仿傚，或至夫婦離絕，多生曠怨。」此「男寵」即指爲男性服務，乃男同性戀之稱謂。則「面首」是爲男女兩性服務者也。

變童：此詞出現於北朝時期，《北齊書》卷五《廢帝紀》：「散愁自少以來，不登變童之床」。《辭源》對「變童」有釋義：

> 變童：舊指被侮弄的美男。《北齊書・廢帝紀》：「（許）散愁自少以來，不登變童之床，不入季女之室。」《玉臺新詠》七《梁簡文帝變童詩》：「變童嬌麗質，踐董復超瑕。」〔註152〕

則變童專指男同性戀無疑。

男妓，與妓女相對，指男性之出賣肉體者。惟封建社會之男妓，兼可爲男女兩性服務。

男色，《辭源》釋云：

> 以美貌而受寵的男子。《漢書》九三《佞倖傳贊》：「柔曼之傾意，非獨女德，蓋亦有男色焉。」明謝肇淛《五雜俎》八《人部》四：「男色之興，自伊訓有比頑童之戒，則知上古已然矣。」〔註153〕

男色古代專指指男性同性戀者。但如與「女色」相對，男性可好「女色」，女性自然亦可好「男色」。從語言邏輯的嚴密性要求，則以其作男同性戀專稱實乃不妥。

男妾，《辭源》釋云：

> 男妾：以男子爲妾。唐李商隱《李義山文集》四宜都內人：「武后篡既久，頗放縱，耽內習。……宜都內人曰：『……大家始今日能屏去男妾，獨立天下，則陽之剛元明烈可有矣。』」〔註154〕

此男妾無疑義，與「女妾」相對，指一女之多夫，專爲婦女服務者也。

男風，屬後起之詞，明代以後出現，專指男同性戀。

此外，在典籍中，男同性戀還有幾種指代性稱謂：餘桃、龍陽、斷袖，

〔註152〕廣東、廣西、湖南、河南辭源修訂組，商務印書館編輯部：《辭源》，北京：商務印書館，1981年12月修訂第1版，1982年1月北京第2次印刷，第一卷，第772頁。

〔註153〕廣東、廣西、湖南、河南辭源修訂組，商務印書館編輯部：《辭源》，北京：商務印書館，1981年12月修訂第1版，1982年1月北京第2次印刷，第三卷，第2109頁。

〔註154〕廣東、廣西、湖南、河南辭源修訂組，商務印書館編輯部：《辭源》，北京：商務印書館，1981年12月修訂第1版，1982年1月北京第2次印刷，第三卷，第2109頁。

皆有典而來。

餘桃：

> 昔者彌子瑕有寵於衛君。衛國之法，竊駕君車者罪刖。彌子
> 瑕母病，人聞往夜告彌子，彌子矯駕君車以出，君聞而賢之曰：「孝
> 哉，爲母之故，忘其刖罪。」異日，與君遊于果園，食桃而甘，不
> 盡，以其半啖君，君曰：「愛我哉，忘其口味，以啖寡人。」及彌
> 子色衰愛弛，得罪於君，君曰：「是固嘗矯駕吾車，又嘗啖我以餘
> 桃。」〔註155〕

龍陽：

> 魏王與龍陽君共船而釣。龍陽君涕下。王曰。何爲泣。曰。爲
> 臣之所得魚也。王曰。何謂也。對曰。臣之所得魚也。臣甚喜。後
> 得又益大。臣欲棄前所得魚矣。今以臣之兇惡。而得爲王拂枕席。
> 今四海之內。美人亦甚多矣。聞臣之得幸於王也。必褰裳趨王。臣
> 亦曩之所得魚也。亦將棄矣。臣安能無涕出乎。魏王於是布令於四
> 境之內曰。敢言美人者滅族。〔註156〕

斷袖：

> （董賢）常與上臥起。嘗晝寢，偏藉上袖，上欲起，賢未覺，
> 不欲動賢，乃斷袖而起。其恩愛至此。〔註157〕

在中國歷史上，有關男同性戀之事不絕於書，但是與封建社會對女性要求相反，社會對它極少苛責。在士大夫階層，同性戀被認爲是文人雅事。稱呼男同性戀爲「餘桃（或分桃）」、「龍陽」、「斷袖」，不惟不含貶義，反有欣賞風雅之意。

古代亦有稱呼女性同性戀的特用名詞——「對食」。「對食」一詞最早出現在《漢書》卷九七《外戚下》，「房與宮對食」，應劭曰：「宮人自相與爲夫婦名對食，甚相妒忌也。」表示宮女之間的同性戀關係。後至明清時期，「對食」亦用於指宮廷中太監與宮女的戀愛關係。〔註158〕女同性戀於歷史中記載既少，亦未如男同性戀那樣在某個時期形成風氣。

〔註155〕《韓非子·說難第十二》。
〔註156〕《戰國策》卷二十五《魏四》。
〔註157〕《漢書》卷九三《佞倖·董賢傳》。
〔註158〕見《萬曆野獲編》卷六《內監·對食》。

二、同性戀略說

　　同性戀在中國封建社會的某些時期曾廣泛、公開地存在。「同性戀本是一種在任何地區、時代、社會都可能出現的現象，古今中外的各種文化中，似乎還沒有哪一種可以斷言未曾發生過同性戀事例，中國歷史上大量的文獻包括正史都有關於同性戀問題的記載，以寫帝王男寵為主的『佞倖列傳』是中國歷代正史中從未缺少過的項目。西方同樣也是如此，古希臘人視同性戀為高尚純潔的愛情，基督教文化以仇視同性戀著稱，然而近年據一些學者的研究，早期的基督教文化對同性戀也非常寬容。」〔註159〕西方甚至認為同性戀是人類天生的，古希臘蘇格拉底即認為「同性戀」是沒有害處的。

　　中國社會是男權社會，男權社會所建立的倫理觀念是以男性為中心，保護男性特權和利益。婦女是男子的附屬物，處於受支配地位。與此相對應，同性戀雙方的地位也是不平等的。同性戀中居於「女性」一方地位是「低下」、「卑賤」的。其雖為男子，但地位與角色和女子是一樣的。其地位是「低下」、「卑賤」的，是「男性」的玩物。而「男性」的一方則享有「男人」的權益，受輿論和社會的保護與支持。

　　我國同性戀有史可考是從春秋戰國開始。前述「餘桃」、「龍陽」典故皆出於此時期。王書奴曾考索孔子、墨子對同性戀曾有微詞，於此可推斷春秋戰國當為我國同性戀之第一興盛時期。秦漢以降，同性戀續有發展。據統計，兩漢25個劉姓帝王中，有10個皇帝有同性戀行為。〔註160〕

　　魏晉南北朝時期是我國歷史上同性戀風行的時期，「同性戀現象在魏晉南北朝時期比之前代又有了新的發展。就同性戀個體而言，可見於史料記載的已由過去帝王與寵臣、宦官間的同性戀行為，發展到權貴與平民、侯王與百姓以及包括知識分子在內的中下階層。」〔註161〕「太康之後，男寵大興，甚於女色，士大夫莫不尚之，天下相仿傚，或至夫婦離絕，多生曠怨。」〔註162〕同性戀之流行竟至影響到正常的夫妻生活，則此時期實為中國歷史上一同性戀高峰期。王叔奴《中國娼妓史》中曾把魏晉南北朝時期的同性戀總結為以

〔註159〕吳存存：《明清社會性愛風氣》，北京：人民文學出版社，2000年6月，第114頁。

〔註160〕《漢朝25個皇帝10個同性戀》，《健康必讀》2007年第2期。

〔註161〕石方：《中國性文化史》，哈爾濱：黑龍江人民出版社，2003年1月第2次修訂版，第188頁。

〔註162〕《晉書》卷二九《五行志》。

下幾個特徵：公然狎昵，不以爲諱；因偶然失戀，乃侮辱孌童，或動殺機；因戀孌童與妻斷絕，或累殺妻；夫婦同愛孌童；因愛孌童，而功名沉滯；狎昵孌童，見於言論著述。〔註163〕

三、北朝同性戀

西晉太康以後，實爲同性戀之高峰期。迨及南北朝，流風所及，史時有書。北方在十六國時期即有兩例：

> 季龍寵惑優僮鄭櫻桃而殺郭氏，更納清河崔氏女，櫻桃又譖而殺之。〔註164〕

> 初，堅之滅燕，（慕容）沖姐爲清河公主，年十四，有殊色，堅納之，寵冠後庭。（慕容）沖年十二，亦有龍陽之姿，堅又幸之。姊弟專寵，宮人莫進。長安歌之曰：「一雌復一雄，雙飛入紫宮。」〔註165〕

前例爲後趙石虎寵優僮鄭櫻桃，「櫻桃美麗，擅寵宮掖，樂府由是有《鄭櫻桃歌》」，〔註166〕可見此事在當時影響之大。樂府原詩已佚，後唐代詩人李頎作《鄭櫻桃歌》敍此事。後例敍前秦苻堅好女色而納慕容氏，又好男色而寵慕容氏之弟慕容沖。有了這姐弟二人，其他宮人都黯然失色。且此事亦有民謠歌之，可見同性戀乃公開慣常之現象，而非稀奇怪誕之事也。

北朝時期胡漢交融，觀念較開放，性愛較自由，且受中原漢文化影響，南風北漸，同性戀自然更有其存在環境與空間。檢點史籍，亦有成例線索可循。早在太武帝拓跋燾時期，恭宗拓跋晃爲東宮太子，時有盧魯元之子盧內，「給侍東宮，恭宗深昵之，常與臥起同衣」，〔註167〕盧內與太子「同臥起、同衣食」，應係同性戀。《魏書》卷二二《孝文五王·汝南王悅傳》載：

> 汝南王悅，好讀佛經，覽書史。爲性不倫，儔儻難測。悅妃閭氏，即東海公之女也，生一子，不見禮答。有崔延夏者，以左道與悅遊，合服仙藥松朮之屬。時輕與出採芝，宿於城外小人之所。遂

〔註163〕王叔奴：《中國娼妓史》，上海：上海書店1992年版，第62～66頁。
〔註164〕《晉書》卷一〇六《石季龍載記》。
〔註165〕《晉書》卷一一四《苻堅載記》。
〔註166〕〔宋〕郭茂倩：《樂府詩集》，北京：中華書局，1979年11月第1版，2003年9月北京第6次印刷，第四冊，第八十五卷，第1201頁。
〔註167〕《魏書》卷三四《盧魯元傳附子內傳》。

斷酒肉粟稻，唯食麥飯。又絕房中而更好男色。輕忿妃妾，至加捶
撻，同之婢使。悅之出也，妃住於別第。靈太后敕檢問之，引入，
窮悅事故。妃病，杖伏床蓐，瘡尚未愈。太后因悅之杖妃，乃下令
禁斷。令諸親王及三蕃，其有正妃疾患百日已上，皆遣奏聞。若有
猶行捶撻，就削封位。

北魏汝南王元悅爲孝文帝第六子，好讀佛經，瀏覽書史，但私生活卻放任不
倫。元悅爲好男色而斷絕房中，常捶撻妃妾，竟至太后親自查問禁斷。另《北
史》卷二七《酈範傳附酈道元傳》：

道元素有嚴猛之稱，權豪始頗憚之。而不能有所糾正，聲望更
損。司州牧、汝南王悅嬖近左右丘念，常與臥起。及選州官，多由
於念。念常匿悅第，時還其家，道元密訪知，收念付獄。悅啓靈太
后，請全念身，有敕赦之。道元遂盡其命，因以劾悅。

元悅寵愛丘念，常跟他一起臥起生活。等到選舉州官時，全由丘念操縱。平
時丘念隱藏在元悅的家裏，偶爾才回一次家。酈道元時任御史中尉，執法嚴
厲。秘密查清了丘念回家的規律，尋找機會把丘念抓捕入獄。元悅求情於靈
太后，靈太后下令釋放。然道元搶在命令下達之前把丘念處死，並因此事而
檢舉元悅的違法行爲。

《北齊書》卷五《廢帝紀》：

九年，文宣在晉陽，太子監國，集諸儒講《孝經》。令楊愔傳
旨，謂國子助教許散愁曰：「先生在世何以自資？」對曰：「散愁自
少以來，不登孌童之牀，不入季女之室，服膺簡策，不知老之將至。
平生素懷，若斯而已。」太子曰：「顏子縮屋稱貞，柳下嫗而不亂，
未若此翁白首不娶者也。」乃賚絹百匹。

北齊時期，國子助教許散愁以不近男童、不親少女自誇。於此可以推知，男
色爲當時普通嗜好，許散愁反成標新立異與時不同者。《北齊書》卷二八《元
韶傳》：「文宣帝剃韶鬚髮，加以粉黛，衣婦人服以自隨，曰：「我以彭城爲嬪
御。」譏元氏微弱，比之婦女」。文宣帝高洋將魏宗室元韶女裝以侮之，以譏
元氏微弱。其與元韶是否有同性戀行爲，則不得而知。

著名詩人庾信亦有同性戀事蹟，《南史》卷五一《梁宗室上·長沙宣武王
懿傳附蕭韶傳》：

韶昔爲幼童，庾信愛之，有斷袖之歡，衣食所資，皆信所給。

遇客，詔亦爲信傳酒。後爲郢州，信西上江陵，途經江夏，詔接信
甚薄，坐青油幕下，引信入宴，坐信別榻，有自矜色。信稍不堪，
因酒酣，乃徑上詔牀，踐蹋肴饌，直視詔面，謂曰：「官今日形容大
異近日。」時賓客滿坐，詔甚慚恥。

此當爲庾信在南朝時之事，然因庾信後入北朝，亦屬北朝時人，且其早年生
活風習於入北以後或可有之，故引之。蕭詔曾爲「幼童」，與庾信有「斷袖之
歡」。後因官高位極，再見庾信時，與往相比，有「怠慢」之態。遂遭庾信當
眾面斥侮辱。庾信性情剛烈於《庾信集序》中有記載反映，他在江陵任御史
中丞時，使「貴戚斂手，豪族屏氣」，入周後任洛州刺史時，也是「吏不敢賄，
人不忍欺」。〔註168〕遭「舊友」怠慢，形色發作，亦屬可以理解。然於此亦可
見出同性戀中之另一方地位之卑下屈辱。

　　總之，北朝時期同性戀現象雖史載不多，然窺斑知豹、見微知著，循之
以社會歷史環境之演進承合，則可推知史書所載，絕非孤立偶然之個案，同
性戀在北朝某些階層、範圍當是一種公開、普遍之存在。

〔註168〕〔北周〕庾信：《庾子山集注》，北京：中華書局 1980 年版，第一冊，第 58、
　　　63 頁。

餘　論

　　自魏道武帝拓跋珪於公元 386 年（登國元年）建國稱魏，至公元 589 年（開皇九年）隋文帝楊堅滅陳，北朝歷時二百零三年，主要包括北魏、東魏、西魏、北齊、北周五個朝代。上承魏晉，下啟隋唐。疆域全盛時，西至焉耆，東到海，北界六鎮與柔然接壤，南至長江，佔有了長江以北的大半國土。幅員廣闊，種族複雜，是中國歷史上民族大融合的重要時期。

　　多民族混雜居住，物質文明、精神文化、生活習俗等互相交流、學習、濡染、碰撞，最後趨於融合。其間社會生活複雜多樣，豐富多彩，千變萬化，多少社會風尚旋起旋息。本書從八個方面對在北朝社會中流行較久、影響較大的社會風尚進行梳理分析。通過對材料的臚列歸納，力圖從各個方面展現北朝人民社會生活面貌，從而揭示出歷史發展的宏觀脈絡。

　　第一章　佛教

　　南北朝時期為佛教發展的重要時期，其中北朝佛教發展更逾南朝。崇信佛教是北朝社會生活中最典型最顯著的一種社會風尚。佛教自漢末傳入，直至南北朝才得到大發展。朝野上下，帝王公卿，布衣平民，無貴無賤，無長無少，紛紛受教，竟成燎原。佛教在北朝的傳播尤有特殊意義。多民族混居，農業文明與游牧文明互相碰撞磨合，佛教以共同之信仰維繫凝聚了各族受眾，對胡漢兩大民族集團的社會融合起到了非常重要的作用。正是由於佛教在此時期的如荼發展，打下了深廣的群眾基礎，才使佛教在唐代迎來了其佛教史上的發展高峰。

　　第二章　道教

　　道教作為本土宗教，受佛教之刺激與影響，北朝時期亦得到快速發展。

然而關於北朝道教發展情況，史書記載簡略，材料單一，目前所見僅《魏書‧釋老志》等不多幾處。因此，本章除注意利用傳世文獻之外，復參之以出土碑刻、造像記等資料，勉力考證勾勒出北朝道教發展的軌迹及在民間傳播的盛況，分析道教在北朝興起、傳播的背景原因，闡述了道教教派產生與信仰狀況及其對社會生活產生的影響。

第三章　奢華

上層社會奢華之風爲歷史上所常見。奢華以物質財富集中爲必要條件，社會經濟發展爲或然條件。北朝奢華風尚興起於北魏中後期並形成高峰，這其中有游牧文明對農業文明的欣羨追慕，財富的相對集中，加之社會經濟的積累繁榮，「魏累世強盛，東夷、西域貢獻不絕，又立互市以致南貨，至是府庫盈溢」，〔註1〕有這樣大的社會環境作爲背景基礎，奢華風尚就極易滋生並迅速蔓延了。北魏以後各代奢華現象仍有存在，當是前代之流風遺韻。奢華風尚以日常生活中的衣冠服乘、飲食日用、居室宅第等爲主要表現形式，其他如財婚、蓄妓、厚葬等則爲其影響或延伸表現。

第四章　門閥

門閥制度肇始於曹魏的九品中正制，形成於魏晉，東晉南朝達於極盛。北朝亦學習吸收了漢族之門閥制度，其發展雖不如南朝之盛，對北朝社會生活亦產生重要影響。本章對北朝門閥制度發展進行考證勾勒，梳理歸納門閥制度在北朝社會選官與婚姻兩方面的表現和影響。

第五章　尚武

冷兵器時代，體力爭雄。游牧民族的崛起，正是得力於對武勇的崇尚與倡揚。拓跋鮮卑在中國歷史上首開落後的游牧文明戰勝先進的農業文明之先例，此後北朝各代，政權更替，東西之爭，南北之戰，干戈不息，時代需要勇士，社會崇尚英雄。尚武精神成爲民族之魂，生命之根，融入血液，明流暗湧。尚武之風首先體現在北朝民歌的主題內容上，北朝民歌中多有熱愛駿馬寶刀、歌頌英雄豪氣、描寫游牧風光的作品，其中充滿濃鬱的尚武氣息。尚武之風還對北朝民歌整體上豪放剛健、慷慨壯闊的藝術風格的形成起到了全面而深刻的影響，在表現人民疾苦、愛情生活等其他題材的作品中，也同樣都彌漫著尚武的印迹與影響，表現出豪壯勁健之氣。北朝民歌傳入南朝後，爲南朝文壇注入清新氣息，南朝文人紛紛學習並擬作，從而爲唐詩的產生奠

〔註1〕　《資治通鑑》卷一百四十九《梁紀五》「天監十八年條」。

定了基礎並直接爲唐代邊塞詩學習和借鑒。南朝文人庾信、王褒等人由南入北，其後期詩歌創作也爲我們描繪保存了這一時代的戈馬之音、沙場刀兵。這一濃烈的尚武之風對後世仍有影響，唐代尚武之風盛行，邊塞詩中反映了唐代官兵的積極報國樂觀昂揚的精神面貌。這與唐代的邊事頻繁固然有關，但另一不可忽視的原因是，李唐王朝的統治者起於關西，而關西迫近羌胡，屬胡漢雜居地帶，民俗尚勇，延續了北朝時期的尚武風氣。

第六章　飲酒

中華酒文化源遠流長，飲酒好酒，史代有書。酒是人民生活中不可或缺的重要物事，在社會生活中發揮著重要影響與作用。然歷來論酒，皆矚目於帝王飲酒或文人飲酒。本章獨闢蹊徑，探析了北朝社會飲酒蔚成風尚之原因，考察了北朝社會各層飲酒風尚盛行情況及表現，分析其所產生之影響。

第七章　娛樂

娛樂亦是社會生活的一項重要內容。北朝娛樂材料單薄稀缺，朱大渭《魏晉南北朝社會生活史》已有論及，本章在此基礎上作了進一步的梳理論述。北朝娛樂同時又兼具鮮明的民族特色，其中在社會生活中影響較大、流行較廣的幾種娛樂活動爲：戲射、角抵、投壺、樗蒲、握槊、圍棋、象戲等。

第八章　性愛

性愛是人類生活的重要內容。北朝是歷史上重要的民族大融合時期，游牧民族向階級社會、向封建化轉化，多民族混雜居住，文化、文明互相碰撞同化融合。社會生活波瀾壯闊，多姿多彩，反映在性愛上也是複雜多樣的。北朝性愛風尚即是這種融合的產物，既有於鮮卑本族傳統習俗基礎上發展起來的風尚，又有受漢文明薰染而產生的新風尚。受遺俗影響，性愛觀念較爲開放自由，再婚普遍，婚外情多發；受漢文明影響，又有門閥制度下的門第婚、婦德典範等。此外還有家妓、同性戀等其他性愛形式。

歷史的發展是緊密聯繫不可割裂的。北朝時期的社會風尚，是當時人們物質與精神追求的反映，是社會發展進步不可缺少的環節，對後世產生或顯或隱的影響。通過本書研究，更深入地認識與理解北朝人民生活。同時，歷史的傳承性和延續性亦得以凸顯，更便於我們從宏觀上來掌握和解讀歷史。是爲本書之宗旨也。

參考文獻

一、期刊文獻

1. 班榮學：《縱情享樂的文化背景與躊躇徘徊的思想淵源——中英「及時行樂詩」之比較研究》，《西安電子科技大學學報》（社會科學版）2005 年第 1 期。

2. 操曉理、高峰：《1998 年魏晉南北朝史研究綜述》，《中國史研究動態》1999 年第 5 期。

3. 曹劍：《試析社會風氣的根源》，《黨校科研信息》1991 年第 3 期。

4. 常敘政、李少南：《山東省博興縣出土一批北朝造像》，《文物》1983 年第 7 期。

5. 陳斌：《論中國古代詩歌中的「及時行樂」主題》，《寧夏社會科學》1999 年第 1 期。

6. 陳華文：《迷失的孝道：中國厚葬之風透視》，《民間文化》1999 年第 2 期。

7. 陳懇等：《「先秦楚人尚武」考論》，《體育文化導刊》2005 年第 10 期。

8. 陳爽：《1996 年社會史研究概述》，《中國史研究動態》1997 年第 5 期。

9. 陳奕玲，朱小琴：《2005 年魏晉南北朝史研究綜述》，《中國史研究動態》2006 年第 9 期。

10. 陳奕玲：《2006 年魏晉南北朝史研究綜述》，《中國史研究動態》2007 年第 8 期。

11. 磁縣文化館：《河北磁縣北齊高潤墓》，《考古》1979 年第 3 期。

12. 磁縣文化館：《河北磁縣東陳村東魏墓》，《考古》1977 年第 6 期。

13. 大同市博物館、山西省文物工作委員會：《大同方山北魏永固陵》，《文物》

1978 年第 7 期。

14. 丁慧芸：《從性別視角看北朝時期的婦女與戰爭》，《濮陽職業技術學院學報》，2010 年第 4 期。

15. 丁明夷：《從強獨樂周文王佛道造像碑看北朝道教造像》，《文物》1986年第 3 期。

16. 董鴻揚：《古代尚武精神遺風探析》，《黑龍江史志》1994 年第 3 期。

17. 段立穎：《中國古代射獵活動簡論》，《廣西民族大學學報》（哲學社會科學版）2007 年 3 月第 29 卷第 2 期。

18. 段志強，李江濤：《論社會風氣》，《安徽大學學報》（哲學社會科學版）1985 年第 1 期。

19. 方高峰、廖生訓、宋鳳英：《1999 年魏晉南北朝史研究綜述》，《中國史研究動態》2000 年第 4 期。

20. 甘肅省博物館：《甘肅涇川王母宮石窟調查報告》，《考古》1984 年第 7 期。

21. 高國興：《北朝文化的幾個問題略說》，《北方文物》1992 年第 3 期。

22. 高衛星：《魏晉南朝奢侈之風述論》，《許昌師專學報》1995 年 3 期。

23. 郭敏：《流民・北府兵與門閥政治》，《南京曉莊學院學報》2006 年第 5 期。

24. 郭素新：《內蒙古呼和浩特北魏墓》，《文物》1977 年第 5 期。

25. 郝建平：《論漢代厚葬之風》，《臨沂師範學院學報》2007 年第 2 期。

26. 何田、先武、少衛：《1993 年魏晉南北朝史研究綜述》，《中國史研究動態》1994 年第 6 期。

27. 何文賢：《「尚善」與「尚武」——中西方傳統文明觀比較》，《福建師範大學學報》（哲學社會科學版）2003 年第 4 期。

28. 何梓昆：《社會風氣的特性與功能》，《現代哲學》1992 年第 1 期。

29. 洪春華，周文：《「止戈爲武」——從〈詩經〉戰爭詩歌看先秦之尚武精神》，《咸寧學院學報》2003 年第 2 期。

30. 侯旭東：《論南北朝時期造像風氣產生的原因》，《文史哲》1997 年第 5 期。

31. 侯旭東：《十六國北朝時期僧人遊方及其作用述略》，《佳木斯師專學報》1997 年第 4 期。

32. 侯旭東：《十六國北朝時期戰亂與佛教發展關係新考》，《中國史研究》1998年第 4 期。

33. 侯旭東：《造像記與北朝社會史研究的回顧與展望》，《中國史研究動態》1999 年第 1 期。

34. 胡阿祥：《魏晉南北朝時期的生態環境》，《南京曉莊學院學報》2001 年第 3 期。

35. 黃燕尤：《淺談西方詩歌史上的「及時行樂」主題》，《朔方》1999 年第 4 期。

36. 賈憲保：《唐咸通時代奢侈風氣述論》，《河北學刊》1988 年第 5 期。

37. 康樂：《代人集團的形成與發展——拓跋魏的國家基礎》，《中央研究院歷史語言研究所集刊》第六十一本第三分，1990 年 9 月。

38. 李愛國：《太原北齊張海翼墓》，《文物》2003 年第 10 期。

39. 李炳海：《從北朝騎射女傑到唐代女俠傳奇》，《中國文化研究》1996 年冬之卷（總第 14 期）。

40. 李昌集：《中國早期小說觀的歷史衍變》，《文學遺產》1988 年第 3 期。

41. 李德芳：《北朝民歌的社會風俗史研究》，《北京師範大學學報》（社科版）1984 年第 5 期。

42. 李劍國：《論南北朝的「釋氏輔教之書」》，《天津師範大學學報》（社會科學版）1985 年第 3 期。

43. 李瓊英、那曉淩：《2000 年魏晉南北朝史研究綜述》，《中國史研究動態》2001 年第 4 期。

44. 李淞：《北魏姚伯多道教造像碑主尊之名考辨》，《中國道教》1995 年第 3 期。

45. 李淞：《關中一帶北朝道教造像的幾點基本問題》，《新美術》1997 年第 4 期。

46. 李文才：《魏晉南北朝時期婦女社會地位研究——以上層社會婦女爲中心考察》，《社會科學戰線》2000 年第 5 期。

47. 李希運：《論魏晉南北朝志怪小說的宣佛思想傾向》，《東方論壇》1999 年第 3 期。

48. 李裕群：《天龍山石窟調查報告》，《文物》1991 年第 1 期。

49. 廖健琦：《北朝社會婚姻狀況芻議》，《史學月刊》1998 年第 2 期。

50. 劉愛文：《論魏晉南北朝大地主集團的休閒娛樂消費》，《邵陽學院學報》（社會科學版）2005 年 2 月第 4 卷第 1 期。

51. 劉愛文：《論魏晉南北朝地主階級奢侈縱欲的社會根源》，《雲夢學刊》1995 年第 4 期。

52. 劉惠卿：《釋氏輔教之書：六朝志怪小說的敘事新風》，《西南民族大學學報》（人文社科版）2005 年第 10 期。

53. 劉進忠：《略說士族制度的興衰及評價》，《歷史學習》2002 年第 10 期。

54. 劉明琪：《中國小說的歷史空白》，《陝西師範大學學報》（哲社版）1998

年第 1 期。

55. 劉淑芬：《五至六世紀華北鄉村的佛教信仰》，《中央研究院歷史語言研究所集刊》，第 63 本第 3 分，1993 年。

56. 劉勇、朱華、高峰：《1997 年魏晉南北朝史研究綜述》，《中國史研究動態》1998 年第 4 期。

57. 龍福元：《中國酒文化》，《零陵師專學報》1997 年第 2 期。

58. 魯亮：《及時行樂與汲汲立身——上古詩賦兩種價值取向的離合》，《社會科學戰線》2001 年第 1 期。

59. 羅玲：《民國時期南京的社會風尚》，《民國檔案》1997 年第 3 期。

60. 洛陽博物館：《洛陽北魏元邵墓》，《考古》1973 年第 4 期。

61. 馬愛民等：《論鄴都歷史上尚武風習與民族武術文化的融合》，《西安體育學院學報》2001 年第 2 期。

62. 馬華祥：《論北朝民歌的民族風格》，《新鄉師範高等專科學校學報》2002 年第 1 期。

63. 馬鄰：《淺議先秦儒家孝道觀與厚葬陋習》，《楚雄師範學院學報》2002 年 2 月第 17 卷第 1 期。

64. 孟彥弘：《1997～1998 年度社會史研究述要》，《中國史研究動態》1999 年第 8 期。

65. 納光舜：《道教造像的藝術特色》，《中國道教》1998 年第 2 期。

66. 寧夏回族自治區博物館、寧夏固原博物館：《寧夏固原北周李賢夫婦墓發掘簡報》，《文物》1985 年第 11 期。

67. 牛亞君、馬曉鋒、操曉理：《1995 年魏晉南北朝史研究綜述》，《中國史研究動態》1996 年第 4 期。

68. 歐陽衛民：《王安石論消費風氣傳播規律及其它》，《消費經濟》1992 年第 4 期。

69. 彭文：《秦人 齊人 尚武精神》，《西北史地》1996 年第 4 期。

70. 齊平：《社會風氣略說》，《理論建設》1986 年第 4 期。

71. 齊平：《談社會風氣》，《理論月刊》1987 年第 2 期。

72. 錢立勇：《先秦時期的尚武精神》，《華夏文化》2004 年第 3 期。

73. 邱少平：《門閥制度的興衰》，《益陽師專學報》1999 年第 2 期。

74. 榮新海：《論風氣》，《道德與文明》1988 年第 3 期。

75. 山西大同市博物館、山西省文物工作委員會：《山西大同石家寨北魏司馬金龍墓》，《文物》1972 年 3 期。

76. 山西省考古研究，太原市文物考古研究所：《太原北齊徐顯秀墓發掘簡報》，《文物》2003 年第 10 期。

77. 山西省考古研究所、大同市考古研究所：《大同市北魏宋紹祖墓發掘簡報》，《文物》2001 年第 7 期。

78. 山西省考古研究所、太原市文物管理委員會：《太原市北齊婁叡墓發掘簡報》，《文物》1983 年第 10 期。

79. 山西省考古研究所：《西安發現的北周安伽墓》，《文物》2001 年第 1 期。

80. 陝西省考古研究所，咸陽市考古研究所：《北周武帝孝陵發掘簡報》，《考古與文物》1997 年第 2 期。

81. 陝西省考古研究所：《北周宇文儉墓清理發掘簡報》，《考古與文物》2001 年第 3 期。

82. 陝西省考古研究所：《西安北郊北周安伽墓發掘簡報》，《考古與文物》2000 年第 6 期。

83. 少衛、先武、向田：《1994 年魏晉南北朝史研究綜述》，《中國史研究動態》1995 年第 7 期。

84. 邵金凱、郝宏桂：《略論晚明社會風尚的變遷》，《鹽城師範學院學報》（人文社會科學版）2001 年 5 月第 21 卷第 2 期。

85. 施光明：《北朝民族通婚研究》，《民族研究》1993 年第 4 期。

86. 石夫：《介紹兩件北朝道教石造像》，《文物》1961 年第 12 期。

87. 石家莊地區革委會文化局文物發掘組：《河北贊皇東魏李希宗墓》，《考古》1977 年第 6 期。

88. 宋亞軍、李麗華：《談我國厚葬陋習的形成》，《衡水師專學報》2000 年第 2 期。

89. 宿白：《東北、內蒙古地區的鮮卑遺迹——鮮卑遺迹輯錄之一》，《文物》1977 年第 5 期。

90. 孫昌武：《關於王琰「冥祥記」的補充意見》，《文學遺產》1992 年第 5 期。

91. 談榮開：《宗教與魏晉南北朝志怪小說》，《咸寧師專學報》1991 年第 2 期。

92. 湯其領：《北朝道教論略》，《洛陽工學院學報》（社會科學版）2001 年 12 月第 19 卷第 4 期。

93. 唐長孺：《讀〈顏氏家訓·後娶篇〉論南北嫡庶身份的差異》，《歷史研究》1994 年第 1 期。

94. 陶賢都：《2002 年魏晉南北朝史研究綜述》，《中國史研究動態》2003 年第 7 期。

95. 田久川：畸形奢侈——鬥富比闊，《東北之窗》2007 年第 8 期。

96. 同滿宏：《社會風氣與精神文明建設關係淺論》，《甘肅理論學刊》1991

年第 2 期。

97. 王鳳霞：《憂生意識與及時行樂——漢代詩歌價值取向溯源》,《河南教育學院學報》(哲學社會科學版) 2002 年第 4 期。

98. 王克林：《北齊厙狄迴洛墓》,《考古學報》1979 年第 3 期。

99. 王啓忠：《試論六朝小說創作的自覺意識》,《社會科學輯刊》1988 年第 3 期。

100. 王曉衛：《北朝鮮卑婚俗考述》,《中國史研究》1988 年第 3 期。

101. 王宜峨：《道教的造像藝術》,《中國道教》1989 年 1 期。

102. 王永紅：《解讀飲酒避世的魏晉風度》,《重慶社會工作職業學院學報》2006 年 3 月第六卷第 1 期（總第 20 期）。

103. 王永平：《論北魏後期的奢侈風氣——從一個側面看北魏衰亡的原因》,《學術月刊》1996 年 6 期。

104. 王永平：《論東漢中後期的奢侈風氣》,《南都學壇》(社會科學版) 1992 年第 12 卷第 4 期。

105. 王永平：《論西晉上流社會的縱欲風氣》,《揚州大學學報》(人文社會科學版) 1992 年第 3 期。

106. 王子今：《讀薛瑞澤著〈魏晉南北朝婚姻形態研究〉》,《中國史研究動態》2001 年第 9 期。

107. 吳笛：《論東西方詩歌中的「及時行樂」主題》,《外國文學研究》2002 年第 4 期。

108. 吳家清、楊元宏：《「社會風氣」應納入歷史唯物主義範疇體系》,《華中師範大學學報》1989 年第 6 期。

109. 吳家清：《簡論社會風氣》,《教學與研究》1989 年第 3 期。

110. 吳維中：《志怪與魏晉南北朝宗教》,《蘭州大學學報》(社會科學版) 1990 年第 2 期。

111. 吳先寧：《北方文風和庾信後期創作》,《廈門大學學報》(哲社版) 1989 年第 1 期。

112. 武新華：《天龍山石窟研究概述》,《文物世界》2004 年第 6 期。

113. 武正強：《2004 年魏晉南北朝史研究綜述》,《中國史研究動態》2005 年第 7 期。

114. 夏毅輝：《北朝皇后與佛教》,《學術月刊》1994 年第 11 期。

115. 謝寶富：《北朝婚齡考》,《中國史研究》1998 年 1 期。

116. 邢春生,金洪躍：《簡論社會風氣》,《道德與文明》1986 年第 3 期。

117. 徐臺榜：《從宋代社會風尚看岳飛其人》,《黑龍江農墾師專學報》2001 年第 2 期。

118. 薛瑞澤：《魏晉南北朝的離婚問題》，《重慶師院學報》（哲學社會科學版）2000 年第 4 期。

119. 楊殿通、戰勇、鄭倉元：《略論社會風氣》，《科學社會主義》1991 年第 4 期。

120. 楊敏：《士族制度的興衰》，《棗莊師專學報》1999 年第 2 期。

121. 楊英：《2001 年魏晉南北朝史研究綜述》，《中國史研究動態》2002 年第 5 期。

122. 一泠：《2003 年魏晉南北朝史研究綜述》，《中國史研究動態》2004 年第 9 期。

123. 于春梅：《中國文化傳統與北魏孝文帝改革》，《齊齊哈爾大學學報》（哲學社會科學版）2001 年第 1 期。

124. 岳冠華，李金龍：《佛教思想對中國古代尚武任俠之風的影響》，《體育文化導刊》2006 年第 3 期。

125. 曾小月：《從尚武精神看北方少數民族文化對中原文學的影響》，《中南民族大學學報》（人文社會科學版）2007 年 3 月第 27 卷第 2 期。

126. 戰勇、楊殿通、鄭倉元：《略論社會風氣與小氣候的治理》，《求實》1991 年第 11 期。

127. 張二平：《論釋氏講唱與中古小説的關係——以釋氏輔教之書的興起爲中心》，《重慶社會科學》2007 年第 12 期。

128. 張先堂：《佛教義理與小説藝術聯姻的產兒——論敦煌寫本佛教靈驗記》，《甘肅社會科學》1990 年第 5 期。

129. 張雪麗：《〈中國社會風俗史〉評介》，《中國史研究動態》2003 年第 2 期。

130. 張豔萍：《試論春秋尚武之風》，《蘭州交通大學學報》2003 年第 2 期。

131. 張彧、劉雪君：《1996 年魏晉南北朝史研究綜述》，《中國史研究動態》1997 年第 4 期。

132. 張總：《義橋·義井·邑義——造像碑銘中所見到的建義橋、掘義井之佛事善舉》，《世界宗教文化》1997 年第 4 期。

133. 趙建國：《論魏晉南北朝時期的家庭結構》，《許昌師專學報》1993 年第 2 期。

134. 趙志堅：《北朝婦女再婚考述》，《民俗研究》1995 年第 1 期。

135. 鄭欣：《魏晉南北朝時期的宣佛小説》，《文史哲》1992 年第 2 期。

136. 周保巍：《奢侈與文明——休謨對商業社會「合法性」的辯護》，《史林》2006 年第 2 期。

137. 周鼎初：《西晉統治者奢侈腐敗的歷史特點及其社會根源》，《咸寧師專學報》1995 年 1 期。

138. 周路紅：《淺談中國的酒文化》，《山西高等學校社會科學學報》2005 年 9月第 17 卷第 9 期。

139. 朱迪光：《中國神話的歷史化及其對中國敘事文的影響》，《安慶師範學院學報》（社科版）2001 年第 4 期。

140. 朱力：《社會風尚的理論蘊含》，《學術交流》1998 年第 4 期。

141. 莊華峰：《北朝時代鮮卑婦女的精神風貌》，《安徽師範大學學報》（人文社會科學版）2001 年第 2 期。

142. 莊華峰：《北朝時代鮮卑婦女的生活風氣》，《民族研究》1994 年第 6 期。

143. 莊華峰：《魏晉南北朝時期的婦女再嫁》，《安徽師範大學學報》1991 年第 3 期。

二、圖書文獻

1. 班固：《漢書》，北京：中華書局 1962 年版。

2. 陳東原：《中國婦女生活史》，北京：商務印書館，1998 年版。

3. 陳鼓應注譯：《莊子今注今譯》，北京：中華書局，1983 年版。

4. 陳華文：《喪葬史》，上海：上海文藝出版社，1999 年版。

5. 陳來生：《風俗流變：傳統與風俗》//葛劍雄：《制度文明與中國社會叢書》，長春出版社，2004 年版。

6. 陳鵬：《中國婚姻史稿》，北京：中華書局，2005 年版。

7. 陳壽：《三國志》，北京：中華書局，1959 年版。

8. 陳爽：《世家大族與北朝政治》，北京：中國社會科學出版社，1998 年版。

9. 陳暘：《樂書》//《景印文淵閣四庫全書》，臺北：臺灣商務印書館，1983年，經部二○五，樂類，第二一一冊。

10. 陳寅恪：《金明館叢稿初編》，上海：上海古籍出版社，1980 年版。

11. 辭海編輯委員會：《辭海》，上海：上海辭書出版社，1999 年版普及本。

12. 戴偉：《中國婚姻性愛史稿》，北京：東方出版社，1992 年 11 月第 1 版。

13. 道宣：《廣弘明集》//《大正新修大藏經》，52 冊《史傳部四》，臺北：佛陀教育基金會，1990 年版。

14. 道宣：《續高僧傳》//《大正新修大藏經》，50 冊《史傳部二》，臺北：佛陀教育基金會，1990 年版。

15. 鄧子琴：《中國風俗史》，成都：巴蜀書社，1988 年版。

16. 丁福保：《全漢三國晉南北朝詩》，北京：中華書局，1959 年版。

17. 杜金鵬等：《醉鄉酒海——古代文物與酒文化》，成都：四川教育出版社，1998 年版。

18. 杜曉勤：《謝朓庾信詩選》，北京：中華書局，2005 年版。

19. 杜預注，孔穎達等正義：《春秋左傳正義》//《十三經注疏》，北京：中華書局，1980 年版。

20. 段成式：《酉陽雜俎》//《景印文淵閣四庫全書》，臺北：臺灣商務印書館，1983 年，子部三五三，小說家類。

21. 法琳：《辯正論》//《大正新修大藏經》，52 冊《史傳部四》，臺北：佛陀教育基金會，1990 年版。

22. 范祥雍：《洛陽伽藍記校注》，上海：上海古籍出版社，1982 年版。

23. 范曄：《後漢書》，中華書局，1965 年版。

24. 方向東：《大戴禮記彙校集解》，北京：中華書局，2008 年版。

25. 房玄齡：《晉書》，北京：中華書局，1982 年版。

26. 費長房：《歷代三寶紀》//《大正新修大藏經》，49 冊《史傳部一》，臺北：佛陀教育基金會，1990 年版。

27. 費爾南‧布羅代爾：《15 至 18 世紀的物質文明、經濟和資本主義》（第一卷），上海：生活‧讀書‧新知三聯書店，1992 年版。

28. 馮爾康：《中國社會史研究概述》，天津：天津教育出版社，1988 年版。

29. 高亨：《詩經今注》，上海：上海古籍出版社，1980 年版。

30. 高凱：《地理環境與中國古代社會變遷三論》，天津：天津古籍出版社，2006 年版。

31. 高誘：《戰國策》，上海：商務印書館，1958 年版。

32. 顧鳴塘：《遊戲娛樂》，上海：生活‧讀書‧新知三聯書店上海分店，1989 年版。

33. 關敬吾：《民俗學》，北京：中國民間文藝出版社，1986 年版。

34. 廣東、廣西、湖南、河南辭源修訂組，商務印書館編輯部：《辭源》（合訂本），北京：商務印書館，1988 年第 1 版，1995 年 11 月北京第 6 次印刷。

35. 郭茂倩：《樂府詩集》，北京：中華書局，1979 年 11 月第 1 版，2003 年 9 月北京第 6 次印刷。

36. 郭朋：《漢魏兩晉南北朝佛教》，濟南：齊魯書社，1986 年版。

37. 郭於華：《死的困擾與生的執著——中國民間喪葬儀禮與傳統生死觀》，北京：中國人民大學出版社，1992 年版。

38. 韓結根：《洛陽伽藍記注釋》，濟南：山東友誼出版社，2002 年版。

39. 韓勝寶：《華夏酒文化尋根》，上海：上海科學技術出版社，2003 年版。

40. 侯旭東：《北朝村民的生活世界——朝廷、州縣與村裏》，北京：商務印書館，2005 年版。

41. 侯旭東：《北魏村落考》//《慶祝何茲全先生九十歲論文集》，北京：北京師範大學出版社，2001 年版。

42. 侯旭東：《五、六世紀北方民眾佛教信仰：以造像記爲中心的考察》，北京：中國社會科學出版社，1998 年版。

43. 胡孚琛：《魏晉神仙道教》，北京：人民出版社，1989 年版。

44. 胡樸安：《中華全國風俗志》，上海：上海書店，1986 年版。

45. 胡應麟：《少室山房筆叢》，北京：中華書局，1958 年版。

46. 胡應麟：《詩藪》，上海：上海古籍出版社，1958 年 10 月第 1 版，1979 年 11 月新 1 版。

47. 桓寬著，郭沫若校訂：《鹽鐵論讀本》，北京：科學出版社，1957 年版。

48. 慧皎：《高僧傳》//《大正新修大藏經》，50 冊《史傳部二》，臺北：佛陀教育基金會，1990 年版。

49. 季羨林：《季羨林文集》（第七卷·佛教），南昌：江西教育出版社，1998 年版。

50. 江中柱：《北朝文人心態研究》，福州：福建師範大學，2003 年 4 月。

51. 姜濤：《人口與歷史——中國傳統人口結構研究》，北京：人民出版社，1988 年版。

52. 金正耀：《中國的道教》，北京：商務印書館 1996 年版。

53. 瞿兌之：《漢代風俗制度史》，上海：上海文藝出版社，1991 年版。

54. 柯林武德：《歷史的觀念》，北京：中國社會科學出版社，1986 年版。

55. 孔融：《孔北海集》//《景印文淵閣四庫全書》，臺北：臺灣商務印書館，1983 年，集部二，別集類，第一〇六三冊。

56. 黎虎：《中古時代·三國兩晉南北朝時期（下冊）》//白壽彝：《中國通史》第五卷，上海：上海人民出版社，1995 年版。

57. 李百藥：《北齊書》，北京：中華書局，1972 年版。

58. 李耳等著，張震點校：《老子·莊子·列子》，長沙：嶽麓書社，1989 年版。

59. 李昉：《太平御覽》，北京：中華書局，1960 年 2 月第 1 版，1985 年 10 月第 3 次印刷。

60. 李亮茹：《魏晉南北朝婦女社會地位研究》，長沙：湖南師範大學，2005 年 4 月。

61. 李冗：《獨異志》，北京：中華書局，1983 年版。

62. 李時珍：《本草綱目》//《景印文淵閣四庫全書》，臺北：臺灣商務印書館，1983 年，子部七九，醫家類。

63. 李延壽：《北史》，北京：中華書局，1974 年版。

64. 李志慧：《唐代文苑風尚》，西安：陝西人民出版社，1988 年版。

65. 梁啓超：《中國歷史研究法》，上海：華東師範大學出版社，1995 年版。

66. 梁啓雄：《韓子淺解》，北京：中華書局，1960 年版。

67. 梁實秋總審定，張之傑主編：《新編名揚百科大辭典》，臺北：名揚出版社，1985 年版。

68. 令狐德棻：《周書》，北京：中華書局，1971 年版。

69. 劉安等著，高誘注：《淮南子》，上海：上海古籍出版社，1989 年版。

70. 劉達臨：《性與中國文化》，北京：人民出版社，1999 年版。

71. 劉士聖：《中國古代婦女史》，青島：青島出版社，1991 年版。

72. 劉淑芬：《五至六世紀華北鄉村的佛教信仰》//《禮俗與宗教》，北京：中國大百科全書出版社，2005 年版。

73. 劉餗撰，程毅中點校：《隋唐嘉話》；張鷟撰，趙守儼點校：《朝野僉載》//《唐宋史料筆記叢刊》，北京：中華書局，1979 年版。

74. 劉向集錄：《戰國策》，上海：上海古籍出版社，1985 年第 2 版。

75. 劉義慶撰，張豔雲校點：《世說新語》，瀋陽：遼寧教育出版社，1997 年版。

76. 龍門石窟研究所：《龍門石窟研究論文選》，上海：上海人民美術出版社，1993 年版。

77. 魯迅：《古小說鉤沈》，北京：人民文學出版社，1951 年版。

78. 魯迅：《魯迅全集》，北京：人民文學出版社，1981 年版。

79. 魯迅：《中國小說史略》，北京：東方出版社，1996 年 3 月第 1 版，2003 年 8 月第 2 次印刷。

80. 陸翽：《鄴中記》//《叢書集成初編》，北京：中華書局，1985 年版。

81. 陸增祥：《八瓊室金石補正》，北京：文物出版社，1985 年版。

82. 呂晴飛等：《漢魏六朝詩歌鑒賞辭典》，北京：中國和平出版社，1990 年版。

83. 呂思勉：《兩晉南北朝史》，上海：上海古籍出版社，1983 年版。

84. 羅素：《論歷史》，上海：生活‧讀書‧新知三聯書店，1991 年版。

85. 馬德：《敦煌莫高窟史研究》，蘭州：甘肅教育出版社，1996 年版。

86. 孟德斯鳩：《論法的精神》，北京：商務印書館，1961 年 11 月第 1 版，1982 年 6 月北京第 3 次印刷。

87. 孟昭華，王明寰，吳建英：《中國婚姻與婚姻管理史》，北京：中國社會出版社，1992 年版。

88. 繆啓愉，繆桂龍：《齊民要術譯注》，上海：上海古籍出版社，2006 年版。

89. 南懷瑾：《中國佛教發展史略》，上海：復旦大學出版社，1996 年版。

90. 彭衛：《漢代社會風尚研究》，西安：三秦出版社，1998 年版。

91. 朴成勇：《遊戲史》，《中國全史》（簡讀本 28），北京：經濟日報出版社，1999 年版。

92. 浦興祖：《西方政治學說史》，上海：復旦大學出版社，1999 年版。

93. 錢玄等注譯：《周禮》，長沙：嶽麓書社，2002 年版。

94. 卿希泰，唐大潮：《道教史》，南京：江蘇人民出版社 2006 年 1 月第 1 版。

95. 邱明洲：《中國佛教史略》，成都：四川省社會科學院出版社，1986 年版。

96. 任繼愈：《中國佛教史》，北京：中國社會科學出版社，1985 年版。

97. 任繼愈：《中國文化大典》，太原：山西教育出版社，1999 年版。

98. 僧祐：《弘明集》//《大正新修大藏經》，52 冊《史傳部四》，臺北：佛陀教育基金會，1990 年版。

99. 尚秉和：《歷代社會風俗事物考》，北京：中國書店，2001 年版。

100. 尚永琪：《3～6 世紀佛教傳播背景下的北方社會群體研究》，長春：吉林大學古籍研究所，2006 年 4 月。

101. 邵正坤：《北朝家庭形態研究》，長春：吉林大學古籍研究所，2006 年 6 月。

102. 沈道初等：《中國酒文化應用辭典》，南京：南京大學出版社，1994 年版。

103. 沈德潛著，霍松林校注：《說詩晬語》，北京：人民文學出版社，1979 年版。

104. 沈起煒：《細說兩晉南北朝》，上海：上海人民出版社，2002 年版。

105. 沈文凡：《漢魏六朝詩三百首譯析》，長春：吉林文史出版社，1999 年版。

106. 沈約：《宋書》，北京：中華書局，1974 年版。

107. 石昌渝：《中國小說源流論》，上海：三聯書店 1994 年版。

108. 石方：《中國性文化史》，哈爾濱：黑龍江人民出版社，2003 年 1 月第 2 次修訂版。

109. 司馬遷：《史記》，北京：中華書局，1959 年版。

110. 司馬光：《資治通鑑》，北京：中華書局，1975 年版。

111. 宿白：《中國石窟寺研究》，北京：文物出版社，1996 年版。

112. 孫昌武：《中國佛教文化序說》，天津：南開大學出版社，1990 年版。

113. 孫燕京：《晚清社會風尚研究》，北京：中國人民大學出版社，2002 年版。

114. 譚正璧：《庾信詩賦選》，上海：古典文學出版社，1958 年版。

115. 湯其領：《寇謙之與北朝道教》，《北朝史研究——中國魏晉南北朝史國際學術研討會論文集》，北京：商務印書館 2004 年 7 月第 1 版。

116. 湯因比：《歷史研究》，上海：上海人民出版社，1966 年版。

117. 湯用彤：《漢魏兩晉南北朝佛教史》，北京：北京大學出版社，1997 年版。

118. 唐長孺：《魏晉南北朝史論拾遺》，北京：中華書局，1983 年版。

119. 萬繩楠：《魏晉南北朝文化史》，合肥：黃山書社，1990 年版。

120. 汪昂：《本草備要》，北京：中國中醫藥出版社，1998 年版。

121. 王國維：《水經注校》，上海：上海人民出版社，1984 年版。

122. 王康：《社會學詞典》，濟南：山東人民出版社，1988 年版。

123. 王青：《魏晉南北朝時期佛教信仰與神話》，北京：中國社會科學出版社，2001 年版。

124. 王士偉：《樓觀道源流考》，西安：陝西人民出版社，1993 年版。

125. 王仁湘：《飲食與中國文化》，北京：人民出版社，1994 年版。

126. 王書奴：《中國娼妓史》，上海：上海書店，1992 年版。

127. 王文寶：《中國民俗研究史》，哈爾濱：黑龍江人民出版社，2003 年版。

128. 王運熙，王國安：《漢魏六朝樂府詩評注》，濟南：齊魯書社，2000 年版。

129. 王鍾陵：《中國中古詩歌史》，南京：江蘇教育出版社，1988 年版。

130. 王仲犖：《魏晉南北朝史》，上海：上海人民出版社，2003 年版。

131. 魏收：《魏書》，北京：中華書局，1974 年版。

132. 魏徵：《隋書》，北京：中華書局，1982 年版。

133. 《文史知識》編輯部：《道教與傳統文化》，北京：中華書局，1992 年版。

134. 吳存存：《明清社會性愛風氣》，北京：人民文學出版社，2000 年版。

135. 吳毓江撰，孫啓治點校：《墨子校注》，北京：中華書局，1993 年版。

136. 吳自牧：《夢梁錄》，杭州：浙江人民出版社，1980 年版。

137. 希羅多德：《歷史》，北京：商務印書館，1959 年版。

138. 蕭滌非：《漢魏六朝樂府文學史》，北京：人民文學出版社，1984 年版。

139. 蕭滌非等：《唐詩鑒賞辭典》，上海：上海辭書出版社，1983 年 12 月第 1 版，1992 年 8 月第 12 次印刷。

140. 蕭統編，李善注：《文選》，上海：上海古籍出版社，1986 年版。

141. 蕭子顯：《南齊書》，北京：中華書局，1972 年版。

142. 謝寶富：《北朝婚喪禮俗研究》，北京：首都師範大學出版社，1998 年版。

143. 謝貴安：《君王遊樂萬機輕——皇室娛樂》，武漢：華中理工大學出版社，1994 年版。

144. 新鄉市博物館：《新鄉北朝、隋唐石造像碑》//《文物資料叢刊》5，北京：文物出版社，1981 年版。

145. 休謨：《休謨政治論文選》，北京：商務印書館，1993 年版。

146. 徐堅：《初學記》，北京：中華書局，1962 年版。

147. 許嘉璐主編、安平秋副主編：《二十四史全譯》，上海：漢語大詞典出版社，2004 年版。

148. 許理和：《佛教征服中國——佛教在中國中古早期的傳播與適應》，李四龍等譯，南京：江蘇人民出版社，2003 年版。

149. 薛瑞澤：《壇變中的婚姻——魏晉南北朝婚姻形態研究》，西安：三秦出版社，2000 年版。

150. 顏之推撰，王利器集解：《顏氏家訓集解》，北京：中華書局，1993 年版。

151. 閻文儒：《麥積山石窟》，蘭州：甘肅人民出版社，1984 年版。

152. 閻文儒：《中國石窟藝術總論》，天津：天津古籍出版社，1987 年版。

153. 楊泓：《北周的甲騎具裝》//《遠望集——陝西省考古研究所華誕四十週年紀念文集（下）》，西安：陝西人民美術出版社，1998 年版。

154. 楊懷霖：《農業生態學》，北京：農業出版社，1992 年版。

155. 楊明照：《抱樸子外篇校箋》，北京：中華書局，1991 年 12 月第 1 版，1996 年 9 月北京第 2 次印刷。

156. 楊聖立：《洛陽伽藍記研究》，臺北：國立政治大學中國文學研究所，1982 年 6 月。

157. 楊天宇：《禮記譯注》，上海：上海古籍出版社，1997 年版。

158. 楊衒之撰，韓結根注：《洛陽伽藍記》，濟南：山東友誼出版社，2001 年版。

159. 姚思廉：《梁書》，北京：中華書局，1972 年版。

160. 葉昌熾撰，王其褘校點：《語石》，瀋陽：遼寧教育出版社，1998 年版。

161. 伊東忠太：《中國建築史》，上海：上海書店出版社，1984 年版。

162. 殷憲：《北朝史研究——中國魏晉南北朝史國際學術研討會論文集》，北京：商務印書館，2004 年版。

163. 游國恩等：《中國文學史》，北京：人民文學出版社，1991 年版。

164. 余英時：《士與中國文化》，上海：上海人民出版社，2003 年 1 月。

165. 庾信：《庾子山集注》，北京：中華書局，1980 年版。

166. 負安志：《中國北周珍貴文物——北周墓葬發掘報告》，西安：陝西人民美術出版社，1993 年版。

167. 袁方：《社會學百科辭典》，北京：中國廣播電視出版社，1990 年版。

168. 袁翰青：《釀酒在我國的起源和發展》//中國食品出版社編：《中國酒文化和中國名酒》，北京：中國食品出版社出版，1989 年版。

169. 袁珂:《中國神話史》,上海:上海文藝出版社,1988 年版。

170. 詹石窗:《道教文學史》,上海:上海文藝出版社,1992 年版。

171. 張光博:《社會學詞典》,北京:人民出版社,1989 年版。

172. 張君房:《雲笈七籤》卷八五《尸解部》,北京:中華書局,2003 年 12 月第 1 版。

173. 張亮採:《中國風俗史》,上海:生活・讀書・新知三聯書店上海分店,1988 年版。

174. 張亮採:《中國風俗史》,上海三聯書店,1988 年版。

175. 張鵬志:《中華酒文化》,北京:首都師範大學出版社,1994 年版。

176. 張清常,王延棟:《戰國策箋注》,天津:南開大學出版社,1993 年版。

177. 張如安:《中國象棋史》,北京:團結出版社,1998 年版。

178. 張之傑主編,梁實秋總審定:《新編名揚百科大辭典》,臺北:名揚出版社,1985 年版。

179. 章甫,池遠:《中國酒文化史話》//蔡尚思主編:《中華文化寶庫》(第二輯),合肥:黃山書社,1997 年版。

180. 趙超:《漢魏南北朝墓誌彙編》,天津:天津古籍出版社,1992 年版。

181. 趙慶偉:《中國社會時尚流變》//周積明主編:《中國社會生活談叢》,武漢:湖北教育出版社,1999 年版。

182. 趙翼:《廿二史箚記校正》(訂補本),北京:中華書局,1984 年 1 月第 1 版,2001 年 11 月北京第二次印刷。

183. 鄭倉元、陳立旭:《社會風氣論》,杭州:浙江人民出版社,1996 年版。

184. 鄭春穎:《文中子中說譯注》,哈爾濱:黑龍江人民出版社,2003 年版。

185. 中共中央馬克思恩格斯列寧斯大林著作編譯局:《馬克思恩格斯全集》,北京:人民出版社,1979 年版。

186. 中共中央馬克思恩格斯列寧斯大林著作編譯局:《馬克思恩格斯選集》,北京:人民出版社,1972 年版。

187. 中國百科大辭典編委會:《中國百科大辭典》,北京:華夏出版社,1990 年版。

188. 中國大百科全書總編輯委員會《社會學》編輯委員會、中國大百科全書出版社編輯部:《中國大百科全書:社會學》,北京:中國大百科全書出版社,1992 年 4 月第 1 版,1998 年 10 月第 4 次印刷。

189. 中國大百科全書總編輯委員會《中國歷史》編輯委員會,中國大百科全書出版社編輯部:《中國大百科全書・中國歷史 1》,北京:中國大百科全書出版社,1992 年 4 月第 1 版,1998 年 6 月第 3 次印刷。

190. 中國軍事史編寫組編:《歷代戰爭年表(上)》//《中國軍事史》附卷,北

京：解放軍出版社，1985 年版。

191. 中國科學院歷史研究所第一、二所，北京大學歷史系：《中國史學論文索引》，北京：科學出版社，1957 年版。

192. 中國社會科學院歷史研究所：《中國史學論文索引》（第二編），北京：中華書局，1979 年版。

193. 中國社會科學院語言研究所詞典編輯室編：《現代漢語詞典》，北京：商務印書館，1996 年 7 月修訂第 3 版。

194. 中國食品出版社編：《中國酒文化和中國名酒》，北京：中國食品出版社，1989 年版。

195. 中國魏晉南北朝史學會：《魏晉南北朝史研究》，成都：四川省社會科學院出版社，1986 年 3 月版。

196. 周才珠，齊瑞端：《墨子全譯》，貴陽：貴州人民出版社，1995 年版。

197. 周谷城：《中國政治史》，北京：中華書局，1982 年版。

198. 周祖謨：《洛陽伽藍記校釋》，北京：科學出版社，1958 年版。

199. 朱大渭：《魏晉南北朝社會生活史》，北京：中國社會科學出版社，2005 年版。

200. 朱熹：《四書集注》，北京：中華書局，1957 年版。

201. 莊華峰：《中國社會生活史》，合肥：合肥工業大學出版社，2003 年版。

後　記

　　2004 年 9 月，我考取吉林大學古籍研究所博士生，有幸師從張鶴泉先生。在老師的督責教育下，我於 2009 年 5 月通過答辯博士畢業。本書即爲根據我的博士論文《北朝社會風尚諸問題研究》修改增益而成。

　　我上世紀六十年代出生於東北農村，父母辛勞節儉，供我求學。小學、初中、高中，翻關過隘，竟一路順遂。高考中榜，改變面朝黃土背朝天之命運，跳出農村，躋身城市，大學畢業後供職高校，輾轉投身教育，實屬偶然意外萬萬不敢想望也。迨至博士畢業，感覺此生也算小有所成，自己挺胸擡頭，亦爲親友增光提氣，差慰平生也。

　　然時勢變遷，則又非人所能逆料也。市場社會已成，環境觀念都在轉變。經濟是基礎，金錢成唯一成功之標準，清高、自尊、知識、學問脆弱無力。教師之職，接續文明，傳遞薪火，其作用責任可謂大矣重矣；然教師在社會中之待遇地位，委實令人嗟歎唏噓。世風移易，斯文淪落，兩千年知識分子之自由獨立清高正氣之精神風骨絕矣！不爲斗米折腰者何其鮮矣！以傳道授業謀生糊口實不易也。塵世喧囂，惑亂心性，物欲橫流，眼花繚亂，生活壓力，人心浮躁，似前代學人心無旁鶩潛研學問，已是萬難。況且教書治學，此道艱辛。翻檢典籍，尋章摘句，絞盡腦汁，搜索枯腸，堆壘文字，消耗心血。古人可賣文爲生，今之撰文著書，甚或自費倒貼求售。生存如此艱難，以致同道中人常有中道崩殂英年早去者，令存者不得不生悚惕戒懼之心。生命誠可貴，爲人僅一遭；但求苟全性命於斯世，莫望富貴聞達於人前也。

　　我之博士論文，是我和老師張鶴泉先生共同心血之結晶，不敢自誇，亦不敢菲薄，當有些微價值。答辯時專家學者曾提諸多寶貴意見，今盡力悉納

聽取改正，擴充增益，出版面世，也算是對北朝史研究領域貢獻一點微薄的心力。

師門幾年，受益良多。張鶴泉先生剛正耿直，葆有傳統知識分子風範，最令人敬佩！師母許立勳女士，無分貧富高低，關心師門弟子學業生活，一片熱誠，不求回報，師門弟子，咸受其惠！

始作博士論文時，頗覺無門無措，尙永琪師兄、邵正坤師姐之博士論文，是我學習取法之範本；張雲華師妹、劉軍師弟，余以年長，忝爲師兄，學業涉獵，勝余遠甚，余每有所咨，教無不盡，且無私地給我以資料上的幫助；文學院韓建立副教授，在我治文困惑之時，常與之切磋琢磨，啓迪頗多。在此皆誠致謝意！

感謝參加我論文審閱、答辯的專家學者：王子今教授，詹子慶教授，王彥輝教授，程妮娜教授，許兆昌教授。後學末進，淺陋之文，勞擾諸賢費時耗神，點撥指引，獎掖提攜之德，永遠銘記！

陳志偉　二〇一四年三月謹識